Der Mondschild

Stellungnahme des Verlages: Warum wir an der »alten« Rechtschreibung festhalten

Wir halten die »neue« Rechtschreibung für eine Fehlgeburt, und das konnte auch gar nicht anders sein, weil der Ansatz der Reformer war, das Schreiben einfacher zu machen. Wir als Verlag veröffentlichen unsere Bücher aber für Sie, liebe Leserin/lieber Leser - Sie sollen es als Leser einfach haben. Das Lesen und das Verständnis ist bei vielen Regeln der »alten« Rechtschreibung einfacher und klarer. (Denken Sie nur einmal, daß nach der neuen Rechtschreibung, zwei Autoren kein Buch mehr zusammenschreiben können, es hieße dann immer, sie hätten es zusammen geschrieben, auch wenn sie es zusammengeschrieben haben.) Im übrigen sind die neuen Regeln nun auch nicht eben frei von Widersprüchen. Auf Wunsch senden wir Ihnen gerne ein ausführliches Info mit den wichtigsten Ungereimtheiten am »Neuschrieb«.

1 2 3 4 5 6 7 8 16 15 14 13 12 11 10 09 08 07 06 05 04 03 02 01

Wolfgang Maier
Der Mondschild

Deutsche Originalausgabe

Titelseite:
Fotos: Astrofoto; Fred Hageneder
Gestaltung: Dragon Design, GB

Satz und Typographie: Dragon Design, GB
Gesetzt aus der Cleargothic
Gesamtherstellung: Legoprint, Lavis, Italia

Printed in Italy

ISBN 3-89060-034-4

NEUE ERDE Verlag GmbH
Rotenbergstr. 33 · 66111 Saarbrücken
Deutschland · Planet Erde
info@neueerde.de · www.neueerde.de

Wolfgang Maier

Der MONDSCHILD

Leben im Einklang mit den Mondphasen

DER IMMERWÄHRENDE MONDKALENDER

Edition CAIRN ELEN

Herausgegeben von Michael Gienger

NEUE ERDE

Widmung

Dieses Buch ist all jenen Menschen gewidmet, die glauben,
daß es sich lohnt zu leben.

Inhalt

Widmung 4

Danksagung 7

Vorwort 8

Einleitung 10

TEIL 1 – Hintergrundwissen zum Mondschild 15

1 Zeit und Rhythmus 16

Geschichte: Die Kalenderpriester 16

Immerwährend: Rhythmen und Zyklen 20

Gegenwart: Die lineare und die rhythmische Sicht der Zeit 24

2 Von Sonne und Mond 33

Die Rhythmen des Mondes 34

Die Polarität 39

Sonne & Mond im Mondschild 44

3 Die sieben Planeten im Mondrhythmus 48

Planeten und Archetypen 48

Die sieben Archetypen im Mondschild 49

Die Planetenqualitäten in der Welt 65

TEIL 2 69

4 Der Mondzyklus 70

Der zunehmende und der abnehmende Mond 71

Die vier Mondviertel 71

5 Die 28 Mondtage . . . 79
Das erste Viertel: Erschaffen . . . 84
Zweites Viertel: Werden . . . 100
Drittes Viertel: Betrachten . . . 116
Viertes Viertel: Loslassen . . . 133
Die Reise des Neumondes durch die Zeichen . . . 149
6 Die Anwendung des Mondschildes . . . 154
Der Nutzen der Mondtage . . . 154
Die Hilfsmittel des Mondschildes: Die Steine . . . 162
Übungen zu den Planetenqualitäten . . . 164

TEIL 3 . . . 168
7 Die Wirkung des Mondes . . . 169
Der Mondrhythmus und Gewaltverbrechen . . . 169
Weitere Einflüsse des Mondrhythmus . . . 174
8 Von der Mondgöttin . . . 177
Die drei weiblichen Archetypen . . . 178
Mondmythologie und Geschichte . . . 185
9 Die Feste der Sonne und des Mondes im Jahreslauf . . . 199
Die Jahresfeste . . . 203

Schlußwort . . . 219

ANHANG
Die Mondschild- Ephemeriden . . . 220
Anmerkungen . . . 252

Danksagung

Ich bedanke mich bei dem Team der Cairn Elen Lebensschule, Annette Jakobi, Dagmar Fleck, Françoise Schwab, Michael Gienger und Petra Endres, dafür, daß ich bei ihnen das Prinzip des Mondschildes gelernt habe.

Ebenso bei allen Teilnehmern der früheren Steinheilkundeausbildungen, bei den Mitgliedern der Forschungsgruppen und bei allen anderen Menschen, die dazu beigetragen haben, daß das Wissen um den Mondschild wieder zusammengetragen und nutzbar gemacht wurde. Mein besonderer Dank geht in diesem Zusammenhang an Barbara Newerla, die maßgeblich an der Entwicklung und Beschreibung des Mondschildes in seiner derzeitigen Form beteiligt war.

Außerdem danke ich Gerd Breiler und Vera Maier, die mir in der Zeit, in der der größte Teil dieses Buches entstanden ist, mit Unterkunft und Nahrung, aber auch mit Rat und Kritik beiseitestanden.

Mein tiefempfundenstes Dankeschön geht jedoch an Karin Attner, die mir, während ich dieses Buch schrieb, in jeder Beziehung den Rücken freigehalten und sogar die Folgen einer größeren Katastrophe für mich geregelt hat, und ohne die ich niemals an der Ausbildung bei Cairn Elen teilgenommen hätte.

Vorwort

Während ich an diesem Buch geschrieben habe, habe ich viele Erfahrungen mit dem Mondschild gemacht. Ich habe seine Wirkungsweise am eigenen Leib immer wieder auf die verblüffendste Weise feststellen können. Er hat mir besonders das Schreiben sehr vereinfacht, da ich mit seiner Hilfe die dazu geeignetsten Zeiten sehr erfolgreich ausfindig machen konnte. Nur so konnte es mir gelingen, in nur einem halben Jahr das vorliegende Buch vollständig zu schreiben, trotz vollzeitiger Berufstätigkeit und dem Zeitaufwand für die Steinheilkundeausbildung.

Ich habe in dieser Zeit aber auch einige seiner Grenzen kennengelernt. Wie nicht anders zu erwarten ist auch der Mondschild kein Allheilmittel gegen die Probleme und Schwierigkeiten des Lebens. Weder beschützte er mich vor einem kaputten Getriebe noch vor einem Schneesturm auf der Autobahn. Und auch im Geschäftsleben konnte er mir nur von Zeit zu Zeit weiterhelfen. Ich kann mit seiner Hilfe zwar ablesen, welcher Tag am besten für geschäftliche Verhandlungen geeignet ist, aber das nützt mir wenig, wenn ich meinen Verhandlungspartner einfach nicht erreiche. Und die sechs Richtigen im Lotto hat er mir auch noch nicht beschert. Dies könnte allerdings auch daran liegen, daß ich viel zu chaotisch bin, um Lotto zu spielen.

Das System, das ich in diesem Buch vorstelle, ist also keineswegs unfehlbar. Dennoch ist es sehr hilfreich, und ich bin davon überzeugt, daß es vielen Menschen von Nutzen sein wird. Es hat mir große Freude gemacht, dieses Buch zu schreiben, und ich hoffe, daß es vielen Menschen beim Lesen dieselbe Freude bereitet.

Das in diesem Buch niedergeschriebenen Wissen wurde nicht von mir selbst entdeckt. Ich lernte den Mondschild im Rahmen einer zweijährigen Ausbildung an der »Lebensschule Cairn Elen« kennen und wurde einige Zeit später von den Dozenten gefragt, ob ich es nicht als Buch veröffentlichen wolle. Die Form, die sonstigen Inhalte und die Gestaltung des Buches sind allein mein Werk, und ich bin auch der Meinung, daß mir das Buch gelungen ist. Dennoch sehe ich mich nicht als einzelnen Autoren, sondern als Sprachrohr einer Gruppe von Menschen, die alle an der Entstehung dieses Buches mitgewirkt haben. Um dieser Tatsache gerecht zu werden, habe ich das Buch in der »Wir-Form«geschrieben.

Ein Wort noch an meine Leserinnen: Das gesamte Buch wurde in der klassischen Schreibweise verfaßt, das heißt in der männlichen Form. Dies hat zum einen den Grund, daß die bisherigen Sprachmodelle zur männlich/weiblichen Form noch immer nicht in den allgemeinen Sprachgebrauch eingegangen sind. Daher würden sie an manchen Stellen sehr irritierend wirken und zum Teil die Lesbarkeit des Textes erheblich stören. Zum anderen würde es grotesk oder gar lächerlich wirken, wenn ich die Würdenträger der christlichen Kirche, die im Mittelalter für die Hexenverfolgungen verantwortlich waren, als »InquisitorInnen« bezeichnen würde. Die männliche Schreibweise stimmt besonders in diesem Buch allzu häufig mit der einfachen Tatsache überein, daß jahrhundertelang nur Männer über Europa geherrscht haben und für viele Vergehen gegen die Menschlichkeit die Verantwortung tragen.

In diesem Sinne ist die »männliche« Schreibweise keinesfalls als Abwertung der Weiblichkeit gemeint.

Wolfgang Maier

Einleitung

Das Thema Mond ist heutzutage in aller Munde. In allen Buchläden wimmelt es von Mondkalendern, mit deren Hilfe man sich die geeignetsten Tage zu Haareschneiden, Blumenpflanzen, zum Gemüseeinlegen und zum Abnehmen heraussuchen kann. Auch Jahreskalender und Mondplaner sowie Anleitungen zur Herstellung von Naturkosmetik und »magischen« Heilmitteln erfreuen sich wachsender Beliebtheit.

Wenngleich sicherlich einige dieser Bücher nur um des Geldes willen geschrieben worden sind, so ist diese Entwicklung doch insgesamt sehr positiv. Die Wiederbesinnung auf die Kräfte des Mondes ist in vielerlei Hinsicht ein Fortschritt auf dem Weg zurück. Auf den Weg, der dazu führen wird, daß wir Menschen wieder mit den Kräften der Natur zusammenarbeiten, anstatt uns ihnen in unserer vermeintlichen Allmacht entgegenzustellen.

Die Kräfte des Mondes umfassen jedoch noch weit mehr als nur die richtigen Zeitpunkte für die Gartenarbeit und das Haareschneiden. Der Mond beeinflußt uns in einem Maß, das sich die meisten Menschen kaum vorzustellen vermögen. Viele von uns haben schon die Erfahrung gemacht, daß sich zu Voll- und Neumond die Gewaltbereitschaft vieler Menschen deutlich erhöht, daß Menschen mondsüchtig durch die Straßen laufen und daß es manchen schwerer fällt einzuschlafen. Die wenigsten von uns wissen jedoch, daß *jeder* Tag eine eigene Mondwirkung hat; daß der Mond, auf seine subtile, häufig unmerkliche Art, an jedem einzelnen Tag unsere Stimmung beeinflußt und auf diese Weise auch unser Handeln mitbestimmt.

Es gibt 28 Mondtage (die auch Mondstationen oder Mondhäuser genannt werden), von denen jeder eine eigene Gefühlsqualität hat, eine Stimmung sozusagen, die wir zwar selten bewußt wahrnehmen, die sich aber dennoch auf uns auswirkt. Diese Mondtage sind Teil des Mondrhythmus. Sie wiederholen sich mit jedem Mondzyklus immer wieder. An jedem Neumond beginnt der Reigen der Mondtage erneut, auf die Welt und so auch auf uns Menschen einzuwirken.

Dem Ablauf der Mondtage liegen Gesetzmäßigkeiten zugrunde, die in dem hier vorliegenden Buch näher erläutert werden. Mit Hilfe des Mondschildes lassen sich die Stimmungen der einzelnen Mondtage leichter wahrnehmen und somit besser verstehen. Wir können das Wissen um die Kräfte der Mondtage auch dazu nutzen, unser Vorhaben und Ziele leichter umzusetzen.

☾

Jeder einzelne hat sicherlich schon mal die Erfahrung gemacht, daß sich zu manchen Zeiten im Leben alles, was wir in Angriff nehmen, wie von selbst entwickelt. Andererseits kennen wir auch Phasen, in denen nichts, aber auch gar nichts klappt, und sich selbst die einfachsten Vorhaben nur mühevoll und unter großen Anstrengungen verwirklichen lassen. Im gewissen Sinn lassen sich diese Erfahrungen mit Segeln bei Rücken- oder Gegenwind vergleichen. Mal geht es wie von selbst, während wir ein anderes Mal mühsam gegen den Wind ankreuzen müssen.

Der Mondschild beschreibt die Zeitqualität, die in jedem beliebigen Moment vorherrscht. Mit seiner Hilfe können wir unsere derzeitigen Vorhaben an den Tagen umsetzen, die sich am besten für ihre Verwirklichung eignen. Dabei müssen wir uns nicht nur auf Gartenarbeiten, Schlankheitskuren und Haarschneidetermine beschränken. Für jedes beliebige Vorhaben lassen sich mit Hilfe des Mondschildes die Tage finden, an denen es sich mit dem geringstmöglichen Aufwand verwirklichen läßt. Selbst wenn wir in unserem Leben aus beruflichen Gründen oder wegen der Kinder zeitlich so sehr eingebunden sind, daß wir die meisten unserer Vorhaben einfach dann verwirklichen müssen, wenn wir gerade Zeit dafür finden, kann uns der Mondschild eine große Hilfe sein.

Zum einen lassen sich durch ihn auch diejenigen Tage herausfinden, die sich am besten zum Nichtstun, zum Faulenzen und Regenerieren eignen. Zum anderen hilft er uns auch dabei, den Kontakt mit unserer Gefühlswelt aufzunehmen und das so häufig vorhandene »Gefühlskuddelmuddel« besser durchschauen zu lernen. Wenn wir erst einmal begriffen haben, daß es uns schwer fällt mit der Stimmung eines bestimmten Tages umzugehen, dann können wir damit beginnen, dies zu ändern. So wäre es zum Beispiel möglich, an diesem Tag wichtige Termine zu vermeiden. Und wir können – indem wir das hinter diesem Tag stehende

Prinzip Stück für Stück besser verstehen – lernen, überhaupt nicht mehr in diese schlechte Stimmung zu geraten. Der Mondschild bietet auch noch weitere Anwendungsmöglichkeiten. Diese werden im zweiten Teil des Buches erläutert.

☾

Die Bezeichnung »der Mondschild« leitet sich von dem alten Begriff des Schildes als Symbol und als Schutz seines Trägers ab. Der Schild ist in der Heraldik (= Wissenschaft der Wappenkunde) eine Abkürzung für die Schilderung. Der Schild eines Ritters erzählte in früheren Zeiten einem jeden, der ihn lesen konnte, die Geschichte dieses Ritters, seines Hauses, seiner Familie und seiner Herkunft. Auch diente der Schild dem Schutz des Ritters im Kampf und als Waffe (Wappen = althochdeutsch Waffe).

Der Name »Mondschild« wurde in Anlehnung an diesen Hintergrund im Jahr 1995 von Michael Gienger kreiert. Eine neue, zusammenfassende Namensgebung für dieses in sich geschlossene Wissensgebiet wurde notwendig. Zwar gibt es überlieferte Bezeichnungen wie »die 28 Mondstationen« in verschiedenen Traditionen, z. B. in der Kabbalah, in der Ayurveda-Tradition und im Feng Shui, die offensichtlich dasselbe Phänomen beschreiben. Dabei wird es jedoch je nach philosophischen Hintergrund sehr verschieden und z. T. widersprüchlich interpretiert. Der Name »Mondschild« lag nahe, zumal sich die Forschungen zu den Tagesqualitäten des Mondes in den Steinheilkunde-Ausbildungen bei Cairn Elen tatsächlich zu einer immer kürzer faßbaren Schilderung des Mondrhythmus verdichteten. Dieser wurde nach und nach auf ein einziges, wenn auch sehr komplexes Bild reduziert, das allen, die es deuten können, alles in diesem Buch enthaltene Wissen vermitteln kann.

Auch der Mondschild kann als Schutz und sogar im gewissen Sinne als Waffe dienen. Je besser wir die Kräfte und Energien verstehen, die unsere Welt und auch uns selber beeinflussen, desto leichter fällt es uns, mit schwierigen Zeiten umzugehen und uns vor eigenen Fehlern und ihren Folgen zu schützen. Sollten wir anhand des Mondschildes erkennen, daß wir dazu neigen, am Marstag im zweiten Viertel leicht wütend zu werden, so ist es ein erster hilfreicher Schritt, zunächst einmal an diesem Tag keine wichtigen Vorhaben durchzuführen (das Gespräch über die Gehaltserhöhung sollten wir auf einen anderen Tag legen), auf andere Rücksicht zu nehmen (Schild umhängen: Vorsicht, Explosionsgefahr) und schließlich mit Hilfe der zugeordneten Steine oder der Marsübung im zweiten Teil des Buches das Problem der Reizbarkeit allmählich in den Griff zu bekommen. Wenn all dies gelungen ist, hat der Mondschild einen wichtigen Teil zu unserem Schutz und dem unserer Umgebung beigetragen.

Der Mondschild läßt sich auf diese Art auch als Waffe verwenden. Hierbei ist mit einer Waffe allerdings kein Angriffswerkzeug gemeint, das dazu dient, ein Lebewesen zu verletzen, sondern etwas, das uns ermöglicht, mit dem Wissen um die Qualitäten der Mondtage *gewappnet* in die Welt hinauszugehen und unsere Ziele leichter zu erreichen. In diesem Sinne ist der Mondschild ein Teil der Bedienungsanleitung für das Leben auf dieser Welt. Und wie es mit Bedienungsanleitungen sein sollte: Sie zu kennen macht alles einfacher (im Falle einer guten Bedienungsanleitung natürlich).

☾

Der Mondschild wurde im Rahmen einer von Michael Gienger geleiteten Steinheilkundeausbildung (wieder-) entdeckt und in seiner Wirkungsweise erforscht. Es handelt sich bei den in diesem Buch beschriebenen Eigenschaften der Mondtage weder um ausgedachte Wirkungen noch wurden sie aus anderen Büchern abgeschrieben, wie dies leider heutzutage so häufig praktiziert wird. Vierzig Teilnehmer zweier Ausbildungsgruppen haben sich über den Zeitraum von mehr als vier Jahren intensiv damit beschäftigt, die Prinzipien des Mondschildes zu beschreiben und nutzbar zu machen. Viele dieser Menschen sind in beratenden oder heilenden Berufen tätig und nutzen den Mondschild in der Praxis, um sich und anderen Menschen weiterzuhelfen.

Erst durch spätere Recherchen stellte sich heraus, daß eine vergleichbare Einteilung des Mondzyklus schon im Mittelalter von Agrippa von Nettersheim beschrieben worden war. Auch im Feng-Shui ist eine Aufteilung des Mondlaufes in 28 Mondstationen bekannt, die im Luo-Pan, dem Feng-Shui-Kompaß genutzt wird. Die indische Mondastrologie schließlich beruht ausschließlich auf den 28 Stationen des Mondes und den mit ihnen verbundenen menschlichen Charakteren.

Das dem Mondschild zugrundeliegende Wissen ist daher uralt. Es ist nur im Laufe der Zeit aus dem Bewußtsein der Menschen unseres Kulturkreises verdrängt worden. In diesem Buch befassen wir uns daher auch mit den Hintergründen des Mondschildes und seiner Entstehung und verfolgen die Frage, wieso das Wissen um die Wirkungen des Mondes so weit in Vergessenheit geraten ist.

Daher beschäftigen wir uns im dritten Teil des Buches mit den wissenschaftlichen Forschungen zur Wirkung des Mondes, mit den Mondarchetypen und mit den alten keltischen Jahresfesten, deren Termine und Inhalte auf dem Zusammenspiel der Bahnen der Sonne und des Mondes beruhen.

☾

Da der Mondschild aus der Arbeit der Steinheilkundeforschung entstanden ist, ergaben sich wie von selbst die ersten Ansätze dazu, die Eigenschaften der einzelnen Mondtage mit Hilfe von geeigneten Heilsteinen zu verstärken und das Umgehen mit schwierigen Tagen zu erleichtern. Im Laufe der Jahre entwickelte sich so ein erprobtes System von Heilsteinzuordnungen zu den einzelnen Mondtagen, welches wir in diesem Buch ebenfalls vorstellen. Die den einzelnen Mondtagen zugeordneten Steine ermöglichen es uns, sehr viel leichter mit unseren Stimmungen und den eventuell daraus sich ergebenden Schwierigkeiten umzugehen, als es ohne Hilfsmittel der Fall ist. Auch zur Verwirklichung bestimmter Vorhaben können diese Steine sehr hilfreich sein, da ihre Energie die Realisierung verschiedener Projekte häufig unterstützt.

Der Mondschild ist nicht als Konkurrenz zu den gängigen Mondkalendern gedacht. Er beruht auf einem völlig anderen Ansatz als diese und läßt sich durch die »klassischen« Mondkalender hervorragend ergänzen.

TEIL 1
Hintergrundwissen zum Mondschild

Der erste Teil dieses Buches befaßt sich mit der Herkunft des Mondschildes. Das erste Kapitel beginnt mit der geschichtlichen Entwicklung, die mit den Himmelsbeobachtungen der Kalenderpriester in Babylonien und Ägypten ihren Ausgang nahm. Danach werden die Begriffe »Rhythmus« und »Zyklus« erläutert, da diese für das Verständnis des gesamten Buches sehr wesentlich sind. Das Kapitel mündet schließlich darin, die Zeit auf zwei verschiedene Weisen zu betrachten: Zum einen als linearen Zeitfluß und zum anderen als rhythmischen Zeitablauf.

Das zweite Kapitel widmet sich den verschiedenen Mondrhythmen und erklärt den Unterschied zwischen dem mit dem Mondschild vorliegenden »immerwährenden Mondkalender« und den »gängigen Mondkalendern«. Zur Vertiefung dieses Wissens und zur besseren Verständlichkeit des dem Mondschild zugrundeliegenden Weltbildes erläutern wir die Polarität, die die Welt als das Zusammenspiel zweier gegensätzlicher Kräfte – Yin und Yang – beschreibt. Schließlich wird das Wesen der Vollmond- und der Neumondzeit und der daraus entstehenden vier Mondviertel beschrieben.

Das dritte Kapitel beschäftigt sich mit den »Planetenarchetypen«, mit den sieben seit alters her bekannten Planeten. Dabei erläutern wir zunächst den Begriff »Archetypus«, um uns anschließend mit den Eigenschaften der sieben Planetenarchetypen zu befassen, deren Kräfte uns sowohl in unseren Stimmungen und Gefühlen als auch in der äußeren Welt immer wieder begegnen.

1 Zeit und Rhythmus

»Der Mond wiegt 73 500 000 000 000 000 000 Tonnen (73 500 Billiarden Tonnen oder 7,350 x 10^{25}g, wenn Ihnen das lieber ist) und umkreist die Erde in einer mittleren Entfernung von 384 405 Kilometern. Manche Menschen glauben immer noch, er übe auf unser Leben nicht die geringste Wirkung aus.«

Arnold L. Lieber, *Guter Mond, böser Mond*

Geschichte: Die Kalenderpriester

Zu allen Zeiten beobachteten die Menschen das Wetter und die natürlichen Rhythmen von Sonne und Mond. Sie versuchten, aus den von ihnen wahrgenommenen Erscheinungen Gesetzmäßigkeiten abzuleiten, die ihnen das Überleben sichern oder es doch zumindest vereinfachen würden.

Es ergab sich sozusagen von selbst, daß dabei dem Studium des Mondes besondere Aufmerksamkeit gewidmet wurde, war er doch mit seinem wandelbaren Äußeren und seiner starken Wirkung auf die Menschen einmalig unter den Gestirnen. Selbst heute noch ist fast jeder Mensch vom Anblick des Vollmondes ergriffen, und ein Stelldichein beim Mondenschein hatte seit jeher einen romantischen Charakter.

Heutzutage ist es selbstverständlich, eine Uhr an der Wand hängen zu haben und einen Kalender zu besitzen, um die Jahreszeit bestimmen zu können. Als die Menschen vor vielen Jahrtausenden anfingen, mit Hilfe von Himmelsbeobachtungen die ersten Kalender zu erstellen, hatten sie solche Hilfsmittel nicht. Der Jahreslauf ließ sich nur anhand der Jahreszeiten nachvollziehen, die sehr unzuverlässig waren und stark schwankten. Dies läßt sich anhand des Jahres 1999 leicht nachvollziehen. Ende Mai war es noch so kalt wie sonst oft im April, worauf eine Zeit folgte, in der das reinste Hochsommerwetter herrschte, das eher dem Juli oder August angemessen gewesen wäre. Der August dagegen war überwiegend kalt und verregnet, ein Wetter, wie es häufig Ende September oder gar erst im Oktober vorkommt. In einer Kultur, die als einziges Kalenderkriterium die Jahreszeiten zur Verfügung hätte, wäre schon in diesem Jahr der Kalender kräftig durcheinandergeraten und kaum benutzbar gewesen.

Auch früher war den Menschen klar, wie wenig zuverlässig diese Art von Jahreszeitenkalender ist. Daher benutzten sie den Mond als markanteste und am deutlichsten sichtbare Lichtquelle des Nachthimmels, um die Zeit zu messen.

Der Mond konnte schon immer ohne Hilfsmittel beobachtet werden. Durch die starke äußerliche Veränderung, die er im Laufe seines Zyklus durchmacht, eignet er sich hervorragend zur präzisen Bestimmung der einzelnen Tage. Ein geübter Mensch kann mit einem einzigen Blick auf den Mond feststellen an welchem Tag des Mondzyklus er sich derzeit befindet. Dies ist bei keinem anderen Gestirn möglich.

Die Zyklusdauer von Neumond zu Neumond beträgt nur 29 Tage. Dabei handelt es sich um eine Zeitspanne, die für uns Menschen gut überschaubar ist und nach der viele wichtige biologische Rhythmen ablaufen.

☾

Die Berechnung der Gestirnsstände, die für uns in der modernen Welt dank tabellarischer Nachschlagewerke (sog. »Ephemeriden«) oder Computerprogrammen ein Kinderspiel ist, war in den alten Kulturen eine äußerst aufwendige Angelegenheit. Monate- und jahrelanges Beobachten in eigens dafür eingerichteten Observatorien, wie z. B. bestimmten Steinkreisen, war notwendig, um die genauen Bewegungen des Sternenhimmels und der Planeten zu ermitteln. Diese Aufgabe erfüllten in vielen Kulturen Angehörige des Priesterstandes, die durch ihre soziale Stellung sowohl die Zeit als auch die notwendige Bildung hatten, diese Funktion zu erfüllen. Da ihre Stellung, ihr Rang und ihre Funktion in den verschiedenen Kulturen der Erde natürlich sehr unterschiedlich waren, wollen wir sie hier nun zusammenfassend »Kalenderpriester« nennen: die Erforscher der Rhythmen und Qualitäten der Zeit.

Astronomie (die Himmelsbeobachtung) und Astrologie (die Himmelsdeutung) waren noch bis in die Renaissance hinein niemals getrennt. Auffällige Phänomene im irdischen Leben wurden stets mit zeitgleich auftretenden Himmelserscheinungen in Verbindung gebracht. Auch aus diesem Grund war es oftmals die für den Kontakt zur geistigen Welt zuständige Priesterschaft, die durch Beobachtung der Himmels- und Planetenrhythmen den Verlauf und die zukünftige Entwicklung verschiedener Geschehnisse vorherzubestimmen suchte. Nicht nur Festtage wurden – wie heute noch – nach bestimmten Himmelsvorgängen ermittelt. Im Grunde wurde für jede Tätigkeit und jedes bedeutende Ereignis nach dem richtigen Zeitpunkt geforscht.

So wurde aus den Stellungen von Sonne und Mond sowie einigen anderen Planeten Rückschlüsse auf das Schicksal gezogen. Die Kalenderpriester stellten Zusammenhänge zwischen der Stellung des Mondes und der Sterne am Himmel einerseits, dem Wetter und den Geschehnissen auf der Erde andererseits, wie Überschwemmungen, guten und schlechten Ernten, erfolgreichen Jagden u. ä., her.

Die Kenntnis der natürlichen Rhythmen, die sich in den Bahnen des Mondes, der Sonne, der Planeten und auch einiger Sterne spiegeln, half den Menschen, bessere Erträge bei der Ernte und der Jagd zu erzielen, fruchtbare und unfruchtbare Zeiten vorherzusehen und sich effektiver an die äußeren Gegebenheiten anzupassen. Mit Hilfe des von den Kalenderpriestern gesammelten Wissens ließ sich schon früh im Jahr vorhersagen, ob die Ernte gelingen und die Herden sich gut vermehren würden. Umgekehrt ließen sich auch schlechte Ernten, außergewöhnliche Überschwemmungen oder Dürren, schlechte Jagd- und Zuchtergebnisse und nicht zuletzt Schwierigkeiten beim eigenen Nachwuchs vorhersehen. Dadurch konnten – so gut es ging – Maßnahmen getroffen werden, die halfen, zumindest die schlimmsten Folgen von Katastrophen oder schlechten Jahren zu mildern.

Kalenderpriester gab es bei allen bedeutenden Hochkulturen der Menschheit. Sowohl der Maya-Kalender als auch gigantische Steinobservatorien wie Stonehenge sind das Ergebnis der jahrtausendelangen Forschungsarbeit ihrer jeweiligen Kultur. Die Kenntnis der natürlichen Rhythmen bot den Menschen damals einen derartig gewaltigen Überlebensvorteil, daß sie die unglaublichen Anstrengungen auf sich nahmen, ohne Maschinenhilfe gigantische Bauwerke zu errichten, die schließlich und endlich nur den (Himmels-) Beobachtungen der Kalenderpriester dienten. Auch die größten Bauwerke der Welt, die ägyptischen und die Maya-Pyramiden, dienten vor allem als Observatorien und Kultplätze. Sie waren keinesfalls nur errichtet worden, um den Größenwahn irgendeines Pharaonen zu befriedigen, der für sich in Anspruch nahm, in der größten Grabstätte der Welt bestattet zu werden, sondern besaßen immer mehrere Funktionen gleichzeitig.

Ein Priester war ursprünglich ein Weiser, ein heiliger Mensch, einer, der etwas zu sagen hatte und auf den seine Mitmenschen hörten. Er war der Übersetzer göttlicher Impulse und Eingebungen und half seinem Volk, den Willen der Götter zu verstehen und danach zu handeln. Die Aufgabe aller Priester war es, den Menschen ihres Volkes in allen Lebensfragen weiterzuhelfen, Wissen zu sammeln, zu bewahren und weiterzugeben. Sie hatten für die spirituelle, seelische und körperliche Gesundheit der anderen zu Sorge zu tragen.

Zum Ausgleich für ihre Hilfe und ihren Rat wurden sie von den Menschen ihres Volkes mit allem Lebensnotwendigem versorgt. Daher tritt das Phänomen einer Priesterschaft, die nicht selber arbeiten und jagen muß, sondern von der breiten Bevölkerung ernährt wird, bei praktisch jeder Kultur der Geschichte auf. Die Vorteile, die das von den Priestern gesammelte Wissen hatte, waren so immens, daß es sozusagen »volkswirtschaftlich günstiger« war, diese Leute mitzuernähren, als auf ihren Rat zu verzichten. Und ganz nebenbei schufen sich die Priester mit Hilfe ihres überlegenen Wissens eine unangreifbare Machtposition.

Die Tätigkeit des Kalenderpriesters war nur eine der vielen verschiedenen Funktionen, die von den Priesterschaften übernommen wurden. Andere Priester waren zum Beispiel Zeremonienmeister, Heiler, Lehrer oder politische Berater. Die Kalenderpriester bekleideten in vielen Kulturen ein besonderes Amt innerhalb der Priesterschaft. Ihre spezielle Aufgabe war es, den Himmel zu studieren, um aus dem Lauf der Sterne die Zukunft vorhersagen zu können. Dieser Aufgabe widmeten sie ihr ganzes Leben. Aus dem keltischen Druidentum ist bekannt, daß es für deren Kalenderpriester neben der druidischen Grundausbildung noch spezielle Schulungen in Mathematik, Astronomie, Symboldeutung und anderen zugehörigen Bereichen gab. – Für diese langjährige Ausbildung waren nur die wenigsten Druiden geeignet.

Die Kalenderpriester hatten viel zu tun. Sie wurden gefragt, ob es in diesem Jahr eine gute Ernte geben werde und ob man eher Getreide anpflanzen solle oder lieber Hülsenfrüchte oder ob es nicht sinnvoller sei, sich gleich ganz auf die Jagd zu verlassen. Sie sollten aussagen, ob der Winter streng werden würde und wieviele Reserven man anlegen müsse oder ob man wegen der guten Ernten sorglos sein könne. Die Kalenderpriester bestimmten günstige Termine für Hochzeiten und Stammestreffen, sie legten die Festtage und die Handelszeiten fest.

Die große Macht, die dieser Posten mit sich brachte, hatte natürlich auch ihre Schattenseiten. Wenn etwas mißriet, was gerade bei der Wettervorhersage für das ganze nächste Jahr leicht vorkommen kann, wurde unter Umständen der betreffende Kalenderpriester dafür zur Verantwortung gezogen.

Wenn ein Priester falsche Voraussagen machte und es dadurch Mißernten gab oder die Leute im Winter starben, dann war das wohlmöglich seine letzte Prophezeiung gewesen. Es war zwar lukrativ, aber nicht unbedingt ungefährlich, seinen Mitmenschen mit Ratschlägen und Handlungsanweisungen zur Seite zu stehen.

Das Wissen der einzelnen Priestergemeinschaften wurde von ihren Mitgliedern im Laufe der Zeit immer mehr unter Verschluß gehalten, um die eigene Machtposition zu stärken. Konsequenterweise ist dieses Wissen nach dem Untergang der keltischen und germanischen Kulturen – und damit auch ihrer Priesterschaften – in Geheimbünde und -gesellschaften gewandert, die es immer noch vor ihren Mitmenschen verbergen. Wir wollen mit diesem Buch einen Teil dieses alten Wissens an die Öffentlichkeit bringen, da wir uns wünschen, daß alle Menschen es nutzen können.

Immerwährend: Rhythmen und Zyklen

Im Folgenden wird viel von »Rhythmen« und von »Zyklen« gesprochen werden. Zum besseren Verständnis sollen diese beiden Begriffe hier genauer erklärt werden.

Der Begriff *Zyklus* besitzt zwei verschiedene Definitionen, die der Duden folgendermaßen beschreibt:

1. Kreisförmig in sich geschlossene Folge zusammengehöriger Vorgänge;
2. Kreislauf regelmäßig wiederkehrender Dinge oder Ereignisse.

Um Mißverständnissen vorzubeugen, wird der Begriff *Zyklus* im vorliegenden Buch nur für die erste Definition der »geschlossenen Folge zusammengehöriger Vorgänge« verwendet, für die zweite Definition der »regelmäßig wiederkehrenden Dinge oder Ereignisse« verwenden wir das Wort *Rhythmus*.

Ein *Zyklus* ist also ein Geschehen, das einen Beginn, eine Durchführung und ein Ende hat und daher kreisförmig in sich geschlossen ist. Wenn *Zyklen* sich wiederholen (also regelmäßig wiederkehren) entstehen aus ihnen *Rhythmen*. Beim *Rhythmus* des Mondschildes ist ein einzelner *Zyklus* die Zeit von einem

Neumond bis zum Nächsten. Dieser *Zyklus* wiederholt sich rhythmisch alle 29 1/2 Tage.

Bei einem Rhythmus existiert kein einmaliger Anfang und kein einmaliges Ende. Die Dinge beginnen, geschehen und enden, nur um gleich wieder neu zu beginnen. Anfang und Ende lassen sich häufig nur willkürlich aus menschlicher Sicht definieren, wobei wir Menschen aufgrund unseres Denkens und Erlebens der Welt bestimmte Vorlieben haben. So ist es für einen Menschen sehr viel sinnvoller den Zyklus des Häuserbauens mit der Grundsteinlegung zu starten und mit der Fertigstellung des Daches zu vollenden, als den Zyklusstart willkürlich in die Mitte das Hausbaus zu setzen. Dies würde ja bedeuten, daß immer erst ein halbfertiges Haus benötigt wird und der Hausbau erst fertig ist, wenn ein anderes halbfertiges Haus steht. Aus menschlicher Sicht ist diese Vorgehensweise völliger Unfug.

Im Jahreslauf ist dies jedoch anders. Der Beginn des Jahreszyklus wird oft recht beliebig definiert. Tatsächlich wurde der Jahresbeginn im Laufe der Menschheitsgeschichte dauernd hin- und hergeschoben, und auch der derzeitige Termin für den Jahreswechsel ist nur annähernd den tatsächlichen Geschehnissen in der Natur angemessen. Um zu verstehen, wie sich der natürliche Beginn eines Zyklus erkennen läßt, soll noch einmal das Beispiel des Hausbaus beleuchtet werden.

Ein Hausbau beginnt damit, daß sich jemand ein Haus wünscht. Der Zyklus des Hausbaus beginnt also mit einer Idee. Danach folgt die Durchführung mit ihren unterschiedlichen Phasen, von denen jede wieder kleinere Zyklen beinhaltet. Beendet ist der Hausbau erst dann wirklich, wenn das Haus vollständig und in bewohnbarem Zustand fertiggestellt ist.

Der Beginn eines Zyklus ist also der Punkt, an dem etwas Neues entsteht. Eine neue Idee kommt und will Wirklichkeit werden. Dabei handelt es sich um einen geistigen Vorgang. Eine Idee oder ein Wunsch existiert zunächst nur im Geist eines Menschen. Dieser entscheidet sich dann, ob er versucht, sie zu verwirklichen. Das Verwirklichen einer Idee ist die Durchführung. Jetzt entsteht die Form der Idee. Beim Bau eines Hauses ist diese Form materiell, das heißt sie läßt sich sehen und anfassen. Bei einem Gesetzentwurf hingegen entsteht eine allgemeingültige Regelung, die sich nicht sehen oder anfassen läßt. Bei der Verabschiedung eines Gesetzes entsteht also eine nichtmaterielle Form. Ein Gesetz ist eine allgemeingültige Übereinkunft. Dabei spielt es keine Rolle, ob jemand mit diesem Gesetz einverstanden ist oder nicht. Alle Bürger des Landes, in dem das

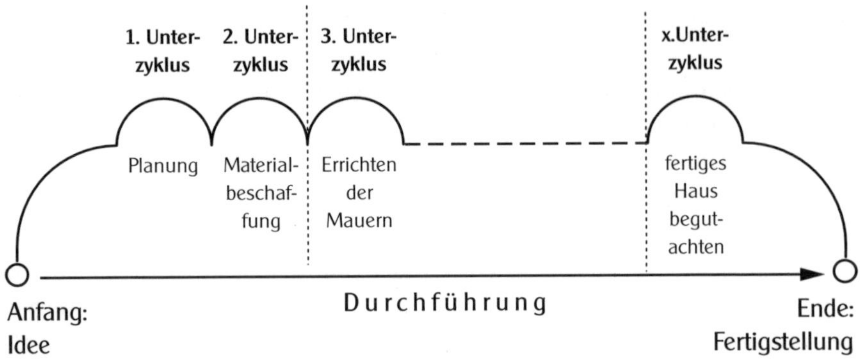

Abb. 1: Beispiel Hausbau

Gesetz Gültigkeit hat, sind an die Form des Gesetzes gebunden. Diese Form läßt sich im Gegensatz zu einem Haus nicht sehen oder anfassen, sie ist aber dennoch genauso real!

Am Anfang eines jeden Geschehens gibt es eine Idee oder einen Wunsch. Ob es sich dabei um den Bau eines Hauses handelt oder um einen Urlaub, um den Wunsch nach einem Kind oder die Vorstellung, wie jemand seine berufliche Zukunft gestalten möchte. Immer beginnt alles mit einer Idee. Auch wird die spätere Form des Geschehens von dieser Idee schon weitgehend festlegt. Damit ist gemeint, daß mit der Absicht, ein Haus zu bauen, bereits festgelegt wird, keine Brücke zu konstruieren.

Wenn wir uns dazu entschließen, eine Idee zu verwirklichen, dann beginnen wir – bewußt oder unbewußt – damit, diese Verwirklichung zu planen. Dabei kann es sich natürlich herausstellen, daß sich diese Idee derzeit gar nicht realisieren läßt oder daß wir die damit verbundene Mühe nicht auf uns nehmen wollen. In diesem Fall können wir auf die Verwirklichung der Idee *freiwillig* verzichten, womit sehr schnell das Ende des Zyklus erreicht wird. Oder wir entscheiden uns dazu, bewußt oder unbewußt, die Verwirklichung auf später zu verschieben. Damit ist der Zyklus *nicht* beendet, er bleibt offen!

Wenn wir die Mittel und Wege finden, unser Vorhaben zu verwirklichen und z. B. ein Haus zu bauen, so ist der Zyklus des Hausbaus beendet, wenn das Haus fix und fertig dasteht. War die Idee allerdings, nicht nur ein Haus zu *bauen*, sondern in unseren eigenen vier Wänden zu *leben*, so war der Hausbau dafür nur ein notwendiges Mittel. *Dieser* Zyklus ist erst dann beendet, wenn wir in das Haus eingezogen sind und es fertig eingerichtet haben. Erst jetzt haben wir unser ursprüngliches Vorhaben vollständig verwirklicht und sind wieder frei und offen für neue Ideen. Selbstverständlich können wir auch viele solcher Vorhaben gleichzeitig in Angriff nehmen. Dabei wird unser Handeln aber um so uneffektiver, je mehr Dinge wir gleichzeitig tun.

Um den Beginn eines Zyklus in der Natur zu verstehen, können wir die oben gemachten Ausführungen einfach übertragen. Ein Zyklus beginnt, wenn etwas Neues entsteht: wenn eine neue Idee, ein neuer Wunsch oder, um es neutraler zu formulieren, ein neuer Impuls in die Welt kommt. Dies ist beim Mondzyklus eindeutig der Neumondpunkt, wie sich schon an seinem Namen ablesen läßt. An diesem Zeitpunkt erscheint ein »neuer« Mond, er beginnt zu wachsen und sich am Himmel zu zeigen. Bei dem Mondschild, der das Thema dieses Buches ist, handelt es sich um eine symbolische Darstellung des Mondzyklus.

☾

Beim Jahreszyklus, der sich aus dem Lauf der Erde um die Sonne ergibt, ist die Zuordnung des Beginns nicht so einfach. Ein guter Zeitpunkt, um den Beginn des Jahres zu setzen, wäre der Mittwinter, das Datum an dem der Winter am dunkelsten und der Wunsch nach einem neuen Frühling am stärksten ist. Dies war tatsächlich auch der Beginn des Jahres für viele Wikingerstämme. Auch in Großbritannien war der 25. Dezember bis ins 14. Jahrhundert hinein noch der Neujahrestag. Erst danach wurde der 25. März zum Jahresanfang erhoben.

In der Astrologie wird schon seit alters her der Zeitpunkt der Frühlingstagundnachtgleiche als Jahresbeginn genommen. Dabei handelt es sich um den Beginn des Frühlings, dessen Kräfte jetzt erwachen und sichtbar werden. Es ist also die Zeit der Geburt, nicht die der Zeugung. Dem Mondzyklus analog müßte das neue Jahr mit der Wintersonnenwende beginnen. Zu diesem Zeitpunkt hat die Sonne den tiefsten Stand ihrer Bahn erreicht und beginnt kurz darauf, wieder höher zu steigen. Dies entspricht symbolisch dem Neumond. Die Wintersonnenwende ist der Punkt, an dem die geistige Idee für das neue Jahr entsteht.

Zur Wintersonnenwende wird bis heute wie seit vielen Jahrtausenden mit dem Weihnachtsfest das – in unserem Kulturkreis – höchste Fest des Jahres gefeiert. Wenngleich es vom Christentum in seiner ursprünglichen Bedeutung stark verändert wurde, bringt uns schon allein der Name, *Weih-nacht*, die Nacht der Weihe, den ursprünglichen Gedanken wieder nahe. Schließlich beginnt mit jeder Weihe etwas Neues.

Auch in diesem Fall folgt auf die Idee zunächst einmal die Planung. Der auf das Weihnachtsfest folgende Winter ist eine Zeit der Besinnung und der Ruhe, in der die Pläne und Vorhaben für das kommende Jahr entstehen und reifen können. Der Winter dient der Einkehr. Wir können jetzt nach innen schauen, die neuen geistigen Ideen entdecken und Möglichkeiten zu ihrer Verwirklichung suchen.

Je besser wir die natürlichen Rhythmen und ihre Abfolge verstehen, desto besser begreifen wir die Gesetzmäßigkeiten, die unsere Welt und auch unser Leben bestimmen. Und desto besser können wir unser Leben und unser Handeln daran anpassen und so in unseren persönlichen Vorhaben erfolgreich sein.

An dieser Stelle wollen wir unsere Leser an das Buch »Momo« von Michael Ende erinnern. In diesem Buch wird das Wesen der Zeit als das Aufkeimen, Blühen und Verwelken von »Stundenblumen« dargestellt. Dies ist eine wunderschöne Metapher für das rhythmische Werden und Vergehen jeder einzelnen Stunde. Die Zeitdiebe in diesem Buch, die Grauen Herren, versuchen zu erreichen, daß ihre Opfer diesen Rhythmus vergessen, den eigentlich jeder Mensch stündlich erleben kann. Die Menschen, die ihn vergessen haben, haben dann auch keine Zeit mehr. Wenn wir unsere Zeit rhythmisch erleben, ist jeder Augenblick viel länger und ausgefüllter, als wenn wir die Zeitlinie einfach nur entlangrasen. Da wir Menschen ausgefüllte Augenblicke als sehr lang empfinden, können wir uns auf diese Art tatsächlich Lebenszeit »verschaffen«.

Gegenwart: Die lineare und die rhythmische Sicht der Zeit

Die Art und Weise, wie wir die Welt wahrnehmen, wird ganz wesentlich davon bestimmt, wie wir die *Zeit* empfinden. Unsere Vorfahren nahmen die Zeit als Abfolge sich wiederholender Rhythmen wahr. Für sie gab es keine zufälligen Geschehnisse. Alles, was geschah, hatte einen Sinn. In jedem Phänomen konnte der Wille der Götter gesehen und gedeutet werden. Diese Deutungen zu liefern, war die eigentliche Aufgabe der Kalenderpriester.

Heutzutage wird die Zeit zumeist gar nicht mehr als Rhythmus wiederkehrender Geschehnisse wahrgenommen, sondern als ein linearer Fluß, der sich mit der Uhr messen läßt. In diesem Abschnitt wollen wir den Unterschied dieser beiden Sichtweisen der Zeit erläutern. Der immerwährende Mondkalender beruht auf dem Mondzyklus von Neumond zu Neumond, der rhythmisch immer wiederkehrt. Ihm liegt die Sicht der Zeit als Rhythmus zugrunde. Diejenigen unserer Leser, die sich für diese Themen nicht interessieren, sollen hier beruhigt werden. Um den Mondschild anwenden zu können, muß der nun folgende Abschnitt nicht unbedingt gelesen werden. Er bietet allerdings die Möglichkeit, die Zeit und den Mondschild sehr tiefgreifend zu verstehen.

☾

Die Zeit läßt sich im wesentlichen auf zwei sehr unterschiedliche Arten wahrnehmen: Zum einen als einen Zeitfluß, der als willkürliche Aneinanderreihung zufälliger Ereignisse erscheinen kann. Dies ist die lineare Betrachtung der Zeit. Linear bedeutet, daß die einzelnen Zeitpunkte wie an einem Lineal aufgereiht betrachtet werden, einer nach dem anderen.

Abb. 2a: Die lineare Zeit

Zum anderen kann man die Zeit als eine rhythmische Abfolge von Zyklen darstellen. Ein Zyklus hat immer einen Anfang, eine Durchführung und ein Ende, wie es die folgende Grafik verdeutlicht:

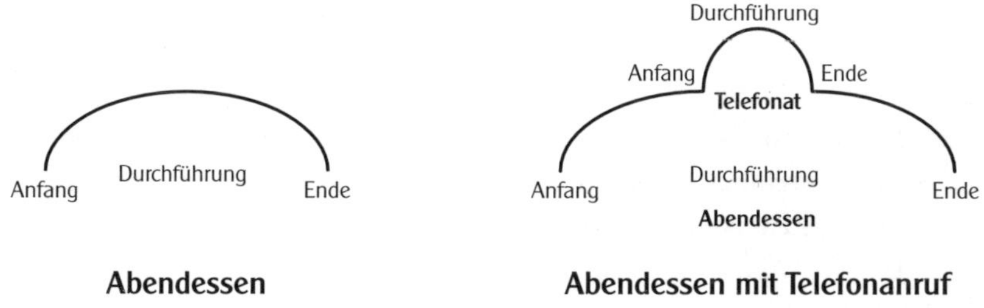

Abb. 2b: Die rhythmische Zeit

Der Unterschied zwischen den beiden Betrachtungsweisen liegt auf der Hand: In der ersten Grafik sind die Ereignisse einfach aneinandergereiht. Es sind vier Punkte auf der Zeitlinie angegeben, und es läßt sich aus dieser Darstellung nicht ersehen, ob die verschiedenen Ereignisse miteinander in Verbindung stehen oder nicht. Aus der zweiten Grafik geht deutlich hervor, daß der Anruf während des Abendessens stattfand und dieses unterbrochen hat. Das Telefonat wurde begonnen, durchgeführt und beendet, und erst dann konnte das Abendessen fortgesetzt werden. So läßt sich auf den ersten Blick ersehen, daß das Abendessen mit dem Telefonat zusammenhängt. Wegen des Telefonanrufs hat das Abendessen länger gedauert.

Bei diesem einfachen Beispiel läßt sich dieser Zusammenhang auch mit Hilfe der linearen Zeitsicht vermuten. Wenn Ereignisse aber wochen- oder gar monatelang dauern, fällt es uns in der Regel sehr schwer, solche Zusammenhänge wahrzunehmen. Die rhythmische Sicht der Zeit stellt Zusammenhänge zwischen verschiedenen Geschehnissen dar, während die lineare Zeit nur beschreibt, welche Ereignisse wann stattfinden. Dieser Unterschied soll nun weiter verdeutlicht werden.

Der lineare Zeitablauf

Die Betrachtung der Zeit als gradliniger Zeitfluß hat vor allem einen großen Vorteil: Sie ist einfach und läßt sich leicht vereinheitlichen, was den Gebrauch von Uhren erst ermöglicht hat. Wenn wir die Zeit linear betrachten, können wir sie messen. Wir können Punkte in der Zeit nach Belieben festsetzen und an ihnen bestimmte Vorhaben verwirklichen. Dies ermöglicht zum Beispiel, daß Menschen in Arbeitsgruppen über die ganze Erde verteilt sind und trotzdem zusammenarbeiten können. Auch ist es nur mit der linearen Zeit möglich, einen Flugplan für Transkontinentalflüge zu erstellen und einzuhalten. Die lineare Zeitsicht schafft erst die Voraussetzungen, die wir benötigen, um unser modernes Leben zu führen.

Ursache und Wirkung

In der linearen Sicht der Zeit ist ein Ereignis, das jetzt geschieht, immer die Folge eines anderen Ereignisses, das früher geschehen ist. Das erste Ereignis ist die Ursache und das zweite die Wirkung. Und jedes gerade jetzt stattfindende Ereignis wird zur Ursache von späteren Ereignissen. Diese finden aber erst später statt. Das bedeutet, daß Ereignisse, die zusammenhängen, immer nacheinander stattfinden.

Ein Ereignis, das in der Gegenwart liegt, also gerade jetzt stattfindet, muß daher immer seine Ursache in einem Ereignis der Vergangenheit haben, das bereits früher geschehen ist. Dies ist aber in Wirklichkeit nicht immer der Fall.

»Ich fahre jetzt los, weil ich in zwei Stunden in Hamburg sein will!« – Wenn wir uns diese Aussage genauer anschauen, stellen wir fest, daß gesagt wird, daß die Wirkung – »Ich fahre jetzt los« – vor der Ursache – »Ich will in Hamburg sein« – liegt. Diese Aussage, die umgangssprachlich häufig benutzt wird, setzt die Ursache für das jetzige Losfahren zwei Stunden in die Zukunft.

In einem solchen Fall wird die Kausalität von Ursache und Wirkung umgedreht. Zuerst kommt die Wirkung – das Losfahren – und dann folgt die Ursache: »Zwei Stunden später bin ich in Hamburg.« Schon mit so einer einfachen Aussage gerät das ausschließliche Denken in der linearen Sicht der Zeit ins Wanken. Wir brauchen uns nur eine Jahreschronik vorzustellen, die nicht nach dem Datum der Ereignisse geordnet ist, sondern nach der dahinterliegenden Absicht. Eine solche Chronik würde die Ursache für Schröders Wahl ins Kanzleramt nicht auf den Wahltag setzen, sondern auf den Moment in seinem Leben, an dem er beschloß, Bundeskanzler zu werden. Diese Ursache müßte aber noch mit weiteren Ursachen verknüpft werden, wie zum Beispiel der zunehmenden Müdigkeit der deutschen Bevölkerung, Kohls Gesicht im Fernsehen zu sehen, der schlechten wirtschaftlichen Lage usw.

Es ist für uns völlig normal, eine Ursache in die Zukunft zu setzen. Die meisten Unternehmungen im Leben beginnen wir, weil wir etwas erreichen wollen, was wir jetzt noch nicht haben, oder weil wir uns für später etwas vorgenommen haben. Die lineare Sicht der Zeit hat große Schwierigkeiten damit, diese Art des Herangehens zu beschreiben, während uns dies in unseren persönlichen Leben keinerlei Probleme bereitet. Wir Menschen sind sehr flexibel und verlassen die Einteilung von Ursache und Wirkung einfach, sobald es uns hilfreich erscheint. Wenn wir jedoch das Weltgeschehen betrachten und versuchen Zusammenhänge zwischen politischen Vorgängen zu ergründen, dann wird die lineare Zeitsicht sehr unübersichtlich. Die meisten politischen Geschehen finden aufgrund von Ursachen statt, die in der Zukunft liegen. Dies ist anhand der Zeitungsmeldungen jedoch häufig kaum nachvollziehbar.

Auch im persönlichen Leben wird die lineare Sicht der Zeit oft unübersichtlich. Wenn es mir zum Beispiel einmal im Monat, kurz nach dem zunehmenden

Halbmond, schlecht geht, so läßt sich linear daraus keinerlei Schlußfolgerung ziehen. Wahrscheinlich würde ich diesen Zusammenhang nicht einmal wahrnehmen. Es handelt sich jedesmal um ein anderes Datum, jedesmal um eine andere Uhrzeit, ich befinde mich meist an ganz verschiedenen Orten usw. Ein linearer Zusammenhang existiert nicht, da für die lineare Zeitsicht der Halbmond kein Ereignis ist, das in irgendeinem Zusammenhang zum vorherigen Halbmond steht. Wobei aber jedem Menschen sehr wohl bewußt ist, daß der zunehmende Halbmond ein immer wiederkehrendes Ereignis ist. Interessant wird es dann, wenn wir in der Lage sind, einen Zusammenhang zwischen diesem Halbmond und dem, was in unserem Leben geschieht, herzustellen. Dazu dient uns die Sicht der Zeit als Rhythmus.

Diese bestätigt sich, wenn wir uns mit der modernen Physik beschäftigen. In der Quantenphysik ist längst bewiesen, daß es eine Abfolge von Ursache und Wirkung nicht gibt. Im subatomaren Bereich beeinflussen sich die Teilchen gegenseitig, ohne daß eine meßbare Zeitspanne vergeht und ohne, daß sie überhaupt in irgendeiner Form von Kontakt miteinander stehen. Zumindest läßt sich ein solcher mit den heutigen Mitteln nicht nachweisen. Die lineare Zeit ist – physikalisch nachweisbar – nicht existent. Daß wir uns ihrer überhaupt bedienen, liegt an ihrem praktischen Nutzen.

Die Sicht der Zeit als Aneinanderreihung von Ereignissen ist einfach und übersichtlich. Sie verschafft uns die Möglichkeit, vorauszuplanen und uns mit anderen abzusprechen. Die Zeitangabe: »Am Donnerstag um viertel vor acht.« ist sehr viel eindeutiger als: »Wenn der zunehmende Mond halbvoll ist und die Sonne eine Handbreit über dem Horizont steht.«. Die lineare Form der Zeiteinteilung macht uns von äußeren Ereignissen unabhängig, was schon sehr lange ein starkes Bestreben der Menschen war.

Ein ebenso wichtiges Kriterium für den Gebrauch der linearen Zeitsicht ist es, daß sie eine Kontrolle über die Dauer der geleisteten Arbeit ermöglicht. So bildet sie die Grundlage der modernen Wirtschaft. Als erstmalig auch in kleineren Dörfern Kirchturmuhren installiert wurden, benutzten die Großgrundbesitzer diese zur Kontrolle ihrer Arbeitskräfte. Ab jetzt konnten sie genau feststellen, wie lange jeder einzelne arbeitete. Während der französischen Revolution zerstörten die aufgebrachten Massen alle Uhren, derer sie habhaft werden konnten, da diese als Symbol der Unterdrückung galten. Das gesamte System moderner Dienstleitungen und fast alle Formen von Arbeit und Freizeit werden über die Einteilung in Stunden, Minuten und Sekunden abgerechnet, was ohne die lineare Zeitsicht nicht möglich wäre.

Als alleinige Sichtweise hat die lineare Zeitsicht allerdings wesentliche Nachteile. Wenn die Zeit linear betrachtet wird, verliert sich das Verständnis für größere und natürliche Zusammenhänge. Im linearen Zeitdenken erscheinen die Ereignisse oft zufällig. Was passiert, ist willkürlich aneinandergereiht, und es läßt sich oft nicht nachvollziehen, warum bestimmte Ereignisse gerade *jetzt* geschehen oder warum sie *mich* treffen. Durch diese Sicht der Zeit kann es passieren, daß uns unser Leben als Stolpern von Zufall zu Zufall erscheint. Das Denken, das der linearen Zeitsicht zugrunde liegt, hat sich seit der Aufklärung weit verbreitet. Als die modernen Wissenschaften entstanden sind, war kein Platz mehr für ein lebendiges, von Rhythmen und Zyklen erfülltes Universum. Gott und jede Form von höherer Instanz wurde abgeschafft und das Universum in ein mechanisches Gebilde verwandelt, in dem alles auf vorhersagbaren Gesetzmäßigkeiten beruht. Im Denken der Aufklärung war keinerlei Platz für ein lebendiges, sinnerfülltes, für Menschen gemachtes Universum, in dem ein jeder seine Aufgaben im Leben zu erfüllen hat, die seinem Dasein hier auf der Erde erst einen Sinn gäbe. Denn wer hätte diese Aufgaben in einer zufällig entstandenen Welt verteilen sollen?

Schließlich beruht die lineare Sicht der Zeit schlicht und ergreifend auf einem unvollständigen Weltbild. Die Zeit wird als eine Gerade dargestellt, an der entlang Ereignisse wie Perlen an der Schnur aufgereiht sind. Heutzutage wird jedoch schon im Geometrieunterricht gelehrt, daß eine Gerade im Unendlichen wieder auf sich selbst trifft, also in Wirklichkeit gekrümmt ist. Folglich ist auch die lineare Zeit nicht wirklich existent, da sie außer acht läßt, daß sich die natürlichen Ereignisse in einem wiederkehrenden Rhythmus wiederholen.

Es handelt sich bei der linearen Zeitvorstellung lediglich um einen vereinfachten Ausschnitt der rhythmischen. Unter diesem Gesichtspunkt betrachtet, kann die lineare Zeit uns für Termine, Planungen und Verabredungen gute Dienste tun. Sie eignet sich jedoch nur eingeschränkt dazu, die Welt und die Geschehnisse, die in unserem Leben eintreten, in einen verständlichen Zusammenhang zu bringen.

Die Zeit als Rhythmus

Während die oben beschriebene lineare Zeitsicht der analytischen Denkweise der linken Gehirnhälfte entspricht, stimmt das Denken in rhythmischen Abläufen mit der Arbeitsweise der rechten Gehirnhälfte überein. Dieser wird neben der Intuition und Kreativität auch das Unterbewußtsein zugeordnet. Es ist für uns Menschen wichtig, beide Gehirnhälften – und damit beide Sichtweisen der Zeit – nutzen zu können. Gerade von herausragenden Wissenschaftlern wie Albert Einstein ist bekannt, daß sie ihr analytisches Denken mit ihrer Kreativität vollkommen verbinden konnten. Nur dadurch waren ihre bedeutenden wissenschaftlichen Durchbrüche möglich.

Während der analytische Verstand linear denkt, funktionieren das Unterbewußtsein und das Gedächtnis in rhythmischen Abläufen. Sie ordnen Dinge, Ereignisse und Gefühle nach Ähnlichkeiten, also nach immer wiederkehrenden Mustern. Es fällt uns sehr schwer, die exakte Beschreibung eines Menschen abzugeben, selbst wenn derjenige genau vor uns steht. Sehr viel leichter ist jedoch eine Beschreibung, die in etwa lautet: »Ja, er sah fast genau so aus wie John Wayne, nur kürzere Beine und etwas hellere Haare, die Augen waren dunkler und der Blick nicht so stechend.« Mit dieser Beschreibung, die auf Ähnlichkeiten und Unterschieden beruht, kann sich jeder Mensch, der John Wayne kennt, sofort ein Bild von der betreffenden Person machen. Um die rechte Gehirnhälfte, die in unserem Alltag meist zu kurz kommt, zu stärken, ist es für uns wichtig, neben dem Arbeitsalltag, der sich nach der linearen Zeiteinteilung richtet, das Denken in Zyklen und Rhythmen wiederzuentdecken.

Unser Gedächtnis ordnet Dinge *immer* nach Ähnlichkeiten. Wenn wir versuchen uns an irgend etwas zu erinnern, werden wir feststellen, daß wir auf die Frage: »Was hast Du denn am 23.04.88 gegen 21:00 Uhr gemacht?« nicht so schnell eine Antwort finden. Wenn dagegen die Frage lautet: »Weißt Du noch, was vor zehn Jahren bei unserem Osterurlaub auf Gomera beim Abendessen geschehen ist?«, so ist die gesuchte Information meist sofort präsent. Dies gilt natürlich nur dann, wenn beim Abendessen tatsächlich etwas passierte. Wir speichern Urlaub zu Urlaub, Ostern zu Ostern und Abendessen zu Abendessen. Mit Hilfe dieser drei Informationen finden wir sehr schnell die genauen Einzelheiten dieses speziellen Abends in unserem Gedächtnis wieder.

Als ein weiteres Beispiel mag die Erinnerung an das letzte Weihnachten dienen. Wenn wir danach gefragt werden, fallen uns normalerweise gleich alle anderen Weihnachtsfeste mit ein. Oder zumindest diejenigen, an denen etwas Bemerkenswertes geschehen ist.

Die Betrachtung der Zeit in Rhythmen funktioniert genauso wie die Speicherung in unserem Gedächtnis. Oder, um es genauer zu formulieren: Das Gedächtnis und das Unterbewußtsein sind in ihrer Funktion und Arbeitsweise optimal an die natürlichen Rhythmen angepaßt. Für sie kehrt alles, was geschieht, immer wieder. Jedes Jahr beginnt, wird erlebt und hat ein Ende, ebenso jeder Tag, jeder Urlaub und jeder Kinobesuch. Das ganze Leben ist ein einziger großer Zyklus. Die Betrachtung der Zeit in Rhythmen ermöglicht es uns, die Gemeinsamkeiten verschiedener Ereignisse zu verstehen. Es läßt sich erkennen, daß manche Kräfte immer zu bestimmten Zeiten wirken. Wenn wir den Jahresrhythmus beobachten, können wir wahrnehmen, daß jedes Jahr zu Ostern in der Natur etwas geschieht. Damit ist nicht gemeint, daß es wärmer wird und das Wetter sich bessert. Dies ist nicht in jedem Jahr der Fall. Dennoch gibt es zu Ostern eine bestimmte Stimmung, die fast alle Menschen erfaßt: Die Vorfreude auf den kommenden Frühling. Wenn wir uns dieser Stimmung bewußt werden, entdecken wir die *Zeitqualität* von Ostern – das, was die Osterzeit ausmacht.

Der Mondrhythmus ist für uns bewußt nicht so leicht wahrzunehmen wie z. B. der Tag- und Nachtrhythmus oder der Jahreslauf. Er beeinflußt uns auf der Ebene der Gefühle, die für den bewußten Verstand sehr schwer faßbar ist, sich aber intuitiv leicht wahrnehmen läßt. Der Mondrhythmus stimmt weder mit dem Jahresrhythmus noch mit dem Tag- und Nachtrhythmus überein. Schon die Wiederkehr von Ebbe und Flut zeigt, daß die Mondrhythmen gegenüber dem Sonnentag verschoben sind. Diese Verschiebung ist außerdem ungleichmäßig, da der Mond sich – aufgrund seiner elliptischen Umlaufbahn – scheinbar mal schneller und mal langsamer bewegt. Während der Verstand auf die Uhr schauen muß, um zu wissen, wann Ebbe und wann Flut ist, haben viele Menschen dies intuitiv noch im Gespür. Mit unserer rechten Gehirnhälfte stehen wir in direktem Kontakt mit dem Gezeitenrhythmus. Indem wir wieder damit beginnen, auf die Rhythmen zu achten, die unser Leben beeinflussen, stärken wir diese Gehirnhälfte und damit auch unsere intuitive Wahrnehmung.*

Wenn sich, wie im obigen Beispiel, kurz nach dem zunehmenden Halbmond jedes Mal unsere Stimmung verschlechtert, so fällt es dem analytischen Verstand

* Vergleiche dazu Kapitel 7

sehr schwer, dies als regelmäßig wiederkehrendes Ereignis wahrzunehmen. Mit Hilfe des Mondschildes wird dies hingegen ganz leicht möglich. Der Mondschild stellt eine Art »Ableseinstrument« für die »Stimmungsgezeiten« dar, die uns beeinflussen. Dabei stimmen die »Mondtage« des Mondschildes nicht mit dem Rhythmus von Ebbe und Flut überein. Der Ebbe- und Flutrhythmus entsteht aus der Drehung der Erde um sich selbst, während die »Mondtage« durch die Stellung von Sonne und Mond zueinander bestimmt werden. Gemeinsam ist den beiden Rhythmen jedoch, daß sie mit dem Mond zusammenhängen und uns Menschen auf einer sehr subtilen Ebene beeinflussen.

☾

Wenn wir wieder lernen, die Zeit in Rhythmen wahrzunehmen, so erfahren wir bald, daß sich in jedem beliebigen Moment viele verschiedene Rhythmen überlappen: Zum Beispiel der Tag- und Nachtrhythmus, der Mondrhythmus und der Jahresrhythmus. Aber auch das Schlagen unseres Herzens und der immer wiederkehrende Atem sind Rhythmen, an denen sich unser Leben ausrichtet. Wenn wir die Zeit in Rhythmen betrachten, können wir zu jedem beliebigen Zeitpunkt viele Rhythmen gleichzeitig wahrnehmen. Indem sich die verschiedensten Rhythmen mit ihrer unterschiedlichen Dauer überlappen, wird aus jedem Zeitpunkt etwas Einmaliges. Jeder Moment hat seine eigene »Zeitqualität«, die niemals exakt wiederkehrt, wie auch jeder Ort in Wirklichkeit einmalig ist, selbst wenn viele sich ähneln.

Jeder Mensch hat seine eigenen, persönlichen Rhythmen, die ihn von den anderen unterscheiden. Dazu gehören die körperlichen Rhythmen, wie der Atem und der Herzschlag, aber auch andere, wie z. B. der Biorhythmus, deren Existenz noch umstritten ist. Sicher ist, daß jeder von uns das Auf und Ab in seinem Leben erfährt. Diese individuellen körperlichen, geistigen und seelischen Rhythmen überlappen sich mit denen von Sonne, Mond und Erde, welche die gerade vorherrschende Zeitqualität bilden. Daher bietet jeder Moment jedem Menschen ein ganz eigenes Erleben – die Zeit vergeht für jeden von uns unterschiedlich schnell.

2 Von Sonne und Mond

»Mond, Schwester Mond
Führe mich auf dem Weg durch die Nacht,
leite mich durch die Wirren der Nacht,
Bringe mich durch die Höhle der Nacht,
Laß mich ruhen in dir
Laß mich ruhen in mir
Ewiger Traum der Liebe.«
Lied, Verfasser unbekannt

Es gibt derzeit so viele Mondkalender, daß sich natürlich die Frage stellt, was denn das Besondere an dem »immerwährenden Mondkalender« ist. Um dies zu verstehen, muß man sich vergegenwärtigen, daß es eine große Anzahl verschiedener Mondrhythmen gibt. Zwei davon wurden bereits erwähnt: Zum einen den Rhythmus des Mondschildes, der von Neumond zu Neumond gezählt wird, und zum anderen den von Ebbe und Flut, der sich durch die tägliche Drehung der Erde um sich selbst ergibt.

Zum weiteren Verständnis ist ein dritter Mondrhythmus wichtig. Dieser entsteht durch die Bewegung des Mondes vor dem Hintergrund der Tierkreiszeichen und wird im nächsten Absatz genauer erläutert. Der Unterschied zwischen dem »immerwährenden Mondkalender«, wie er vom Mondschild repräsentiert wird, und den »herkömmlichen« Mondkalendern liegt darin begründet, daß die herkömmlichen Mondkalender auf der Reise des Mondes durch die Tierkreiszeichen beruhen. Diese »Reise« wird von Astronomen als »siderischer Mondrhythmus« bezeichnet. Der immerwährende Mondkalender dagegen beruht auf dem Rhythmus von Neumond zu Neumond. Dieser wird auch der »synodische Mondrhythmus« oder »die synodische Umlaufzeit des Mondes« genannt. Der Unterschied zwischen diesen beiden Rhythmen ist sehr wesentlich, und deswegen wird er im Folgenden genau erklärt.

Wenngleich die meisten der herkömmlichen Mondkalender auch auf die Kräfte des zunehmenden und des abnehmenden Mondes eingehen, so *beruhen* sie doch nicht darauf, wie das beim Mondschild der Fall ist. Auf den dritten bereits erwähnten Rhythmus, dem von Ebbe und Flut, wird im Folgenden nicht mehr eingegangen. Einige weiterführende Informationen zu diesem Rhythmus und seiner Wirkung auf uns Menschen finden sich im siebten Kapitel. Eine noch ausführlichere Betrachtung dieses Themas würde den Rahmen dieses Buches bei weitem sprengen.

Die Rhythmen des Mondes

Die siderische Umlaufzeit des Mondes ist die Zeit, die der Mond braucht, um sich – von der Erde aus betrachtet – wieder an seiner Ausgangsposition im Tierkreis einzufinden. Der Tierkreis, der durch die zwölf »Sternzeichen« (Widder, Stier, Zwilling usw.) bekannt ist, stellt astronomisch eine Meßlatte dar, anhand derer wir die Bewegung der Planeten und des Mondes im Weltraum verfolgen können. Dabei wird der Raum rund um die Erde in zwölf Abschnitte mit je 30° Breite eingeteilt. Jeder davon entspricht einem Tierkreiszeichen.

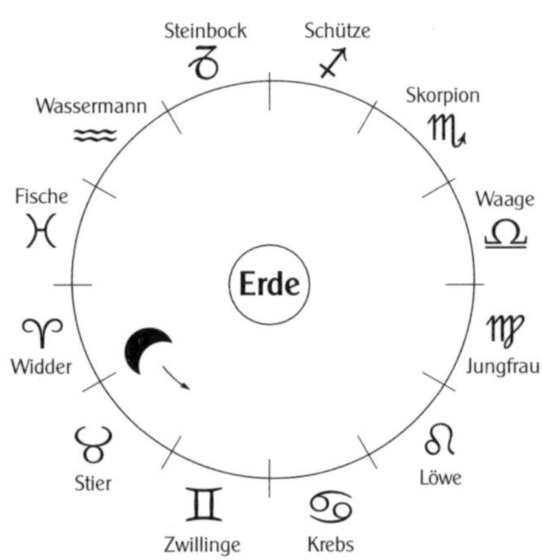

Abb. 3: Der siderische Mondumlauf

Der Mond steht zum Beispiel derzeit auf 23° Widder. Nun wandert er entlang des Tierkreises um die Erde. Steht er wieder auf 23° Widder, so hat er seinen siderischen Umlauf vollendet. Er hat die Erde einmal vollständig umkreist. Diese siderische Umlaufzeit des Mondes dauert im Mittel 27 Tage, 7 Stunden und 43 Minuten.

Der *synodische* Umlauf des Mondes umfaßt den Mondzyklus von Neumond zu Neumond. Astronomisch gesehen bedeutet Neumond, daß der Mond und die Sonne sich an derselben Stelle im Tierkreis befinden. In der Fachsprache wird dies eine Konjunktion genannt (siehe Abb. 4). Wenn der Mond nach einem siderischen Umlauf wieder an dieselbe Stelle des Tierkreises zurückkommt, ist die Sonne nicht mehr da. Wie der Mond, so durchwandert auch die Sonne (von der Erde aus gesehen) den Tierkreis, allerdings wesentlich langsamer. Während der Mond etwas mehr als 27 Tage braucht, um den Tierkreis zu durchreisen, benötigt die Sonne hierfür ein ganzes Jahr. Daher wird die Länge eines Jahres dadurch definiert, daß die Sonne wieder ihre ursprüngliche Stellung im Tierkreis innehat.

Damit es zum nächsten Neumond kommt, müssen Sonne und Mond wieder in Konjunktion stehen. Die Sonne ist im Tierkreis weitergewandert, also muß der Mond ihr hinterherreisen. Glücklicherweise ist er sehr viel schneller als die Sonne und holt sie bald ein. Wenn der Mond die Sonne wieder trifft, ist erneut Neumond, und in diesem Moment hat der Mond seinen *synodischen* Umlauf beendet. Er befindet sich an der gleichen Position relativ zur Sonne wie zu Beginn des Zyklus. Im Tierkreis befinden sich Sonne und Mond jetzt ein Zeichen weiter als beim letzten Neumond. Daher folgt auf einen Neumond im Krebs fast immer ein Neumond im Löwen. Nur in ganz seltenen Fällen kann ein Neumond ganz am Anfang eines Tierkreiszeichens und der darauffolgende Neumond am Ende desselben Zeichens stehen. Die Zeitdauer zwischen zwei Neumonden beträgt durchschnittlich 29 Tage, 12 Stunden und 44 Minuten.

Der *siderische* Zyklus bezieht sich auf die Position des Mondes im Tierkreis und ist dementsprechend von anderen Himmelskörpern unabhängig. Der *synodische* Zyklus hingegen entsteht erst durch die Wechselwirkung zweier Himmelskörper, in diesem Fall Sonne und Mond. Diese Unterscheidung ist sehr wichtig, da auf ihr die Wesensunterschiede der beiden Zyklen beruhen.

Der siderische Mondzyklus

Der siderische Mondzyklus läßt sich als Wanderung des Mondes durch den Tierkreis beschreiben. Je nachdem, in welchem Zeichen der Mond sich befindet, ändert sich die Art und Weise, wie er auf die Welt wirkt. Der Mond beeinflußt unter anderem das Wachsen und Reifen der Pflanzen, der Tiere und der Menschen. Er wirkt auf das Unterbewußtsein und die Gefühle und generell auf alles, was sich dem weiblichen Pol der Welt zuordnen läßt. (Die Eigenschaften des männlichen und des weiblichen Pols der Welt werden im Abschnitt über die Polarität weiter unten erläutert.)

Wenn der Mond auf seiner Wanderung durch den Tierkreis durch ein *Feuerzeichen* (Widder, Löwe, Schütze) reist, so wird das Wachstum in Gang gesetzt. Wir fühlen uns lebendiger, unternehmungslustiger und wünschen uns, den Herausforderungen unserer Umwelt zu begegnen. Wenn er durch ein *Wasserzeichen* (Krebs, Skorpion, Fische) wandelt, so verlangsamt sich das Wachstum. Wir werden aufnahmebereiter und neigen dazu, Dinge aufzuheben und zu verwerten, anstatt Neues zu schaffen. (Das Element Wasser steht für die Qualitäten des Speicherns, des Aufnehmens und für die Auflösung.) Wenn der Mond sich durch die *Luftzeichen* (Zwilling, Waage, Wassermann) bewegt, so fühlen wir uns luftiger und leichter. Wir werden kontaktfreudiger und offener. Bei den Pflanzen werden besonders die luftigen Blüten betont, die ja auch den Kontakt mit der Welt herstellen. Gelangt der Mond auf seiner Wanderung nun durch das Reich der *Erdzeichen* (Stier, Jungfrau, Steinbock), so stärkt er das Gefühl für den Boden. Dies wirkt sich bei Pflanzen besonders durch eine kräftige Entwicklung der Wurzeln aus, während es sich bei Menschen und Tieren darin zeigt, daß sie sich innerlich schwerer fühlen und emotional weniger Höhenflüge machen. In dieser Zeit herrschen realistischere Wünsche vor, und wir neigen dazu, uns auf dem Boden der Tatsachen aufzuhalten.

Bei sensiblen Menschen kann dieser Zustand auch in Schwermütigkeit und Melancholie umschlagen. Auf die verschiedenen Mondstände reagiert jeder Mensch unterschiedlich. Der Einfluß des Mondes in einem Zeichen läßt sich mit einer Lampe vergleichen, vor die verschiedenfarbige Glasscheiben gehalten werden. Der Mond (die Lampe) scheint immer gleich, jedoch wird sein Licht durch die Glasscheiben getönt. Wenn der Mond in einem Feuerzeichen steht, so wird seine Wirkung durch die »Farbe« dieses Zeichens verändert. Im Beispiel des Feuerzeichens wäre jetzt eine rote Scheibe vor der Lampe. Wir alle sehen das »rote« Licht des Mondes. Wie wir auf dieses Licht reagieren, ist jedoch sehr verschieden. Während manche in eine romantische oder gar schwärmerische Stimmung versetzt werden, reagieren andere auf dasselbe Licht aggressiv und genervt. Die persönliche Reaktion eines Menschen auf den Mondeinfluß hängt von vielen verschiedenen Faktoren ab, die von Person zu Person individuell verschieden sind.

Der siderische Mondrhythmus dient im gewissen Sinne als Wegbeschreibung des Mondeinflusses. Wir können ihn mit einer Straßenkarte vergleichen, die uns zeigt, wo es langgeht. Oder besser noch, mit einem genauen und zutreffenden Wetterbericht. (Wir alle wissen, daß es so etwas nicht gibt, aber zumindest theoretisch können wir es ja annehmen.) Dieser »Wetterbericht« gibt uns Auskunft über das, was zu einem bestimmten Zeitpunkt geschehen wird. Wir haben also die Möglichkeit, rechtzeitig die Badehose oder den Regenschirm einzupacken bzw. die jeweils richtige Sorte Pflanzen zu säen, zu ernten und zu gießen. Wir können all die Möglichkeiten und Tips nutzen, die die traditionellen Mondkalender mit ihrem großen Schatz an überliefertem Wissen zu bieten haben, um unser Leben zu erleichtern und zu vereinfachen.

Der synodische Mondrhythmus

Der synodische Mondrhythmus ist grundlegend anders als der siderische. Er entsteht aus der Beziehung von Sonne und Mond vor dem Hintergrund des Tierkreises. Interessant und wesentlich ist hierbei fast ausschließlich die Stellung von Mond und Sonne zueinander. Die Eigenschaften der einzelnen Tierkreiszeichen spielen in diesem Zusammenhang kaum eine Rolle.

Bei Neumond stehen Sonne und Mond auf derselben Position des Tierkreises in Konjunktion. Bei Vollmond stehen sich beide Himmelskörper genau gegenüber. Diese Stellung wird Opposition genannt. Zu den beiden Halbmonden stehen Sonne und Mond im Winkel von 90° zueinander. Sie stehen im Quadrat (siehe Abb. 4). Wie wir später sehen werden, wird jedes Viertel des Mondschildes noch einmal in sieben Teile unterteilt. Daraus ergeben sich insgesamt 28 verschiedene Winkelstellungen zwischen Sonne und Mond, die die 28 Mondstationen oder einfach die 28 Mondtage genannt werden. Die Eigenschaften der einzelnen Mondtage werden im zweiten Teil des Buches ausführlich beschrieben.

Im vorherigen Abschnitt haben wir die Tierkreiszeichen mit farbigen Glasscheiben verglichen, die das Licht des Mondes färben. Der synodische Mondumlauf, mit seinen 28 Mondtagen, beschreibt dagegen, wie sich das »Licht« des

Neumond

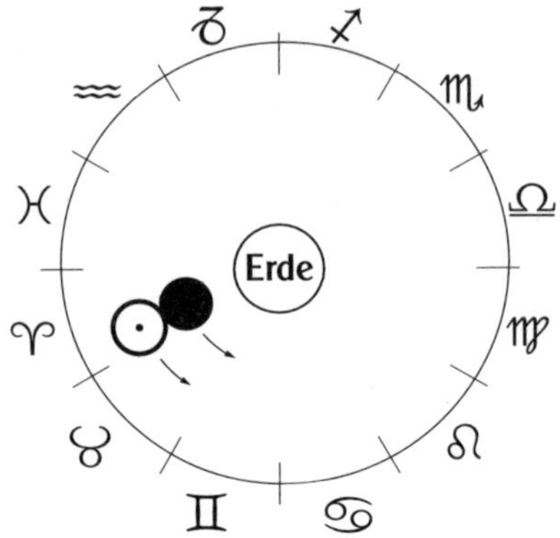

Sonne: 23° ♈; Mond: 23° ♈
Konjunktion

zunehmender Mond

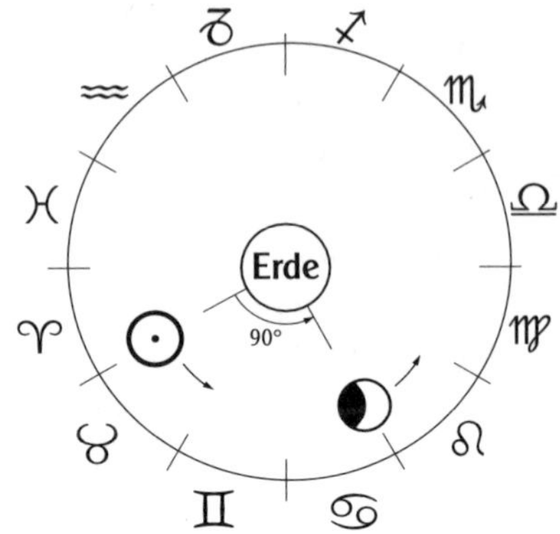

Sonne: 29° ♈; Mond: 29° ♋
Quadrat

Vollmond

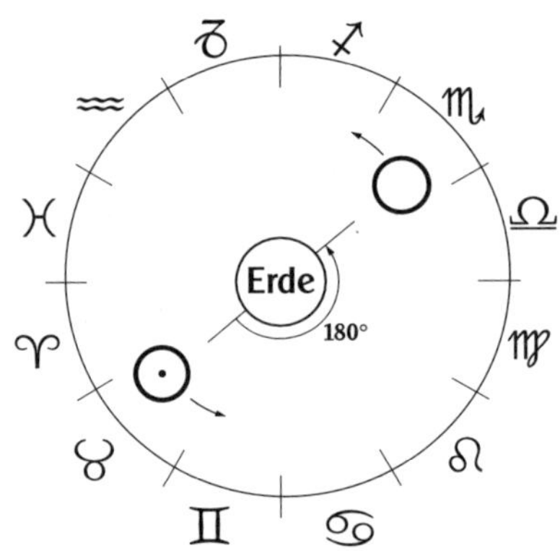

Sonne: 7° ♉; Mond: 7° ♏
Opposition

abnehmender Mond

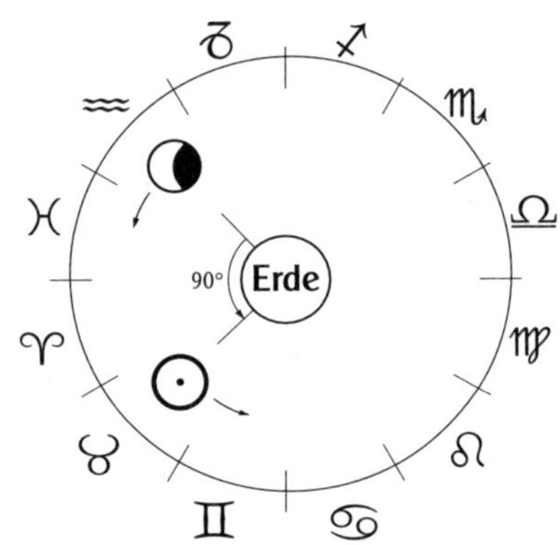

Sonne: 14° ♉; Mond: 14° ♒
Quadrat

Nächster Neumond:
Sonne: 21° ♉; Mond: 21° ♉

Abb. 4: Der synodische Mondumlauf

Mondes von Tag zu Tag ändert, je nachdem wie der Mond von der Sonne angestrahlt wird. Dies ist sowohl in der wirklichen Welt als auch im übertragenen Sinn richtig. Am Nachthimmel verändert der Mond sein Aussehen, weil ihn die Sonne jeden Tag aus einem anderen Winkel anstrahlt. Bei Vollmond steht sie ihm gegenüber, weshalb er in ihrem vollsten Licht erstrahlt. Zu Halbmond steht sie (von der Erde aus gesehen) im rechten Winkel zum Mond, weshalb wir nur die Hälfte der beleuchteten Mondscheibe sehen können, und zu Neumond steht sie hinter ihm. Die von der Sonne beleuchtete Mondseite ist dann auf der Erde nicht zu sehen. Wie sich das Licht des Mondes am Nachthimmel ändert, so ändert sich mit jedem »Mondtag« auch die Qualität seiner Ausstrahlung und dadurch die Art und Weise, wie der Mond auf die Erde wirkt. Diese Ausstrahlung wird dann noch einmal durch die »farbigen Gläser« der Tierkreiszeichen gefiltert.

Sonne und Mond stehen für die gegensätzlichen Urkräfte, für das Weibliche und das Männliche, für Yin und Yang. Das Zusammenwirken dieser beiden Kräften ermöglicht erst die Existenz unserer Welt. Jede Form von Kreativität und Entwicklung entsteht aus ihrem Zusammenspiel bzw. ihrer Gegensätzlichkeit. Im folgenden Abschnitt über die Polarität werden wir uns mit diesen beiden Kräften noch genauer beschäftigen.

Die Polarität

Fast alle Schöpfungsmythen der Welt beschreiben das EINE, die Urkraft, aus der die Welt der Gegensätze entspringt. In der Genesis heißt es: »Und Gott sprach: ›Es werde Licht, und es ward Licht. Und Gott sah, daß das Licht gut war. Da schied Gott das Licht von der Finsternis.‹«[1] In der chinesischen Philosophie existiert zu Anfang das DAO, das Eine. Das Dao gebiert aus sich heraus YIN und YANG. Viele andere Schöpfungsmythen beginnen mit einem Urwesen, das dann Sonne und Mond oder Himmel und Erde erschafft. So auch der Mythos der im dritten Teil des Buches zitiert wird (siehe Seite 185). In fast allen Überlieferungen der Menschheit ist also ein Hinweis auf die Existenz gegensätzlicher Urkräfte vorhanden.

Wir leben demnach in einer polaren Welt, in einer Welt, die aus Gegensätzen aufgebaut ist. Zu jeder Erscheinung in dieser Welt läßt sich eine entgegengesetzte Erscheinung finden: Zu hell gehört dunkel, zu warm gehört kalt, zu gut böse, zum Tag die Nacht. Diese Begriffspaare lassen sich unendlich fortsetzen.

Bei der Betrachtung der Gegensatzpaare zeigt sich, daß die beiden Ausdrücke sich gegenseitig bedingen. Der Begriff »warm« macht nur Sinn, wenn es auch den Begriff »kalt« gibt. Bei diesen beiden Begriffen handelt es sich nicht um absolute, meßbare Angaben, sondern um ein persönliches Gefühl für die derzeitige Temperatur, die mal als angenehm, ein anderes Mal aber als unangenehm empfunden wird. Wenn wir im Sommer bei 30°C in der Sonne sitzen, erscheint uns ein Schattenplatz mit nur 15°C als kalt. Im Winter dagegen, wenn wir bei -10°C über den Weihnachtsmarkt schlendern, erschiene uns ein Platz mit 15°C als ein sehr warmer und äußerst attraktiver Ort. Der Begriff »warm« kann also ohne den Begriff »kalt« überhaupt nicht verwendet werden.

Noch deutlicher wird dies an so abstrakten Begriffspaaren wie »gut« und »schlecht«. Es gibt keine »Gutskala«, auf der wir unseren »Gutheitsgrad« ablesen können. Gut ist etwas für uns dann, wenn es nicht schlecht ist. Was gut und was schlecht ist, legt jeder Mensch für sich selber fest. Die einzige Hilfe dazu bieten uns die Moralvorstellungen der Gesellschaft, in der wir leben. Diese werden größtenteils von der jeweiligen Elterngeneration vermittelt. Sie entstammen normalerweise den Verhaltenskodexen der jeweils vorherrschenden Religionen und bieten zumindest eine ungefähre Richtlinie dessen, was in den letzten Jahrzehnten und Jahrhunderten von der Gesellschaft akzeptiert und als hilfreich erachtet wurde. Begriffe wie »gut« und »schlecht« wurden geschaffen, um das Zusammenleben einer Gruppe von Menschen zu ermöglichen. Daher ändert sich die Bewertung dessen was gut und was schlecht ist von Kultur zu Kultur sehr stark. Wir brauchen uns nur vorzustellen, daß wir Menschen einer Kannibalenkultur erklären wollen, daß es schlecht sei, Menschenfleisch zu essen. Völliges Unverständnis wäre noch die freundlichste Reaktion, die wir erwarten können.

Wirklich definieren lassen sich gut und schlecht nur durch ihr Gegenteil. Wenn wir etwas als »gut« betrachten, kann es nicht »schlecht« sein und umgekehrt. Diese Art und Weise, Dinge nach dem einzuteilen, was sie sind oder was sie nicht sind, entspricht exakt der Funktionsweise unseres Gedächtnisses. Wie im ersten Kapitel bereits erklärt wurde, sortiert es die Erinnerungen nach Ähnlichkeiten und Unterschieden, also danach, was sie sind und was sie nicht sind.

Die Einteilung der Welt in Ähnlichkeiten und Unterschiede ähnelt der Sichtweise der Zeit in Rhythmen, die auf den Fähigkeiten unserer rechten Gehirnhälfte beruht, Zusammenhänge und Rhythmen wahrnehmen zu können (siehe Seite 31).

Es handelt sich hierbei also um eine Sicht der Welt, die mit den natürlichen Gegebenheiten unseres Universums weitgehend im Einklang zu stehen scheint.

Yin & Yang

Um die gegensätzlichen Begriffspaare wie gut/schlecht, hell/dunkel, Tag/Nacht, männlich/weiblich, warm/kalt besser handhaben zu können, werden wir im Folgenden die Begriffswelt der chinesischen Philosophie zu Hilfe nehmen. Demzufolge lassen sie sich in zwei Kategorien einteilen: Alle hellen, expandierenden, nach außen strebenden Kräfte werden als »Yang« bezeichnet und gelten gemeinhin als männlich. Alle dunklen, zusammenziehenden, nach innen gerichteten Kräfte sind »Yin« und entsprechen dem weiblichen Pol der Welt. Nur wenn sie zusammenwirken, ergeben sie ein Ganzes: Die Welt, in der wir leben.

Zur Verdeutlichung des oben Gesagten: Die helle, sonnenbeschienene Seite eines Berges ist »Yang«. Die andere Seite desselben Berges, die im Schatten liegt, ist »Yin«. Wenn wir den Berg betrachten, finden wir immer eine Yang- und eine Yin-Seite. Selbst in der Nacht, wenn alles dunkel ist, gibt es Stellen des Berges, die heller sind als andere. Sollten wir nun versuchen, die Yin- und die Yang-Seite des Berges zu trennen, werden wir schnell feststellen, daß dies unmöglich ist. Jeder Berg hat eine helle und eine dunkle Seite. Wenn wir den Berg in der Mitte durchschneiden, so erhalten wir zwei halbe Berge, von denen wieder jeder eine helle und eine dunkle Seite besitzt. Die einzige Möglichkeit, die helle Seite eines Berges aus der Welt verschwinden zu lassen, ist, den Berg als ganzes zu entfernen. Der Yin- und der Yang-Anteil lassen sich nicht trennen. Wenn einer von ihnen fehlt, fehlt der andere auch. Dies ist gemeint, wenn wir sagen, daß die Welt aus dem Zusammenspiel der polaren Urkräfte Yin und Yang, die man auch männlich und weiblich nennen kann, entsteht. Die Wirkungen der Sonne und des Mondes auf unser Welt sind in dieser Betrachtungsweise ebenfalls ein Gegensatzpaar, wobei die Sonne dem »Yang« und der Mond dem »Yin« entspricht.

Auch die Materie, aus der die Welt aufgebaut ist, existiert nur aufgrund der Spannung zwischen den negativ geladenen Elektronen und den positiv geladenen Protonen. Wenn diese beiden zusammenkommen, werden aus ihnen die Neutronen. Diese können für sich alleine keine Atome erschaffen.

Dieser Betrachtungsweise zufolge ist unsere Welt also aus zwei entgegengesetzten Kräften aufgebaut, die einander ergänzen und nicht für sich allein existieren können. Im chinesischen Yin-Yang-Symbol ist dies sehr treffend dargestellt:

Die dunkle Hälfte (Yin) und die helle Hälfte (Yang) des Kreises bilden zusammen ein Ganzes. Sie können für sich allein nicht existieren, da es dann keinen Kreis (oder keinen Berg) gäbe. Der Kreis dreht sich in beständiger Wandlung. Der Schatten wandert über den Berg. Die Seite, die am Vormittag noch »Yin« war, ist am Nachmittag »Yang«. Der Tag folgt auf die Nacht, der Sommer auf den Winter, Hitze auf Frost, Regen auf Trockenheit. Immer, wenn der eine Anteil seine größte Stärke erreicht hat, beginnt er kleiner zu werden und der andere fängt an zu wachsen. Wenn die Nacht am dunkelsten ist, beginnt es wieder heller zu werden, der Tag fängt an zu wachsen. Wenn der Winter am kältesten ist, ist schon der Anfang des Sommers. Es wird wieder wärmer. Wenn wir starkes Fieber behandeln, so wickeln wir den Kranken im warme Decken ein und legen noch zusätzlich eine Wärmflasche ins Bett. Auf diese Art steigt die Hitze, bis sie über ihren stärksten Punkt hinausgeht und daraufhin in Abkühlung umschlägt.

Das dunkle Feld des Yin-Yang-Symbols enthält einen hellen Punkt, wie auch das helle Feld einen dunklen Punkt enthält. Diese Punkte versinnbildlichen die Tatsache, daß in jedem Geschehen auch sein Gegenteil enthalten ist. Es gibt kein Ding, das nur »gut« ist, weil sich »gut« nur dadurch festlegen läßt, daß etwas anderes »schlecht« ist. Es gibt nichts, was nur »warm« ist. Es ist immer möglich, einen Zustand zu finden, der noch wärmer ist und der das bisherige »Warm« nun als »kalt« erscheinen läßt.

Erst durch das Zusammenspiel von Yin und Yang findet Entwicklung statt. Was vorher warm war, wird langsam kalt, während etwas anderes dafür wärmer wird. Wind entsteht, indem kalte Luftmassen (Yin) von der Sonne (Yang) aufgewärmt werden und nach oben steigen. Daraufhin fließt neue kalte Luft von anderswo an die Stelle der jetzt aufgestiegenen. Durch diese immerwährende Bewegung entsteht sowohl der Wind, der die Windmühle antreibt, als auch der Sturm, der ganze Landstriche verheert. Es entsteht Wandlung und Änderung. Das Zusammenspiel von Yin und Yang ist der Motor jeder Veränderung. Und nur durch Veränderung kann etwas Neues entstehen und etwas Vorhandenes sich ändern. Etwas, was schlecht zu sein scheint, kann sich ins Gute verkehren oder auch umgekehrt.[2]

Eine alte russische Geschichte
Ein alter Bauer hatte einen Sohn und ein Pferd. Eines nachts lief das Pferd, das sein einziger Besitz war und mit dem er seinen Lebensunterhalt verdiente, davon. Es war wohl nicht richtig angebunden gewesen. Als seine Nachbarn davon hörten, kamen sie, um dem alten Mann ihr Beileid ob dieses großen Unglückes auszusprechen, da er ja nun seinen Lebensunterhalt verloren habe. Sie jammerten und klagten und sprachen zu ihm, was für ein Unglück ihm doch widerfahren sei. Der alte Mann hingegen blieb ruhig und gelassen und sprach: »Glück oder Unglück, wer kann's schon sagen?« Dies verstanden seine Nachbarn nicht und gingen kopfschüttelnd davon.

Der Sohn des Bauern, ein kräftiger junger Mann, stattlich und gutaussehend, machte sich alsbald auf den Weg, um das Pferd zu suchen. Zunächst schien ihm das Glück hold, hatte er das Tier doch bald aufgespürt und machte sich, das Pferd durchs wilde Unterholz führend, frohgemut auf den Weg zurück nach Hause. Jedoch übersah er in seiner hohen Stimmung eine aus dem Boden herausragende Wurzel, stolperte, kam zu Fall und brach sich bei dem Sturz ein Bein. Zu seinem Glück war das Pferd bei ihm geblieben, so daß es ihm unter großen Anstrengungen gelang, sich dem braven Tier auf den Rücken zu ziehen, welches ihn eiligst nach Hause trug. Dort angekommen, machte die Nachricht von seinem Unglück bald die Runde, und wieder kamen die Nachbarn, um über das Unglück zu klagen. Doch wieder blieb der alte Mann ruhig und gelassen und sprach: »Ob's ein Glück oder ein Unglück war, wer kann das schon sagen?« Erneut gingen die Nachbarn verständnislos nach Hause, schüttelten den Kopf über des alten Mannes Worte und dachten bei sich, was für ein Glück möge denn darin liegen, wenn der Sohn nicht mehr arbeiten könne, sondern krank im Bette läge.

Kurze Zeit später rief der Zar zum Krieg auf gegen ein fremdes Land. Die Werber kamen ins Dorf und preßten alle jungen Männer in den Kriegsdienst, damit sie als Soldaten für die Wünsche des Zaren ihr Leben ließen. Nur den Sohn des alten Mannes nahmen sie nicht mit, da er krank darniederlag und nicht fürs Militär taugte. Wieder kamen die Nachbarn zum alten Mann, diesmal um ihn für sein Glück zu preisen, weil ihm doch als einzigen im Dorf der geliebte Sohn nicht fortgenommen worden war. Doch wieder blieb der alte Mann ganz ruhig und gelassen, und wieder antwortete er: »Ob's Glück oder Unglück war, wer will das wissen?« Ein weiteres Mal gingen die Nachbarn weg, einige kopfschüttelnd, einige nachdenklich und einige fingen an zu begreifen.

☾

Mit dieser Geschichte beenden wir unserem kurzen Ausflug in die Philosophie, in dem wir das Wesen der Polarität zu beschreiben versuchten.[3]

Sonne & Mond im Mondschild

In sehr vielen Kulturen der Welt symbolisieren die Sonne und der Mond Yin und Yang, die männliche und die weibliche Urkraft, durch deren Gegensätzlichkeit unsere Welt überhaupt erst existieren kann.

Die Sonne – als Symbol für den männlichen Teil der Welt – steht für alles, was aktiv ist und was tätig wird: Ausstrahlung, Wärme, Bewegung, Beginn, der erste Impuls, all das, was die Bewegungsrichtung nach oben oder nach außen hat. Die Sonne, deren Artikel dementsprechend männlich sein müßte, symbolisiert die archetypische männliche Kraft, die mit dem Schaffen und dem (Er-)Zeugen zu tun hat. Dies gilt sowohl auf der körperlichen Ebene (der Samen ist männlich) als auch auf der Ebene der Ideen und Gedanken. Jede Idee, jeder Impuls, alles was neu und schöpferisch ist, ist dem männlichen Prinzip der Sonne zugeordnet.

Der Mond (auch hier ist der Artikel falsch, es müßte *die* Mond heißen) versinnbildlicht – als Gegenpol der Sonne – die Kräfte, die archetypisch weiblich sind (das lateinische Wort »Luna« ist ein weibliches Wort). Alles was die Bewegungsrichtung nach innen oder nach unten hat, wird dem Mond zugeordnet. Kälte wirkt zusammenziehend, sie hat eine Bewegungsrichtung nach innen. Dunkelheit wird dem Mond zugeordnet. Wenn es dunkel wird, wird es auch meist kälter, und wir Menschen suchen uns einen Ruheplatz, in den wir uns zurückziehen können. Der Mond regiert die Nacht. Schlaf findet nachts statt und bewirkt, daß unser Stoffwechsel sich beruhigt. Der Körper wird her-runter-gefahren und kann sich regenerieren. Daher wird auch der Schlaf dem Mond zugeordnet.

Die Erde nimmt den Samen auf und nährt ihn, damit er wachsen und gedeihen kann. Aufnehmen und Nähren sowie das Wachsen und Gedeihen gehören zum Mondprinzip. Die Form, die die Pflanze haben wird, die Vorgabe dessen, was entsteht und wie es wächst, gehört dagegen zum Prinzip der Sonne. Der männliche Anteil, der Samen, liefert die Idee und die Information, der weibliche die Materie (Mater = Mutter) und die Verwirklichung.

☾

Stehen Sonne und Mond sich gegenüber, wie das bei Vollmond der Fall ist, so wirken ihre Kräfte einander entgegengesetzt. Die Spannung zwischen ihnen ist jetzt auf ihrem höchsten Punkt. Diese hohe Spannung ist unter anderem die Ursache dafür, daß zu Vollmond auffallend viele Gewalttaten verübt werden.[4]

Zu Halbmond stehen Sonne und Mond im rechten Winkel zueinander. Sie »schauen« sozusagen in zwei verschiedene Richtungen. Die Halbmonde stellen einen Wendepunkt im Verlauf ihrer jeweiligen Mondphase – zunehmender oder abnehmender Mond – dar. Beim zunehmenden Mond ist nun mehr als die Hälfte des Mondes sichtbar, der kommende Vollmond wirkt also stärker als der vorangegangene Neumond. Beim abnehmenden Halbmond ist ab jetzt mehr als die Hälfte der Mondes wieder verschwunden. Der vergangene Vollmond wirkt ab jetzt schwächer als der kommenden Neumond, der nun damit beginnt, das Geschehen zu dominieren.

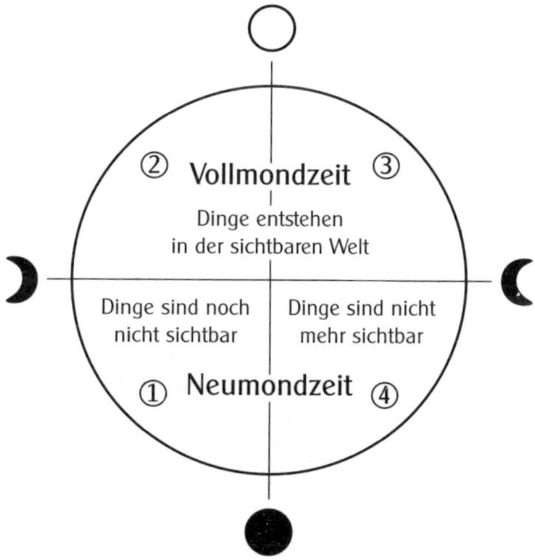

Abb. 5

Tendenziell können wir sagen, daß die Zeit vom zunehmenden Halbmond zum abnehmenden Halbmond vom Vollmond bestimmt ist. In dieser Zeit sind die Dinge sichtbar. Um wieder auf das Hausbeispiel zurückzugreifen: Jetzt ist die Zeit, in der das Haus wirklich gebaut, überprüft und fertiggestellt wird. Die Zeit vom abnehmenden Halbmond bis zum zunehmenden Halbmond – also das vierte und das erste Viertel des Mondzyklus – entspricht demzufolge der Neumondzeit. In dieser Zeit werden keine konkreten Dinge geschaffen, sondern vielmehr geplant und durchdacht (erstes Viertel) bzw. reflektiert und aufgelöst (letztes Viertel).

Im ersten Viertel entwickelt sich das zugrundeliegende Prinzip des jeweiligen Zyklus (die Planung des Hauses) und wird im zweiten Viertel deutlich und real (der Rohbau steht). Im dritten Viertel bleibt das Geschehen noch klar und deutlich sichtbar, (Der Bauherr sieht sich das Haus an, die letzten Änderungen und Verbesserungen werden ausgeführt, der Innenausbau vollendet.) um sich im vierten Viertel allmählich aufzulösen. (Die Baustelle wird weggeräumt, die letzten Reste Bauschutt entsorgt und die Blumenbeete aufgeschüttet, und schließlich ziehen die Bewohner ein.)

☾

Der Ausgangspunkt des Mondschildes liegt auf dem Neumondpunkt. Dies ist der Punkt, an dem Mond und Sonne sich auf derselben Position des Tierkreises befinden. Zu diesem Zeitpunkt heben sich ihre Kräfte eine unmeßbar kurze Zeitspanne lang gegenseitig auf. Wir können uns dies wie zwei gleichstarke Magnete vorstellen, deren Wirkung sich aufhebt, wenn sie exakt aufeinandergerichtet werden. Zwischen ihnen entsteht ein neutraler Raum. In dem Moment, in dem sie sich auf ein und derselben Position befinden, passiert dasselbe mit den Kräften der Sonne und des Mondes.

Dazu ist es natürlich nicht notwendig, daß der Mond in die Sonne fällt. Es geht lediglich darum, daß – von der Erde aus gesehen – die beiden Urkräfte eins zu werden scheinen. Die Wirkung von Sonne und Mond ist hier nicht die Wirkung, die von ihnen als Himmelskörpern verursacht wird. Die Himmelskörper zeigen auf ihrer Bahn durchs Firnament das Wirken der polaren Urkräfte Yin und Yang lediglich an.

Zu Neumond wird – durch den Ausgleich von männlicher und weiblicher Urkraft – in gewissem Sinne – die Gegensätzlichkeit unserer Welt aufgehoben, wenn auch so kurz, daß wir es gar nicht bemerken können. Einen unvorstellbar kurzen Moment lang sind die helle und die dunkle Seite des Berges sozusagen ein und dasselbe. In diesem Augenblick können durch die Verbindung der Kräfte von Sonne und Mond neue Ideen entstehen. An jedem Neumond kommen so neue Ideen und Impulse in die Welt und in unser Bewußtsein. Diese geben das Entwicklungsthema für den nächsten Mondzyklus vor.

Die Art der Impulse, die auftauchen, wird von der jeweiligen Zeichenstellung von Sonne und Mond bestimmt. Bei einem Neumond im Krebs ist das Thema des nächsten Mondzyklus unsere Gefühlswelt, während es nach einem Neumond im Löwen die Kreativität ist. Dieses Buch wurde zu wesentlichen Teilen während des zunehmenden Mondes nach dem Neumond im Löwen im August 1999 geschrieben. Der Neumond im Löwen gibt für den folgenden Mondzyklus das Thema Kreativität vor. Diese Zeit ist also hervorragend dazu geeignet, kreativ tätig zu sein und neue Dinge zu erschaffen. In diesem besonderen Fall handelte es sich sogar um eine Sonderform des Neumondes, um eine Sonnenfinsternis. Bei einer Sonnenfinsternis wird die Aufhebung der Polarität sogar in unserer körperlichen Welt sichtbar. (Es wird tagsüber Nacht.) Dies könnte dafür sprechen, daß die zu diesem Zeitpunkt in die Welt gekommenen Ideen stärker wirksam sind, als es normalerweise der Fall ist. Derzeit liegen aber leider noch keine Erfahrungen zu dieser Besonderheit des Neumondes vor. Bei der eben gemachten Aussage handelt es sich um eine reine Spekulation. In Anbetracht der Seltenheit von absoluten Sonnenfinsternissen (In Deutschland findet die nächste im Jahr 2135 statt.), dürfte es auch schwierig sein, hierzu Forschungen anzustellen.

3 Die sieben Planeten im Mondrhythmus

»Der Mensch ist geradezu eine Sinfonie aus Rhythmen und Zyklen«

Arnold L. Lieber

Planeten und Archetypen

Das Wissen um die Kräfte der sieben Planeten ist uralt. Seine Grundzüge wurden aus Babylonien überliefert, wo sich ihre Herkunft hinter den Schleiern der Vergangenheit verliert. Wir können berechtigterweise davon ausgehen, daß sie von den frühen Kulturen der Menschheit auf dieselbe Art entdeckt wurden wie das Wissen um den Mondrhythmus. Wieder einmal lassen sich hier also die Kalenderpriester als die eigentlichen Urheber dieses Wissens vermuten.

Die Überlieferung beschränkt sich auf die sieben »alten« Planeten, die nachweislich schon seit der Antike bekannt sind. Damit sind gemeint: die Sonne, der Mond, der Merkur, die Venus, der Mars, der Jupiter und der Saturn. Wenngleich die Sonne und der Mond in Wirklichkeit keine Planeten sind, werden sie doch der Einfachheit halber als solche bezeichnet. Strenggenommen beschäftigen wir uns im Zusammenhang mit dem Mondschild nicht mit den Planeten als Himmelskörpern, sondern mit den von ihnen repräsentierten Archetypen.

Der Begriff des »Archetypus« geht auf Carl Gustav Jung zurück, einen Psychoanalytiker, der seinerseits Schüler von Siegmund Freud war. Er erkannte, daß ein »kollektives Unterbewußtsein« existiert. Dieses ist allen Menschen gemeinsam und enthält Erinnerungen, auf die jeder Mensch zugreifen kann. Ein Beispiel für einen Archetypus ist das Bild des blitzeschleudernden Donnergottes. Ein solcher ist in allen archaischen Kulturen bekannt. Bei den Germanen hieß er Donar oder Wotan, bei den Griechen Zeus und bei den Römern trug er den Namen Jupiter. Diese verschiedennamigen Göttergestalten haben bestimmte Eigenschaften, die ihnen allen gemeinsam sind: Größe, Macht, einen Sinn für Gerechtigkeit, einen ausgeprägten Humor, eine Neigung zu ehelicher Untreue und andere. Diese Eigenschaften machen den Jupiterarchetypus aus.

Jeder Mensch besitzt die Eigenschaften aller Archetypen. Jeder von uns kann großartig und humorvoll sein (Jupiter), verführerisch und liebreizend (Venus), kommunikativ und gemeinschaftlich (Merkur), aufbrausend und stürmisch (Mars), einschränkend und unnachgiebig (Saturn), gefühlvoll und träumerisch (Mond) oder einfach da sein und strahlen (Sonne). Im folgenden werden wir uns mit den einzelnen Archetypen näher beschäftigen, da sie den Schlüssel zum Verständnis des Mondschildes darstellen.

Die sieben Archetypen im Mondschild

Im Mondschild wird jedes Mondviertel in sieben »Mondtage« unterteilt, deren Reihenfolge sich in jedem Viertel wiederholt. Dabei wird jeder Tag einem Archetypus zugeordnet: Der erste Tag der Sonne, der zweite dem Mond, der dritte dem Mars, der vierte dem Merkur, der fünfte dem Jupiter, der sechste der Venus und der siebte dem Saturn. Wenn wir genau hinschauen, erkennen wir, daß die Anordnung der Planetentage unseren normalen Wochentagen entspricht. Der Sonntag war lange Zeit der erste Tag der Woche, wonach mit dem Mon(d)tag der erste Arbeitstag begann. Der nächste Tag, der Dienstag oder Tag des Dienstes, ist im spanischen unter dem Namen »martes« bekannt, ein Name, der seine Herleitung von Mars sehr deutlich macht. Der Mars als römischer Kriegsgott stand zwar für Aggressionen, Auseinandersetzungen und Kämpfe, aber als Soldat auch im Dienste seines jeweiligen Herren. Seine Kräfte bieten uns die Möglichkeit, unseren Standpunkt zu wahren und unseren Platz im Leben zu erkämpfen.

Auf den Dienstag folgt der Mittwoch, der Merkurtag (franz. »mercredi«), der von altersher die Mitte der Woche markiert. Der Merkur ist der Vermittler, der Götterbote, der zwischen den Göttern und den Menschen Botschaften (und Befehle) über-*mittel*-t. Der nächste Tag, der Donnerstag wird dem Jupiter (span. »jueves«) zugesprochen. Der Freitag ist allgemein als Tag der Göttin »Freya« bekannt, deren römischer Name »Venus« lautet. Zum Schluß kommt der Tag des Saturns (engl. »Saturday«), der Samstag, der – wie sein Namensgeber auch – für die Beschränkung und das Beenden steht.

Die Namen der Tage sind sehr alt. Da die Mondkalender schon lange vor den Sonnenkalendern in Gebrauch waren, ist es sehr wahrscheinlich, daß die heutigen Wochentage ihre Namen dem Wissen um die Kräfte der Mondtage verdanken. Da die Länge der Mondtage nicht mit der Länge der Sonnentage übereinstimmt, wurden die Mondtage im Laufe der Zeit durch die einfacher zu bestimmenden Sonnentage ersetzt. Das Wissen um ihre Eigenschaften ging dadurch verloren. Der Beginn der Woche mit dem Montag stimmt eben nicht mit dem des »Tages des Mondes« im Mondschild überein, so daß die Eigenschaften, die der »Tag des Mondes« besitzt, möglicherweise erst am Dienstag wahrnehmbar sind. Diese Eigenschaften werden im zweiten Teil des Buches ausführlich erläutert. Die Länge der einzelnen »Mondtage« läßt sich in den Ephemeriden im Anhang ablesen.

Im Mondschild zeigt sich die Qualität eines jeden Archetypus auf eine »mondige« Art. Sie ist uns nicht über das Bewußtsein zugänglich, sondern äußert sich über Gefühle, Empfindungen und Stimmungen. Jeder »Mondtag« hat seine eigene Atmosphäre, die unser Denken, Fühlen und Handeln beeinflußt. Dies geschieht unmerklich, wenn wir nicht darauf achten, wird aber immer deutlicher, je besser wir lernen, die Stimmung eines jeden Tages wahrzunehmen.

Diese »Atmosphäre« ist der mondige Ausdruck eines Archetypus. Wie Orte und Gegenden bestimmte Stimmungen und Atmosphären haben – ein Sonnenuntergang am Meer zum Beispiel – so hat auch jede Zeit ihre eigene Atmosphäre. Diese können wir uns mit der Hilfe des Mondschildes verdeutlichen. Jeder einzelne Mondtag ist ein atmosphärisches Erlebnis, wir erleben seine Stimmung. Dabei hängt es von unserer eigenen Persönlichkeit ab, ob wir diese Stimmung als angenehm oder unangenehm empfinden. Auf die Atmosphäre eines Mars-Tages können wir zum Beispiel kraftvoll und zielstrebig reagieren, wodurch es uns gelingt, unsere Vorhaben sehr effektiv in die Tat umzusetzen oder ungerichtet und destruktiv, was bedeutet, daß wir bei uns selbst und unserer Umwelt nur Schaden anrichten. Im zweiten Fall werden wir eine starke Abneigung gegen die Marstage entwickeln.

Dabei muß es aber nicht bleiben. Die dem Mondschild zugeordneten Steine können uns helfen zu lernen, mit den Marskräften besser umzugehen. Auch werden am Ende des zweiten Buchteils Übungen beschrieben, die uns dabei helfen können, die Kräfte der verschiedenen Archetypen besser in unser Leben zu integrieren.

Der erste Tag: Der Tag der Sonne

Die Haupteigenschaft der Sonne ist es zu »sein«. Die Sonne steht in der Mitte unseres Sonnensystems und strahlt vor sich hin. Weiter tut sie nichts. *Die Sonne ist im Zentrum und strahlt aus!*

Sie *handelt* nicht. Das Scheinen, das (Aus-) Strahlen, ist Teil ihres Wesens. Die Sonne *wertet* nicht. Sie scheint überall hin. Für sie ist es gleich, ob sie einen Ozean bescheint oder eine Wüste; ob sie einem Planeten Leben bringt oder ihn verbrennt; ob Menschen unter ihrer Glut in der Hitze verdursten oder ob sie am Pol erfrieren, wo das Sonnenlicht nicht genug wärmt. Die Sonne sieht all das und ändert es nicht. Sie gibt nur den Impuls, die Ausstrahlung, die Energie, die das Leben erst ermöglicht. Das Wesen der Sonne ist das »SEIN«!

Die Qualität dieses Tages ist es, einfach *da* zu sein. Wer denkt, dies sei keine wichtige Aufgabe, braucht sich nur vorzustellen, wie es wäre, wenn die Sonne *nicht* mehr da wäre.

Die Sonne bindet die Planeten an ihre Umlaufbahnen. Durch sie erhalten die Planeten die Ordnung und die Struktur, die sie brauchen, um ihre Bahnen verfolgen zu können. Erst durch die Sonne als *Zentrum* kann das Sonnensystem überhaupt existieren.

Auf der Ebene der Archetypen schafft die Sonne den Sinn und den Zusammenhang des ganzen Lebens. Der Sonnenarchetypus ist die Kraft in unserem Leben, die uns die Fähigkeit verleiht, schöpferisch tätig zu sein. Wenn wir etwas erschaffen, sind wir die *Ursache* dessen, was wir geschaffen haben. So wie auch die Sonne in gewissen Sinn die *Ursache* des Sonnensystems ist.

Die Fähigkeit, etwas zu erschaffen, ist die *Kreativität*. Je kreativer wir sind und je mehr Ideen wir aus uns selbst heraus entfalten, um so stärker wird der Sonnenarchetypus in unserem Leben.

☾

Jedes einzelne Mondviertel beginnt mit einem Sonnentag. An diesen Tagen *empfinden* wir die Qualität des Sonnenarchetypus: Wir sind einfach da, in unserem Zentrum. Wir nehmen neue Ideen wahr und lassen Impulse kommen. Die Tage des Mondkalenders äußern sich über die jeweils vorherrschenden Stimmungen. An den Sonnentagen herrscht eine Stimmung der Kreativität und des Daseins vor.

Die Sonnentage sind Tage, an denen wir lernen können, unser Sonnenwesen, unser eigenes Sein und unsere tiefsten Wünsche und Ziele zu erkennen. Daher sollten wir kreativ sein. Dies kann schon durch so einfache Dinge wie das Malen eines Bildes oder das Singen eines Liedes geschehen.

Wenn wir uns an den Sonnentagen gut fühlen, dann stehen wir in Kontakt mit uns selbst. Geht es uns jedoch schlecht, dann fehlt die Kommunikation mit unserer inneren Sonne. Meist haben wir dann auch in unserem äußeren Leben Schwierigkeiten, unsere Mitte zu finden und unsere eigenen Wünsche wahrzunehmen. Die *Übung zur Sonnenqualität* (Seite 164) kann uns dabei helfen, wieder einfach dazusein. Auch die den Sonnentagen zugeordneten Steine können dazu dienen, uns unserer eigenen Ideen und Ziele wieder zu erinnern.

☾

Die Atmosphäre eines Sonnentages ist *strahlend*. Es herrscht ein Gefühl von Wunscherfüllung und Da-Sein vor. Wir können einen Sonnentag als einen Tag erleben, an dem sich uns unsere innersten Wünsche und Ziele offenbaren und wir nur unseren Impulsen und Eingebungen folgen müssen, um mit uns und der Welt zufrieden zu sein. Auf der anderen Seite kann es uns aber auch passieren, daß wir diesen Tag als sehr unausgefüllt und leer erleben. Dies ist der Fall, wenn wir von unseren ursprünglichen Zielen weit abgewichen sind oder wenn wir das Gefühl haben, daß wir durch äußere Umstände am Erreichen unserer Ziele gehindert werden.

Der zweite Tag: Der Tag des Mondes

Der zweite Tag der »Mondwoche« ist dem Mond selbst gewidmet. Im dritten Teil dieses Buches wird der Mondarchetypus, seine Geschichte und die Forschungen zur Wirkung des Mondes noch ausführlich besprochen, so daß jetzt nur die wichtigsten Punkte herausgestellt werden sollen.

Der Mond steht für die Gefühle und das Unterbewußte. Die Aufgabe des Mondes ist das *Wahrnehmen und Empfinden* oder, kurz, das *Fühlen*. Am Himmel erscheint der Mond genauso groß wie die Sonne, was totale Sonnenfinsternisse überhaupt erst ermöglicht. Schon dies zeigt seine Wichtigkeit für unser Leben, sind doch alle anderen Gestirne am Nachthimmel wesentlich kleiner. Die Sonne, die den Tag beherrscht, steht für das Offensichtliche und Überschaubare, die Dinge also, die wir sehen können. Der Mond hingegen scheint in der Nacht, in der

Zeit der Dunkelheit. Jetzt ist es nicht möglich, sich auf die Augen zu verlassen, daher müssen wir unser Empfindungsvermögen nutzen. Zum Mond gehört auch das *Verborgene, Private und Heimliche.*

Der Mond ist ein Spiegel des Sonnenlichtes, allerdings ein Spiegel, der nicht alles reflektiert, sondern durch seine eigene Position am Himmel eigene Akzente setzt, indem er manches betont, anderes jedoch vernachlässigt oder völlig wegläßt. Auf diese Weise symbolisiert der Mond unser persönliches Fenster zur Wirklichkeit. Er zeigt, welche Erscheinungsformen für uns Bedeutung haben und welche nicht.[5]

☾

Die Mondtage sind die Tage des *Fühlens und Empfindens.* Der neue Impuls, der an einem Sonnentag auftaucht, wird am Mondtag erst einmal »empfunden«. Wir spüren, ob die neue Idee in unsere persönliche Welt paßt. Wir fühlen, welches ihr Platz ist, welchen Raum sie benötigt und welche Form sie annehmen will.

An Mondtagen sollten wir sehr auf unsere Stimmungen achten. Das Thema dieser Tage ist Fühlen und Empfänglichkeit. Es ist wichtig, wahr-zunehmen, was wir fühlen, und zu lernen, unseren Empfindungen Glauben zu schenken. Jetzt ist die Zeit, in der unsere Empfindungen uns die Richtung zu dem weisen, was konkret zu tun ist und geschehen soll. Wir nehmen wahr, mit welcher der neuen Ideen, die am Sonnentag entstanden sind, wir uns wohl fühlen. Verwirklichen werden wir nur solche, von denen wir fühlen, daß sie in unser Leben passen.

Auch dieser Tag ist kein Tag, um aktiv werden und sich in etwas hineinzustürzen. Vielmehr ist es jetzt angebracht, bei allem, was wir tun, unseren Empfindungen und Gefühlen zu folgen. Anstatt angestrengt auf ein Ziel hin zu rudern, sollten wir Strömungen erkennen und uns von ihnen leiten lassen. Etwa so wie ein Floß, das auf dem Wasser treibt und seinen Strömungen folgt.

☾

Die Atmosphäre eines Mondtages ist *träumerisch.* Es ist ein Tag der tiefen Gefühle, an dem wir oft in Träumen schwelgen. An diesen Tagen ist es sehr schwer rational zu handeln, weshalb wir es – wenn möglich – einfach bleiben lassen sollten. Der Mondtag äußert sich in dem Wunsch nach etwas Eigenem – einen eigenen Raum, der nur uns und unseren Gefühlen gehört. Wie gut wir mit den Mondtagen umgehen können, hängt stark davon ab, wie gut der Kontakt zu unserer Gefühlswelt ist.

Der dritte Tag: Der Tag des Mars

Der Mars ist der Gott des Krieges und der Tat. Er ist für unsere Fähigkeit zur Durchsetzung und Selbstbehauptung zuständig, für das Aktiv-Sein und das Machen. Das Symbol des Mars ist mit dem biologischen Symbol für männlich identisch (♂). Entsprechend finden wir in der Marskraft alle typisch männlichen Eigenschaften und Werte wie Durchsetzungsfähigkeit und Zielstrebigkeit, aber auch Rücksichtslosigkeit und Aggression.

Während das Tun und das Aktiv-Sein zumeist überbetont wird, wird die Aggression, die die wesentlichste Ausdrucksform des Mars ist, in der Regel stark abgewertet und unterdrückt. Dies beruht zumeist auf einem falschen Verständnis von Aggression.

Aggression ist *nicht* gleich Gewalttätigkeit. Eine hohe Bereitschaft zur Gewalt entsteht sogar häufig erst dadurch, daß der freie Ausdruck von Aggression gehemmt wird. Ein natürliches und angemessenes aggressives Verhalten ist es, auf seinem Standpunkt zu beharren und sich nicht davon abbringen zu lassen. Dies bedeutet, daß wir tun, was für uns richtig ist. Und daß wir versuchen, das zu erlangen, was wir zum Leben brauchen.

Der Jäger, der seiner Beute auflauert und sie erlegt, handelt aggressiv. Er setzt seine Interessen der Nahrungsbeschaffung *rücksichtslos* gegen das Interesse des Tieres, weiterzuleben, durch. Diese Form von Rücksichtslosigkeit und Zielstrebigkeit entspricht dem Wesen des Mars. Aber auch der faire Wettkampf, bei dem gleichstarke Gegner einander gegenüberstehen, ist Teil des marsischen Wesens.

In der griechischen Mythologie gab es zwei Götter des Krieges: Apollo, der für die »edle« Komponente des Krieges steht, für Zweikämpfe, Ehre und Ritterlichkeit, und Ares, der wutentbrannte Haudegen, der in seinem rasenden Zorn blindwütig seine Feinde niedermetzelt. Beide sind in den römischen Kriegsgott Mars eingegangen. Es liegt an uns selbst, welche Komponente wir in unserem Leben verwirklichen.

Brutalität, Wut, Zerstörungslust, Freude am Schmerz anderer, der Wunsch, wehzutun, sinnloses Vernichten, all dies wird heutzutage mit Aggression in Verbindung gesetzt. Es handelt sich hierbei nur zum Teil um Eigenschaften des Mars. In der moderneren Archetypenlehre werden viele dieser Begriffe mit der Unterdrückung des Pluto und der Ablehnung unserer dunklen Seiten in Verbindung gebracht.

Die Aggression ist die Urkraft des Mars, die Kraft, die wir benötigen, um alles Lebensnotwendige zu erlangen (wie Nahrung, Wärme, aber auch eine Partnerschaft).

Sie dient aber auch dazu, daß wir uns nicht von unserer Meinung abbringen oder von unserem Platz vertreiben lassen.

Wenn wir daran gehindert werden, unsere Ziele zu erreichen, oder immer wieder von unserem Platz vertrieben werden, dann kann sich die gesunde Aggression in Gewalttätigkeit äußern. Dabei können wir sie in Form von Gewaltausbrüchen gegen andere Menschen wenden oder in Form von Selbstzerstörung gegen uns selbst. Gesellschaftlich bedingt neigen Männer mehr zu äußerlich aggressiven Verhalten, während Frauen diese häufiger gegen sich selbst richten.

Wie stark die marsischen Energien sind, läßt sich daran ermessen, daß ihnen die menschlichen Urtriebe wie Selbsterhaltungstrieb und Fortpflanzungstrieb zugesprochen werden. Diese grundlegenden Energien lassen sich mit keinem bekannten Mittel wirklich unterdrücken. Um so sinnvoller erscheint es, diese Kräfte zu nutzen, unseren Standpunkt im Leben zu wahren, anstatt sie gegen uns selbst zu richten, nur um nicht »aggressiv« zu sein.

☾

Von unserer Gesellschaft ist marsisches Verhalten nur bedingt akzeptiert, da es als rücksichtslos gilt. Manager sollen zwar dynamisch und durchsetzungsfähig sein, aber sich bitte auch anpassen und kooperieren. In den unteren Rängen der Firmen wird nur auf Anpassung gesetzt, sogar der Wettbewerb untereinander wird völlig entschärft. Dies führt zwar zu einem flüssigeren Produktionsablauf, aber auch zu weniger Individualität, die ihrerseits auch ein Ausdruck der Marsenergien ist.

Die Selbstzerstörung durch gehemmte Aggressionen und die sich daraus ergebenden Krankheiten werden dagegen von der Gesellschaft problemlos akzeptiert. Wenn die Arbeitnehmer lieber krank werden, als um sich zu hauen, dann schädigt dies einerseits die Produktionsmaschinerie nicht und schafft anderseits auch noch unzählige Arbeitsplätze für Mediziner, Psychotherapeuten und in der Pharmaindustrie. Und ganz nebenbei steigt durch die enormen medizinischen Ausgaben das Bruttosozialprodukt erheblich, was ja offiziell als »Anstieg des Wohlstandes und der Lebensqualität« interpretiert wird.

Vor diesem Hintergrund ist auch die zum Teil hohe Gewaltbereitschaft junger Männer zu verstehen. Diese wird oft fälschlicherweise als »Ausländerproblem« verallgemeinert, obwohl sie deutsche Heranwachsende genauso betrifft. Es handelt sich hierbei grundsätzlich um junge Männer, die zwischen zwei gegensätzlichen

Werten aufgewachsen sind. Einerseits sollen sie sich auf archetypisch männlich/aggressive Art durchsetzen, sich andererseits aber anpassen und nicht durch Rücksichtslosigkeit auffallen. Sie sehen weder in der einen noch in der andere Art eine Möglichkeit *Raum* für sich zu finden oder zu schaffen. Da sie meist noch vollständig in einem »Macherdenken« (der Mann tut, macht, arbeitet) gefangen sind, damit aber immer wieder anecken, stehen sie unter starkem Druck und lassen ihren Aggressionen auf herkömmliche – das heißt kriegerische – Art und Weise freien Lauf. Zynischerweise könnte man sagen, daß dieses Problem überwiegend darauf zurückzuführen ist, daß sie noch nicht gelernt haben, ihre Aggressionen gegen sich selbst zu richten. Sobald das geschähe, wäre ihr Verhalten wieder gesellschaftlich akzeptabel.

☾

Was wir an einem Marstag zu tun haben, liegt klar auf der Hand: handeln, machen, tun, aktiv sein. Diesen Tag können wir dazu nutzen, das zu erreichen, was wir brauchen oder wollen, ohne uns von äußeren Gegebenheiten ablenken oder hindern zu lassen. Am Sonnentag ist eine Idee entstanden, am Mondtag haben wir ein Gefühl dafür entwickelt und am Marstag geht es los mit der Verwirklichung. Der Mars steht für den Anfang und den Neubeginn, und das vom Mars regierte Tierkreiszeichen Widder steht am Beginn des astrologischen Jahres.

☾

Die Atmosphäre eines Marstages ist *kraftvoll*. An diesen Tagen fühlen wir uns aggressiv und kriegerisch, sind bereit zu Auseinandersetzungen und geben nicht auf, bis wir unsere Ziele erreicht haben. Daher ist es besonders an Marstagen unsere Aufgabe, darauf zu achten, daß wir nicht übers Ziel hinausschießen und daß wir nicht nach dem Motto verfahren: »Der Zweck heiligt die Mittel.« Sonst kann es uns passieren, daß wir in die ebenfalls marsischen Stimmungen wie Destruktivität und Zerstörungswut geraten.

Der vierte Tag: Der Tag des Merkurs

Der Tag des Merkurs steht in der Mitte der Woche, und der Merkur ist als Götterbote (griechisch Hermes) der Mittler zwischen Himmel und Erde. Der Merkurtag ist der vierte Tag der Woche. Drei Tage dauert es, bis ein neuer Impuls in der Welt wirksam wird. Bei der Betrachtung der Jahresfeste (siehe Kapitel neun) wird offenbar, daß alle großen Feste (Sommer- und Wintersonnenwende, Frühjahrs- und Herbsttagundnachtgleiche) erst am 4. Tag nach dem astronomisch ermittelten Datum stattfinden. Erst dann werden die neuen Kräfte in der Welt wirksam.

Dem Merkur kommt die Aufgabe zu, zwischen dem Unbewußten und Bewußten, zwischen Wahrnehmung und Handeln zu *ver-mit-teln*. Dies geschieht mit Hilfe des *Intellekts*. Dieser ermöglicht es uns, unsere Wahrnehmungen zu ordnen und zu bewerten und zu entscheiden, was wichtig ist und was nicht.[6]

Der Merkur hat also vor allem die Aufgabe, zu verstehen. Das Werkzeug, das wir zum Verstehen benutzen, ist unser *Verstand*. Nur wenn wir alle beteiligten Ansichten kennen, können wir etwas verstehen. Um diese kennenzulernen, müssen wir mit anderen kommunizieren.

Daher sind dem Merkur der Ausdruck durch die Rede, der (Aus-)Tausch und die Kommunikation zugeordnet. Im Zusammenhang mit Merkur ist damit auch die nonverbale Kommunikation über Gesten und Gesichtsausdruck oder über Gefühle gemeint. Alles, was die Verständigung fördert, ist Teil des Merkurprinzips, gleichgültig ob wir reden, gestikulieren oder uns telepathisch verständigen.

Jede Form von Geselligkeit und Gemeinschaft ist ein Teil des Prinzips des Merkur-Archetypus. Der Karnevalsverein ist dafür ebenso ein Ausdruck wie die Interessenverbände der Bienenzüchter; ja selbst die Gemeinschaft aller Raucher, die außer ihren Zigaretten nichts gemeinsam haben, untersteht dem Merkur. Kontakt, Verbindung und Gemeinsamkeit sind in ihrem Wesen merkurisch.

☾

Die Merkurtage sind die Tage, an denen wir die neue Idee mit dem Verstand betrachten und analysieren. Wir verstehen die Idee und versuchen, Wege zu ihrer Verwirklichung zu finden. An diesem Tag sehen wir, ob wir unsere Ziele verwirklichen können. Wir schauen zurück auf das, was wir bereits getan haben, um festzustellen ob es unseren Vorstellungen entspricht oder ob es aus dem Ruder läuft. Wenn wir zum Beispiel ein Haus bauen wollten und statt dessen auf einmal ein Schloß dasteht (oder nur eine Garage), entspricht dies nicht unserer ursprünglichen Absicht. An den Merkurtagen analysieren wir das Geschehen. So erkennen wir die aufgetretenen Fehler und können Pläne entwerfen, diese Fehler zu beheben.

Die Merkurtage sind Tage des Redens. Sie eignen sich hervorragend dazu, uns mit anderen in Verbindung zu setzen und uns auszutauschen, Pläne zu schmieden oder einfach gesellig zu sein. Aber auch um einfach zu reden, über Vergangenes und Zukünftiges zu reflektieren, über Gott und die Welt zu philosophieren oder um konkret Hilfe zur Verwirklichung eigener oder gemeinschaftlicher Vorhaben zu suchen. Austausch mit anderen, Rat geben und suchen und alle Formen von Gemeinschaft und Gemeinsamkeit sind an Merkurtagen leicht zu verwirklichen.

Merkurtage sind Tage des Wortes. Wenn es uns also schwerfallen sollte, die richtigen Worte zu finden, oder wir eine wichtige Rede oder ein Schriftstück ausfeilen wollen, so sollten wir uns dafür einen Merkurtag zunutze machen.

☾

Die Atmosphäre der Merkurtage ist schnell und kommunikativ. Dies ist anhand zweier Gesprächspartner vorstellbar, die »ihr« Thema gefunden haben. Zwischen diesen beiden springen die Gedanken und Sätze nur so hin und her, so schnell, daß kaum ein Außenstehender es nachvollziehen kann.

Der fünfte Tag: Der Tag des Jupiters

Der Jupiter ist der in der römischen wie auch in der griechischen Mythologie der oberste aller Götter. Als griechischer Zeus trohnt er auf dem Gipfel des Olymp, auf dem höchsten Berg der damals bekannten Welt (aus griechischer Sicht). Seine Themen sind Raum, Größe und Ausdehnung.

Zum Jupiterarchetypus gehören alle Kräfte, die eine Erweiterung und Vergrößerung anstreben. Dabei ist er sowohl für das äußerliche Wachstum als auch für die innere Größe zuständig. Alle Bestrebungen, die auf die Erweiterung des Wissens und des geistigen Horizontes zielen, sind Teil seines Wesens. Dazu gehören das Lernen, das Streben nach Weisheit und die Philosophie; auch weite, ausgedehnte Reisen, da sie in der Regel den geistigen Horizont erweitern – außer vielleicht, wenn wir auf der Pauschalreise im Touristenghetto bleiben.

Zu den geistigen Komponenten des Jupiter gehören sowohl die Toleranz, die innerer Größe bedarf, als auch die Gerechtigkeit und die Religion. Wahre Gerechtigkeit auszuüben, erfordert sehr viel innere Größe, und die ursprüngliche Idee der Religionen war es, das innere Wachstum zu fördern.

Auf der materiellen Ebene steht der Jupiter für Erfolg und öffentliche Anerkennung, für Wohlstand und Besitz, für Autorität und Einfluß. Auch hierbei geht es um Vergrößerung und Erweiterung. Mit Hilfe der Jupiterenergien vergrößern wir unseren Raum in der Welt. Wir erreichen mehr Menschen und werden stärker wahrgenommen und beachtet – all dies wünscht und braucht fast jeder Mensch. Leider offenbart sich gerade hier auch die Schattenseite des Jupiter: Maßlosigkeit und Größenwahn sind – ebenso wie die Selbstherrlichkeit – die negativen Folgen unbegrenzter Größe.

Der Jupiter galt von alters her als Planet des Glücks. Dies ist durch seine Verbindung zum Wachstum des materiellen Besitzes sehr verständlich. Dennoch ist unbegrenztes Wachstum bestenfalls mit Vorsicht zu genießen. Es entspricht letztendlich der Philosophie von Krebszellen.

Der wahre Gewinn der Jupiterenergien liegt auf der inneren Ebene: Großzügigkeit, Großherzigkeit, Toleranz und Freude am Geben sind die Schätze des Jupiters, die wirklich zu Glück und innerem Reichtum führen.

☾

An den Jupitertagen des immerwährenden Mondkalenders liegt uns die Größe sozusagen im Gespür. Wir fühlen uns groß und empfinden den Wunsch, zu wachsen. Wir möchten unseren Horizont erweitern und uns innerlich ausdehnen. Es sind Tage des Philosophierens und Nachsinnens, Tage, an denen wir den Sinn und das Wesen der ganzen Welt zu begreifen versuchen. Auf der weltlichen Ebene dienen uns die Jupitertage ganz konkret zum Aufbau und der Vergrößerung unserer derzeitigen Vorhaben. Gerade »große« Pläne sollten an einem Jupitertag begonnen werden, und für die Grundsteinlegung eines Wolkenkratzers ist kein Tag besser geeignet als der des Jupiters im zweiten Viertel, der Tag an dem es um das »Werden der Größe« geht.

An den Merkurtagen haben wir Pläne gemacht und Kontakte geknüpft. Diese nutzen wir nun, um unser Vorhaben zu vergrößern und zu erweitern. Heute können wir die neue Idee aus dem »geistigen Blickwinkel« betrachten und dafür Sorge tragen, daß ihre Verwirklichung in einen größeren Rahmen paßt. Jeder von uns hat eine Weltanschauung, eine Vorstellung davon, wie die Welt funktioniert. Aus dieser Weltanschauung entwickelt sich unsere Moral. Manches ist für uns richtig, anderes wollen wir nicht. An den Jupitertagen tragen wir dafür Sorge, daß unser Vorhaben auf eine Art und Weise verwirklicht wird, die zu unserer Weltanschauung paßt.

Demzufolge haben besonders Menschen, denen es an innerem Raum fehlt und deren Leben sehr beengt ist (ihrer eigenen Meinung nach), Schwierigkeiten mit den Jupitertagen. Für sie ist es sehr wichtig, sich zu erweitern und über ihren bisherigen Horizont hinauszusehen. Dies kann geschehen, indem sie sich mit Themen beschäftigen, die sie bisher nicht interessant fanden oder gar abgelehnt haben. Neue, ungewohnte Wege zu beschreiten, sei es nun innerlich oder tatsächlich auf einer Reise, ist eine hervorragende Möglichkeit, für sich selbst Raum zu gewinnen und sich auszudehnen. Auch die Beschäftigung mit geistigen Welten durch Meditation, schamanische Reisen, Spiritualität oder Religion hilft, den Jupiterarchetypus im eigenen Leben wiederzuentdecken. Zumindest solange diese geistigen Disziplinen nicht zur Wirklichkeitsflucht benutzt werden.

☾

Die Atmosphäre eines Jupitertages ist *weit, groß und erhaben.* Als oberster Gott steht der Jupiter über allen. Das Gefühl von wahrer Größe, von Raum und Ausdehnung bestimmt diesen Tag. Nichts erscheint wirklich unmöglich, für alles gibt es Lösungen, und das ganze Leben wirkt überschaubar. Wenn wir das Gefühl haben, von Problemen eingeengt und schier erdrückt zu werden, dann sollten wir einen Jupitertag dafür nutzen, mit Hilfe eines Außenstehenden nach Lösungen zu suchen.

Der sechste Tag: Der Tag der Venus

Seit alters her ist die Venus als die Göttin der Liebe und der Künste bekannt. Sie steht für die Schönheit und die Ästhetik, für das innere und äußere Gleichgewicht, weshalb ihr auch das Tierkreiszeichen Waage zugeordnet wird.

Der griechische Name der Venus ist Aphrodite, und Aphrodite ist die Göttin der blühenden Natur. Bei Lukrez heißt es: »Wenn die Frühlingstage sich auftun ..., dann künden zuerst die Vögel der Luft, o Göttin, dein Kommen, herzergriffen von deiner Gewalt; dann springen die wilden Tiere durch üppige Triften und durchschwimmen reißende Ströme: So folgt dir ein jedes, vom Zauber erfaßt, wohin du es führst; im Meer, in Gebirgen, in wilden Flüssen, in den laubumwachsenen Behausungen der Vögel und im Grün der Felder füllst du allen das Herz mit süßer Liebe und wirkst, daß sie brünstig in Arten sich fortpflanzen.«[7]

Der Zusammenhang der Venus nicht nur mit der seelischen sondern auch mit der körperlichen Form der Liebe wird im obigen Zitat allzu deutlich, und so wird der Venus die Wollust und die Lüsternheit zugeordnet. Auch die Verführung untersteht der Venus, stellt ihr Hauptanliegen doch das Verbinden von Gegensätzen dar. So konnte Aphrodite alles Getrennte und noch so Widerstrebende miteinander verbinden, zueinanderführen oder verführen. Ihre Liebesbeziehung zu Mars, ihrem Gegenpol, ist hierfür das eindrucksvollste Beispiel. Die natürliche Anmut und Balance der Venus verbindet sich mit dem Tatendrang und der Kampfeslust des Mars. Das Ergebnis dieser Beziehung ist ihre gemeinsame Tochter – Harmonia – die Göttin des Ausgleiches und des Verstehens.

Aber auch ihre Ehe mit Hephaistos schildert eine Vereinigung von Gegensätzen. Die leichtfüßige Schöne hatte sich dem hinkenden Häßlichen verbunden, und sie blieb bei ihm, weil er sie als seine Ergänzung liebte und brauchte und ihr sogar verzeihen konnte, daß sie ihm nicht allein gehörte.[8]

An dieser Stelle klingt schon an, daß die eheliche Treue *nicht* zu den Tugenden der Venus gehört. Diese findet sich im Reich des Mondes, wo es um die Familie und daher um ein verläßliches, langes Miteinanderleben geht.

Aphrodite-Venus ist der äußeren und inneren Schönheit zugewandt: den Sinnesfreuden und der inneren Weichheit. Ihr Wirken ist absichtslos, unberechnend, darum schenkend. Sie liebt den Kriegsgott, sie liebt den Schmied, sie liebt den einfachen Hirten Anchises, sie liebt Hermes und Poseidon. Sie führt Paris und Helena zusammen, unbekümmert um alle Folgen, selbst die eines Krieges.[9] Der trojanische Krieg wurde von Aphrodite recht gedankenlos entfacht, nur weil sie in den Augen eines Sterblichen als die schönste aller Göttinnen angesehen werden wollte.

Eine der wichtigsten Eigenschaften der Venus ist genau diese Absichtslosigkeit. Was immer sie tut, sie handelt aus ihrem Bedürfnis nach Harmonie, dem Trachten nach Ästhetik oder dem Wunsch zu gefallen. Sie hat niemals irgendwelche Hintergedanken, noch denkt sie an die Folgen dessen was sie tut.

Die Schattenseiten der Venus sind Eifersucht, Zwietracht, Neid und Mißgunst, also die Folgen einer unerwiderten Liebe oder einer nicht zustandegekommenen Verbindung.

☾

Die Venustage des Mondschildes sind die Tage, an denen wir die neue Idee oder Aufgabe unter dem Gesichtspunkt betrachten, ob sie schön, ästhetisch oder harmonisch ist. Es geht nicht um das Funktionale oder um den Sinn und Zweck. Es ist nicht einmal wichtig, ob überhaupt irgend ein Sinn damit verbunden ist. Es geht um das Empfinden von Schönheit und die einfache Freude an den schönen

Dingen. Das einzige Ziel, das Venus verfolgt, ist Liebe und Freude zu säen, und ihr Ziel ist es, alles in Harmonie miteinander zu verbinden. Diese Tage sollten wir mit Lebenslust und Freude angehen, keine »vernünftigen« Ziele verfolgen und uns der Welt und unseren Mitmenschen mit Liebe und Freude öffnen. Liebe verfolgt *keinen* Zweck, außer zu lieben. Daher ist es *nicht* Liebe, wenn wir etwas für andere nur tun, um dafür etwas zurückzubekommen. Das wäre Geschäft.

Das Venusunterfangen des Liebens ist natürlich leichter gesagt als getan, besonders da wir gerade hier dazu neigen, bei der Liebe den zweiten Schritt vor dem ersten zu machen. Vielen Menschen fällt es leichter, einen anderen Menschen zu lieben als sich selbst. Sie schenken der/dem Geliebten Dinge, die sie sich selber nie gönnen würden, und tun für andere mehr, als sie je für sich selbst tun würden. Dies ist sehr schön für die Beschenkten, und es ist auch sehr schön, schenken und geben zu können. Aber um andere wirklich zu lieben, müssen wir auch uns selbst lieben können. Und zur Eigenliebe gehört es, etwas anzunehmen, sich selbst etwas zu gönnen und für sein eigenes Wohlergehen zu sorgen.

☾

Die Atmosphäre der Venustage ist *sinnlich und ästhetisch*. Es herrscht eine Stimmung der Harmonie und der Ausgeglichenheit vor. An diesen Tagen fühlen wir den Wunsch nach Schönheit in uns. Wir neigen dazu, auf andere zuzugehen und uns selbst bedingungslos herzuschenken. Es fällt uns leichter, für andere da zu sein und Mißstimmungen und Streitigkeiten zu schlichten. Vielleicht verspüren wir den Impuls, uns etwas Besonderes zu gönnen. Oder wir verschönern unseren Raum, unseren Besitz, etwas das uns lieb und teuer ist. Die Venustage sind dafür gemacht, sie auf angenehmes Art und Weise zu verbringen – am besten mit einem geliebten Menschen.

Der siebte Tag: Der Tag des Saturn

Der siebte Tag ist der letzte Tag der (Mond-)Woche. Und wie dieser Tag ein Mondviertel beendet und den Weg zu einem neuen (Teil-)Zyklus freimacht, so ist auch der Saturn in der traditionellen Astrologie der letzte Planet, der Hüter der Schwelle, das Symbol des Endes und des Todes. Mit dem Saturn endet alles. Er ist das Ende allen Seins. Der griechische Name des Saturn ist Chronos, von dem das Wort »Chronometer« stammt. Er ist der Herrscher über das Vergehen der Zeit.

Die grundlegende Kraft des Saturn ist die des *Zusammenziehens*, des *Verlangsamens, Reduzierens und Beendens*. Die Richtung des Saturn geht nach unten und nach innen im Gegensatz zum Jupiter, bei dem es nach außen und nach oben geht. Dennoch wäre es falsch zu sagen, daß der Saturn verkleinert, wo der Jupiter vergrößert. Der Saturn *verfestigt* vielmehr, er verleiht Struktur. Der Saturn merzt alles Überflüssige aus, und zurück bleibt nur die wesentliche Struktur, die nackten Knochen und die kahlen Wände. Der Saturn reduziert, bis nichts mehr übrig ist als harten Tatsachen. Deshalb werden dem Saturn die Knochen und die Felsen zugeordnet, die Langsamkeit und die Einschränkung, das Ende und der Tod.

Der Saturn hat jedoch noch ein anderes Gesicht: Er ist der alte Weise, der die Welt durch und durch verstanden hat und einsam auf seinem Berg lebt; der Eremit, der nichts mehr benötigt, der auf alles verzichten kann, weil er erfahren hat, daß alles eins ist und er niemals alleine sein wird; der weiß, daß die Welt uns immer das gibt, was wir am dringendsten brauchen – auch wenn wir oft nicht verstehen, daß gerade das jetzt das Richtige sein soll. Dieser Saturn läßt sich am ehesten mit einem weisen Lehrer vergleichen, der uns anleitet und hilft, ohne uns jedoch unsere Aufgaben abzunehmen. Diese müssen wir *immer* selber erfüllen.

Der Saturn ist allgemein der unbeliebteste Planet. Dies ist kein Wunder, hat unsere Gesellschaft doch schon lange jeden Sinn für Maß und Beschränkung verloren. Der Saturn vermindert die uns so wichtigen materiellen Güter. Er fordert Einschränkung und Mäßigung und daß wir lernen, uns zu bescheiden. Als Gegenleistung öffnet er uns den Himmel. Die hohen Berge mit ihren eisbedeckten Gipfeln sind ebenso Teil des Saturn-Archtypus wie die wahren Höhen geistigen Wissens und tiefer Weisheit. Auch mit dem Tod macht uns der Saturn dieses Geschenk: Er reduziert uns auf das Wesentliche, auf unser Wesen. Wenn von unserem Körper nur noch die Knochen übrig sind, dann entdecken wir das geistige Wesen, das wir ursprünglich sind. Dies ist die Gabe des Saturn (lat. »satur« = »satt, gesättigt, frei von weiteren Ansprüchen«).

☾

An den Saturntagen haben wir die Beschränkung als Lernaufgabe. Wir fühlen uns eingeengt und verlangsamt. Nichts geht schnell, überall lauern unerwartete Hindernisse. Was wir vorhaben, läuft nicht so wie erwartet. Dies sind Tage der

Langsamkeit und der Besinnung, und heute gilt tatsächlich, daß jede Hast nur Schaden anrichten wird.

Die Saturntage dienen dazu, Disziplin zu üben und sich zu konzentrieren. Nur höchste Konzentration ermöglicht ein Vorankommen, das Erreichen eines Zieles. Um sich zu konzentrieren, muß man sich auf das Wesentliche beschränken, bis im Idealfall all unser Streben auf ein einziges Ziel ausgerichtet ist. Dies ist das Ziel der Zen-Meditation und der asiatischen Kampfkünste, die hervorragende Saturnübungen sind.

Um uns zu konzentrieren müssen wir auf alles Verzichten, was wir nicht brauchen. Sowohl alte Gewohnheiten als auch materieller Besitz sollte an diesen Tagen betrachtet und bewertet werden. Wir sehen uns an, was wir bis jetzt erreicht haben, und reduzieren es auf das, was wirklich gebraucht wird. Die Saturntage eignen sich hervorragend zum Verzichten und Fasten, aber auch dazu, sich mit der geistigen Welt, der Welt die hinter den sichtbaren Dingen liegt, zu beschäftigen.

Heute geht es darum, die Essenz der Idee aufzuspüren, die am Sonnentag entstand, und zu sehen, ob sie in dem, was wir inzwischen geschaffen haben, noch sichtbar ist. Dies bedeutet nicht, daß wir auf all die schönen Dinge, die wir am Venustag hinzugefügt haben, jetzt wieder verzichten müssen. Aber für den Saturn ist es wichtig, daß das wahre Wesen der Idee wahrnehmbar ist, also daß das Haus auch die Funktion eines Hauses erfüllt. Die optische Gestaltung mag er dann anderen überlassen.

Der Saturn erleichtert das logische Denken, und daher bieten Saturntage sich geradezu dazu an, Strategien und Planungen zu erarbeiten. Auch um Schach oder Go zu spielen und allgemein für jede Form geistiger Arbeit sind die Saturntage bestens geeignet. Glückspieler sollten sich dagegen besser den Venustagen anvertrauen oder beim Merkur, der auch der Gott der Händler und Diebe ist, Zuflucht suchen.

Die Saturntage dienen uns dazu, Dinge zu beenden und abzuschließen. In diesem Sinn sollten wir uns an diesen Tagen mit den Angelegenheiten beschäftigen, die noch offen sind, und uns all die Sachen vornehmen, die wir schon lange einmal zu Ende bringen wollten. Auch Aufräumen im Sinne von Ordnung schaffen ist eine Arbeit für Saturntage, wobei sich hierfür besonders die Tage des abnehmenden Mondes anbieten. Gerade diese Tage sind gut dafür geeignet, Dinge in Angriff zu nehmen, die schon seit langen auf uns warten und beendet werden wollen.

☾

Die Atmosphäre der Saturntage ist *langsam und konzentriert.* An diesen Tagen herrscht Festigkeit, Enge, Stille und Strenge vor. Idealerweise sollten wir die Saturntage dazu nutzen, in uns zu gehen und uns von allem zu lösen, das uns belastet. Wenn wir uns mit der körperlichen Welt beschäftigen, sollten wir alles ganz langsam und behutsam angehen. Je konzentrierter wir bei der Sache sind, desto sicherer ist uns der Erfolg. Da wir uns heute sowieso langsam und gehemmt vorkommen, können wir auch die Gunst der Stunde nutzen und zu Stille und tiefer Ruhe finden.

Die Planetenqualitäten in der Welt

Die Qualitäten der sieben Planeten begegnen uns nicht nur zu bestimmten Zeitpunkten. Die Planetenenergie kann auch an bestimmten Orten wahrgenommen werden. Wenn wir aufmerksam durch die Welt gehen, dann stellen wir bald fest, daß wir uns an manchen Orten wohler fühlen als an anderen. Manchmal fangen wir an zu träumen, wenn wir einen bestimmten Ort betreten, oder geraten in nachdenkliche, schwärmerische, romantische oder melancholische Stimmungen (Mond), manchmal flüchten wir uns schnell vor der Härte, Kälte und Enge der uns umgebenden Mauern (Saturn), an anderen Orten haben wir spontan den Wunsch uns auszutauschen oder miteinander zu reden, zu handeln und zu kaufen oder auch vielleicht einfach einen Brief zu schreiben, um uns mitzuteilen (Merkur). Es gibt Orte, an denen fühlen wir uns einfach nur wohl, Orte, die uns wünschen lassen, ewig dazubleiben, die nur schön sind, an denen wir es uns gutgehen lassen können oder wo wir den brennenden Wunsch verspüren, uns selbst etwas Gutes zu tun (Venus). Dem entgegen stehen Orte, die uns zum Handeln auffordern, die in uns den Wunsch wecken, etwas zu tun, loszurennen, zu beginnen; die geradezu danach schreien, daß wir uns in Bewegung setzen, etwas beginnen und Ziele anvisieren (Mars). Auch finden sich Gegenden der Größe und der Offenheit, die wir nur zu betreten brauchen, um uns vollständig aufzurichten und innere Größe, Großherzigkeit und Weite und Erhabenheit zu spüren (Jupiter). Zu guter Letzt gibt es solche, an denen wir einfach da sind und das tun, was unserem Wesen entspricht – oder nichts tun. Dies sind Orte der Kreativität und der

Schöpfung, an denen neue Gedanken sprudeln, oder welche, an denen alles so ist, wie es sein soll. Meistens fühlen wir uns dort sehr wohl und haben keinerlei Bedürfnis, sie wieder zu verlassen (Sonne).

Diese Ortsqualitäten finden sich überall in unserer Welt, sowohl im großen, bei ganzen Städten und Ländern (Frage: Welche Qualität hat Paris und welche hat Berlin?), als auch bei Straßen, Plätzen und Häusern, bei Landschaften und überall in der Natur. Aber auch im kleinen, in unserer Wohnung, lassen sich die verschiedenen Bereiche und Ecken der Zimmer den Planetenarchetypen zuordnen. (Wir brauchen uns nur überlegen, was wir in welchem Teil unserer Wohnung am liebsten tun; das Schlafzimmer ist natürlich der Venus zugeordnet.) Schließlich besitzt auch jede Wohnung und jedes Haus als ganzes eine eigene Qualität.

Wenn wir herausfinden, welche Qualität unsere Wohnung besitzt, erfahren wir dadurch, zu welchem Archetypus wir besonders neigen. Dieses Wissen können wir dazu verwenden, Vorhaben, die uns besonders wichtig sind, an Tagen zu verwirklichen, die diesem Archetypus zugeordnet werden.

Aber nicht nur die Räume, sondern auch jedes Vorhaben hat seine eigene Qualität und kann daher einem Archetypus zugeordnet werden. *Venusische* Vorhaben sind zum Beispiel solche, bei denen es um Schönheit und Ästhetik geht, bei denen wir etwas künstlerisch gestalten oder Gegensätze miteinander verbinden, nur um der Harmonie willen. Venus-Vorhaben setzen wir aus Liebe an der Sache um, so daß viele Hobbys hierzu gezählt werden können. Auch liebevolles Kümmern um andere kann ein Venusvorhaben sein, wenn es ohne Ziel und Zweck und ohne jede Verpflichtung geschieht. Natürlich sind auch alle erotischen und romantischen Abenteuer Vorhaben der Venus, genau wie alles andere, was Lust und Freude bringt, ohne Folgen nach sich zu ziehen.

Mondige Vorhaben sind vor allem gefühlsbetont und verträumt, meist zum Teil unbewußt. Sie sind nicht wie das sinnlich-erotische Spiel der Venus, die ganz genau weiß, was sie tut, nur meist nicht darüber nachdenkt, *warum*. Bei Mondvorhaben können wir meistens auch selbst nicht erklären, warum wir etwas tun, aber wir haben eben das Gefühl, daß es so richtig ist, und handeln entsprechend. Mondige Stimmungen lösen in uns oft das Empfinden von »Watte im Kopf« aus. Wir handeln mit schlafwandlerischer, träumerischer Sicherheit aus unserem Gefühl heraus. Mondige Vorhaben sind in unsere rationalen Gesellschaft sehr verpönt, werden angegriffen und abgewertet, eben weil sie sich nicht vernünftig begründen lassen. Dabei ist es eines der wichtigsten mondigen

Vorhaben überhaupt, Kinder zu bekommen. Der Wunsch nach einer Familie, danach, geschützt zu werden und geborgen zu sein ist, ein Mondwunsch, und alles was wir tun, um dies zu erreichen, sind Mondvorhaben. Diese lassen sich bestenfalls *scheinbar* rational begründen. Auch sind Mondvorhaben in der Regel recht privater Natur und werden der Öffentlichkeit kaum jemals preisgegeben.

Merkurvorhaben sind sehr einfach zu verstehen. Handel und Wandel, Verkauf und Kommunikation sind die Eigenschaften des Merkur, und so sind fast alle Formen von Geschäft und Austausch Merkurvorhaben. Aber auch der Wunsch nach Geselligkeit und der, ein »nettes Pläuschchen zu halten«, sind typische Merkuraktivitäten, wie auch der Meinungsaustausch in allgemeinen, sei es am Stammtisch oder in der Schulpause. Alle Merkurvorhaben sind solche, hinter denen die *Absicht* steckt, zu kommunizieren oder den Austausch zu fördern, so daß ein großer Teil des öffentlichen Lebens hierzu gehört.

Auch die *marsischen* Unternehmen lassen sich leicht als solche identifizieren, fehlt dem Mars doch jede Form von Unauffälligkeit oder Heimlichtuerei. Was er tut, läßt sich einfach nicht übersehen. Bei den Vorhaben des Mars handelt es sich immer darum, etwas zu beginnen, in Gang zu setzen, geradlinig auf ein Ziel zuzusteuern, neue Rekorde aufzustellen oder alte Grenzen zu überwinden und niederzureißen. Marsische Vorhaben sind jede Form von Wettkampf oder Konkurrenz, so daß der gesamte Sport (nicht nur der Leistungssport) und das gesamte wirtschaftliche Management darauf basiert. Dadurch stellen die marsischen Unternehmungen die Wurzel jeder Entwicklung dar. Wann immer wir uns vornehmen, etwas zu erreichen, nutzen wir die Kraft des Mars.

Jupitervorhaben sind solche, die auf unsere persönliche Erweiterung abzielen, auf die Vergrößerung unserer Person und/oder unseres Besitzes. Insofern lassen sich im wirtschaftlichen Bereich die Marsvorhaben kaum von denen des Jupiters trennen, da dabei meist sowohl etwas Neues geschaffen und durchgesetzt werden soll als auch das Bestehende vergrößert wird. Eine Unternehmensneugründung ist aber in jedem Fall ein Marsvorhaben, während eine Erweiterung, besonders in Form einer Fusion, dem Jupiter zuzurechnen ist. Gerade eine Fusion enthält aber auch noch Venuselemente (verbinden zweier Gegensätze zu einem Ganzen) und solche des Merkurs (Kommunikation und Austausch). Im persönlichen Bereich sind Jupitervorhaben leicht auszumachen: Alles, was dazu führt, daß sich unser materieller Besitz mehrt (Geldanlage, Aktienkauf, Investitionen), ist ein Jupitervorhaben und wird daher an den Jupitertagen bestärkt. Auch alles, was unseren geistigen Horizont erweitert, unser Wissen und Begreifen der Welt unterstützt und uns über unsere bisherigen Grenzen hinauswachsen läßt, entspricht dem Wesen des Jupiters. Großzügige Geschenke und Spenden sind an Jupitertagen am Platze. An diesen Tagen erhöht sich die Wahrscheinlichkeit, daß sie reiche Früchte tragen und dem Beschenkten wahrhaft weiterhelfen.

Der Gegenpol zu Jupiter ist der Saturn, und so sind *Saturnvorhaben* solche, die sich dem Verzicht und der Einschränkung widmen. Der derzeitige Sparkurs der Bundesregierung ist ein stark saturnisches Vorhaben, und daher sollte die Verabschiedung des Sparpaketes auch sinnvollerweise an einem Saturntag des zweiten Viertels erfolgen. Fastenkuren sind idealerweise bei abnehmendem Mond zu beginnen, der ja austreibt und löst, wobei der Beginn am Saturntag des dritten Viertels dazu führen könnte, daß der Erfolg lange anhält. Wann immer wir etwas reduzieren oder beenden wollen, führen wir ein Saturnvorhaben aus. Auch wenn wir uns unserer eigenen oder einer fremden Disziplin unterwerfen, ist dies eindeutig eine saturnische Handlung. Das geistige Überwinden materieller Grenzen ist ein Saturnvorhaben ebenso wie das tiefgreifende Verstehen der geistigen Welt. Im konkreten Fall sind saturnische Vorhaben all solche, die auf ein handfestes Ergebnis abzielen oder mit denen etwas Dauerhaftes geschaffen werden soll, dessen wirklicher Wert in seiner Beständigkeit liegt. Sollten wir die großen Pyramiden noch einmal bauen, dann wäre es auf jeden Fall ratsam, den Grundstein an einem Saturntag (zweites Viertel) zu legen.

Sonnenvorhaben schließlich zeichnen sich dadurch aus, daß sie eigentlich gar keinen äußeren Zweck erfüllen und auch kein benennbares Ziel haben. Das Sonnenvorhaben wird zum Selbstzweck verwirklicht, es braucht keine weitere Begründung als die, daß wir es verwirklichen wollen. Daher sind Sonnenvorhaben am schwierigsten zu beschreiben. Von außen betrachtet können sie die Form all der anderen Vorhaben annehmen, wie ja auch alle Planeten nur das Licht der Sonne widerspiegeln, die alle ihre Eigenschaften in sich vereint. Das wesentliche beim Sonnenvorhaben ist, daß der Wunsch zu diesem Vorhaben aus uns selbst heraus entsteht, keinerlei Begründung und keinerlei Unterstützung benötigt und sich auch nicht von äußeren Umständen abhalten läßt. Ein Kennzeichen von Sonnenvorhaben ist, daß sie schöpferisch sind und wir sie nicht woanders abschauen. Sie sind unabhängig davon, ob sie uns etwas nützen. Mit einem Sonnenvorhaben bringen wir unser eigenes inneres Anliegen in die Welt, ohne etwas dafür zu fordern oder zu erwarten.

TEIL 2
Der immerwährende Mondkalender

In diesem zweiten Teil des Buches (Kapitel vier, fünf und sechs) befassen wir uns mit den Eigenschaften und Anwendungsmöglichkeiten des Mondschildes.

Im vierten Kapitel werden die Eigenschaften des zu- und des abnehmenden Mondes besprochen und die Wirkung der einzelnen Mondviertel im einzelnen erklärt.

Das fünfte Kapitel erläutert ausführlich die Wirkung eines jeden der 28 Mondtage. Dabei wird auf das Wesen des Tages eingegangen und es werden die zugeordneten Heilsteine kurz beschrieben. Am Ende jeden Tages findet sich schließlich eine kurze Besprechung der möglichen Auswirkung des Tages im Geburtshoroskop.

Im sechsten Kapitel werden die Anwendungsmöglichkeiten des Mondschildes erklärt. Es geht dabei um die Frage, wofür man den Mondschild brauchen kann und wie sich aus dem Wissen um die Eigenschaften der Mondtage im eigenen Leben Nutzen ziehen läßt. Des weiteren werden die Anwendungen der zugeordneten Heilsteine kurz erläutert sowie Übungen vorgestellt, die es ermöglichen, die Qualitäten einzelner Planetenarchetypen zu stärken.

4 Der Mondzyklus

»In den achtundzwanzig Stationen (des Mondes) sind nun viele Geheimnisse der Weisheit der Alten verborgen, wodurch sie auf alle Dinge, die unter dem Monde sind, wunderbar einwirken.«

Agrippa von Nettersheim, *De occulte Philosophia*

Der Mondzyklus beginnt zu Neumond, »... wenn der Mond sich im Lichtstrahl der Sonne verliert. Etwa einen Tag später taucht nach Sonnenuntergang die schmale Sichel des Mondes am westlichen Himmel auf. Im ersten Viertel ist der Mond halb voll und im Zenit erhöht (= er steht in der Himmelsmitte), während die Sonne untergeht. Der Abstand im Tierkreis zwischen den beiden Lichtern (Sonne und Mond) wächst weiter, während der Mond zugleich runder und heller wird; bis der Mondaufgang im Osten mit dem Sonnenuntergang im Westen zusammenfällt. Die Strahlen der untergehenden Sonne laufen parallel zur Erdoberfläche und werden im Spiegel des Mondes reflektiert. Weil der Mond so weit entfernt und dennoch von Angesicht zu Angesicht der Sonne steht, ist er wirklich ein Ebenbild der Sonne geworden (Vollmond). ... Und dann, als verlöre er ... langsam sein Licht, scheint der Mond seine Bewegung zu verlangsamen, um sich der Sonne wieder anzunähern, nach deren Strahlen er sich sehnt. Im letzten Viertel steht der Mond im Zenit, wenn die Sonne aufgeht. Immer stärker wird der Zug der Sonne und zwingt ihn, immer später in der Nacht aufzugehen, bis er schließlich, drei Tage vor dem Ende des Zyklus, im Morgengrauen aufgeht, wenn sich der östliche Himmel bereits verfärbt. Am folgenden Tage ist er nicht mehr zu sehen, sondern verliert sich im Glanz der Sonne.«[10]

Bei günstigen Lichtverhältnissen kann man den Neumond manchmal auch kurz vor Sonnenaufgang beziehungsweise kurz nach Sonnenuntergang als blaugraue Scheibe am Horizont erkennen, da die von der Sonne voll beschienene Erde die Nacht auf dem Mond erhellt. Das von der Erde reflektierte Sonnenlicht ist dabei um das Hundertfache heller als das Licht des Vollmondes in einer irdischen Nacht.[11]

Der zunehmende und der abnehmende Mond

Die grundlegendste Unterteilung des Mondrhythmus ist die in die Zeit des zunehmenden und des abnehmenden Mondes. Da der Vollmond selbst in der Großstadt nachts leicht zu sehen ist, fällt es uns auch heutzutage noch leicht, festzustellen, ob wir uns in der zunehmenden oder der abnehmenden Mondphase befinden.

Die Qualitäten und Eigenschaften dieser beiden Mondphasen werden in der gängigen Mondliteratur sehr gut beschrieben, so daß wir hier nur kurz darauf eingehen wollen.

Der zunehmende Mond beschreibt den Prozeß des Entstehens und des Wachsens. In dieser Zeit kommen neue Ideen in die Welt und werden verwirklicht. Daher ist die zunehmende Mondphase eine Zeit des Erschaffens und Werdens und eignet sich für alle Tätigkeiten, die begonnen werden sollen.

Auch alle Unterfangen, die der Vergrößerung eines bereits bestehenden Projektes dienen, sollten in der Zeit des zunehmenden Mondes stattfinden.

Die abnehmende Mondphase ist die Zeit des Betrachtens und Vergehens. Jetzt werden die Projekte betrachtet und verbessert und schließlich beendet und aufgelöst.

Während der abnehmenden Mondphase sollten Tätigkeiten ausgeführt werden, die dabei helfen, etwas besser zu verstehen oder etwas zu beenden. Daher ist es angebracht, uns mit den Dingen zu beschäftigen, von denen wir uns lösen möchten. Diese Zeit ist gut dafür geeignet, zu entschlacken und zu fasten, aber auch dafür, unser Leben zu betrachten und zu erkennen, was wir darin ändern wollen.

Die vier Mondviertel

Um die Qualitäten des Mondzyklus verstehen und nutzen zu können, reicht die recht grobe Unterscheidung in zunehmende und abnehmende Mondphase nicht aus. Daher werden diese beiden Phasen noch einmal unterteilt, so daß die vier Mondviertel entstehen, die wiederum aus jeweils sieben Mondtagen bestehen.

Die Reihenfolge dieser Tage wiederholt sich in jedem Viertel. Die Grundqualitäten der einzelnen Tage wirken sich in jedem Mondviertel anders aus: Ein Tag der Sonne hat im ersten Mondviertel einen anderen Charakter als im letzten. Die Atmosphäre des Sonnentages wird also von der Qualität des jeweils vorherrschenden Mondviertels gefärbt.

☾

Die zunehmende Mondphase ist die Zeit des Entstehens, die abnehmende die des Vergehens. Diese beiden Phasen werden durch die Halbmonde in die vier Mondviertel geteilt.

In den beiden Mondvierteln, die dem Vollmond nahe sind, geschehen die sichtbaren Ereignisse. In denen, die dem Neumond nahe sind, die unsichtbaren. Aus dieser Betrachtung ergeben sich die Eigenschaften der vier Viertel:

Dinge entstehen zunächst im Unsichtbaren (Idee, Planung), um dann später sichtbar zu werden. Nach Vollmond beginnt das Vergehen: Hier vergehen zunächst die sichtbaren Dinge (eine Blüte verwelkt), und schließlich folgt das innere Abschiednehmen, welches zumeist von außen nicht sichtbar ist (wir lösen uns von Dingen, die uns wichtig waren).

Die folgende Grafik soll zur Veranschaulichung der Eigenschaften der einzelnen Mondviertel dienen:

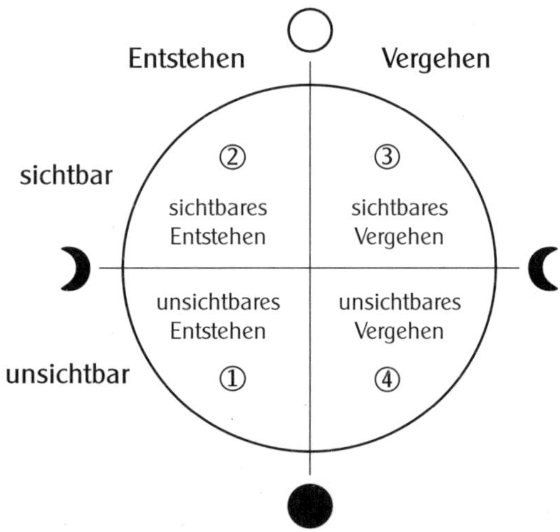

Abb. 6

Das erste Viertel: unsichtbares Entstehen – »Erschaffen«

Das erste Viertel des Mondzyklus beginnt mit dem Neumond. Sonne und Mond stehen genau auf der gleichen Position im Tierkreis. Dann beginnt der Mond der Sonne vorauszuwandern, bis sie beim zunehmenden Halbmond im Winkel von 90° zueinander stehen.

Das unsichtbare Entstehen ist das *Erschaffen*: Etwas, das vorher nicht existierte, kommt in die Welt. Solange es keine körperliche Form hat, ist es unsichtbar. Alle neuen Ideen werden im Geistigen geboren. Zuerst entsteht eine Idee, etwas Unsichtbares. Diese entwickelt sich: Wir wälzen sie im Kopf hin und her, sprechen mit anderen, denken und planen, bis wir die Form finden, die für ihre Verwirklichung am förderlichsten zu sein scheint. Die neue Idee wächst wie ein Keimling im Inneren eines Samenkornes heran. Sie differenziert sich aus, findet ihre Form und Gestalt und ist zu Halbmond voll entwickelt.

Im Beispiel des Hausbaues ist das erste Viertel die Phase, in der erst überlegt werden muß, ob überhaupt ein Haus gebaut werden soll (Neumond). Dann wird entschieden wie groß es wird, wo es liegt und wieviele Zimmer, Küchen, Bäder und Swimmingpools es haben soll. Zur Planungsphase gehört es auch, einen Architekten zu beauftragen und eine Baufirma zu finden. Diese übernimmt ihrerseits alle weiterführenden Planungen (Material, Subunternehmer, Arbeitskräfte usw.). Erst wenn die Planungsphase abgeschlossen ist und alle Kosten kalkuliert worden sind, kann mit dem eigentlichen Hausbau begonnen werden.

Das erste Mondviertel hat die Qualität des *Erschaffens*. Es ist die Zeit des Neuen, die Zeit der geistigen Vorbereitung, der Planung und Entwicklung.

Das zweite Viertel: sichtbares Entstehen – »Werden«

Das zweite Viertel des Mondzyklus beginnt mit dem Halbmond, wenn Sonne und Mond sich 90° voneinander entfernt haben. Es endet kurz vor Vollmond, wenn sie einander gegenüberstehen.

Das sichtbare Entstehen ist das *Werden*. Das zweite Mondviertel stellt den Teilzyklus der Tat dar, die Zeit der Realisierung, des Wachsens und Erweiterns. Die neue Idee wird nun in die Tat umgesetzt. Dazu geben wir ihr eine sichtbare Form. Sie existiert nicht mehr nur in unseren Köpfen, sondern kann auch von anderen wahrgenommen werden. Der Keimling, der im ersten Viertel noch im Inneren des Samenkorns war, ist nun eine kleine Pflanze, die im wesentlichen schon dieselbe Form besitzt, die sie später als große Pflanze ausfüllen soll. Wenn wir das Beispiel des Hauses betrachten, so ist dies die Zeit der eigentlichen Bautätigkeit. Im Falle eines Buches beschreibt das zweite Mondviertel die Zeit, in der es geschrieben wurde, in der also die Buchstaben in den Computer gewandert sind.

Die Idee, die im ersten Viertel entstanden ist und geplant wurde, nimmt jetzt an Größe und Ausdehnung zu. Dabei werden die Pläne (im Falle einer Idee) und natürlichen Anlagen (bei einer Pflanze) weitgehend beibehalten und nur – soweit notwendig – an die Umweltbedingungen angepaßt.

Wenn das Buch geschrieben, das Haus gebaut und die Pflanze groß geworden ist, dann ist die Zeit des Vollmondes, und das nächste Viertel beginnt.

Das dritte Viertel: sichtbares Vergehen – »Betrachten«

Das dritte Viertel des Mondzyklus beginnt mit dem Vollmond, wenn Sonne und Mond sich im Winkel von 180° gegenüberstehen. Es endet kurz vor dem abnehmenden Halbmond, zu dem sie sich einander wieder auf 90° annähern. In dieser Zeit wird das Resultat der vorangegangen beiden Viertel betrachtet und bewertet.

Das »sichtbare Vergehen« enthält verschiedene Aspekte. Zum einen ist es die Zeit, in der wir uns das ansehen (betrachten), was wir getan haben, und darauf stolz sein können. Zum anderen gehört dazu auch, aus unseren Fehlern zu lernen und sie zu verbessern oder zu ergänzen, was noch fehlt. Obwohl es sich um eine Zeit des »Vergehens« handelt, wird an der Idee oder – im Falle eines Wirtschaftsunternehmens an dem Produkt – noch herumgefeilt, verbessert und optimiert. Jetzt wird das fertige Produkt untersucht und verglichen, ob es überhaupt so ist, wie es sein sollte. Es wird bewertet, ob es gut oder schlecht geworden ist.

Auch ist diese Zeit ideal dafür, zu verstehen, welche Entscheidungen zu welchen Ergebnissen geführt haben. Wenn diese nicht unseren Erwartungen entsprechen, können wir lernen, es beim nächsten Mal besser zu machen. Am Ende des dritten Viertels, zum abnehmenden Halbmond, ist das Ergebnis dann vollständig verstanden worden.

Beim Schreiben eines Buches ist dies die kritischste Zeit. Der Autor bringt frohgemut und voller Euphorie (endlich fertig!) sein Manuskript zum Verlag, wo es vom Lektor kritisiert und im übertragenen Sinne in Stücke gerissen wird. Währenddessen mischen sich alle Freunde, Bekannte und sonstige Probeleser mit Anmerkungen und Ratschlägen kräftig ein, verschlimmbessern alles und jedes und treiben den armen Autoren in den Wahnsinn. So manches Manuskript landete während dieser Phase im Papierkorb und mußte vollständig neu geschrieben werden.

Beim Hausbau oder bei einem fertigen Produkt wird jetzt alles überprüft und kontrolliert. Der »Elchtest« bei neuen Automodellen gehört zum dritten Viertel. Auch bei unseren persönlichen Projekten und Ideen sind wir erst jetzt an dem Punkt, an dem wir feststellen können, ob das ganze überhaupt funktioniert. Tut es das nicht, müssen wir es verbessern. Ist es aber gut gelungen, dann können wir uns in aller Ruhe zurücklehnen und die Früchte unserer Arbeit genießen.

Daher stellt dieser Teil des Mondzyklus auch die Zeit der Reife dar, die Zeit in der wir von dem, was wir getan haben, profitieren. Bei einer Blume ist es die Zeit der Frucht- und Samenbildung, bei Menschen oder Tieren die Zeit der Fruchtbarkeit, es handelt sich gewissermaßen um die Mitte des Lebens.

Jetzt haben wir die Gelegenheit, zu verstehen und zu lernen. Wir haben Zeit und Muße, das Geschaffene zu betrachten und zu sehen, ob es überhaupt so geworden ist, wie wir es vorhatten. Erst jetzt, da die Zeit des Aufbaus vorbei ist, können wir *erkennen* was wir getan haben.

Zur Veranschaulichung mag erneut das Beispiel des Hausbaus dienen: Daß das Haus fertig ist, begreifen wir nur dann wirklich, wenn wir es vor uns sehen, durch alle Flure, Treppen, Zimmer und Abstellräume gelaufen sind und es vollständig *erkannt*, also in die Wirklichkeit unserer persönlichen Welt aufgenommen haben. Erst dann wissen wir wirklich, daß wir ein Haus besitzen.

Das Thema des dritten Viertels kommt leider heutzutage unter dem zunehmenden Produktivitätsdrang unserer Gesellschaft immer mehr zu kurz. Kaum ist etwas fertiggestellt, müssen wir losgehen und das nächste Vorhaben in Angriff nehmen. Wir nehmen uns keine Zeit mehr, ein Ergebnis zu erleben oder die Fertigstellung eines Projektes zu feiern. Statt dessen werfen wir sozusagen den Spaten weg, drehen uns um und rennen los, um gleich den Grundstein für das nächste Haus zu legen. Da hierbei nicht einmal mehr genug Zeit zur Planung bleibt, wird das neue Haus einfach genauso gebaut wie das erste, vielleicht mit ganz kleinen Änderungen. Daß wir auf diese Art und Weise nichts fürs Leben lernen und keine Erfahrungen mehr sammeln und auswerten können, sollte eigentlich klar sein. Es ist nicht zufällig ein sehr häufiges Phänomen, daß Menschen nicht mehr stolz sind, auf das, was sie geleistet haben. Wenn wir die Dinge nicht betrachten und nicht beenden (viertes Viertel), haben wir strenggenommen gar nichts geleistet. Zumindest haben wir kein Gefühl dazu – schließlich sind wir ja noch nicht fertig!

Das vierte Viertel: unsichtbares Vergehen – »Loslassen«

Das vierte Viertel beginnt mit dem abnehmenden Halbmond, wenn Sonne und Mond im Winkel von 90° zueinander stehen, und endet kurz vor Neumond, an dem sie wieder an ein und demselben Punkt des Tierkreises vereint sind.

Mit diesem Viertel begeben wir uns wieder in die Welt des Unsichtbaren. In der sichtbaren Welt ist alles gelaufen: Wir haben unsere Idee verwirklicht, verbessert und schließlich von ihr profitiert. Wir haben aus dem, was wir getan haben, gelernt und die Früchte unserer Arbeit genossen. Jetzt ist die Zeit des Abschiednehmens und des Beendens. Vielleicht verkaufen wir ein Unternehmen, das wir ein Leben lang aufgebaut und geleitet haben. Oder wir trennen uns von einem Partner, wenn die Zeit der gemeinsamen Interessen zuende gegangen ist.

Das wesentliche dieser Zeit findet in unserem Inneren statt. Wir trauern um das, was war, und bereiten uns so auf den endgültigen Abschied vor. Jetzt ist die richtige Zeit, um alles Unvollendete zu beenden, um zu tun, was noch getan werden muß – und vielleicht auch, um etwas vorher Erschaffenes wieder zu zerstören.

Das Thema dieses Teilzyklus entspricht dem Bild des Baumes, der seine Blätter abwirft, um sich zu regenerieren und auf den neuen Zyklus vorzubereiten. Zu Neumond schließlich wenden wir uns ab von dem alten, von dem beendeten Zyklus, und wieder dem neuen zu. Dabei ist in dem, was vom alten übrig bleibt, und dem, was wir daraus gelernt haben, auch gleich der Keim des nächsten Zyklus – die neue Idee, die beim nächsten Neumond in die Welt kommt – enthalten.

Das Thema des vierten Viertels wird in unserer Gesellschaft noch weniger gewürdigt als das des dritten. Während jede seriöse Firma wenigstens noch eine Qualitätskontrolle (= drittes Viertel) durchführt, bevor sie ihr Produkt auf den Markt bringt, schafft es fast kein Betrieb – und auch nur wenige einzelne Menschen – Dinge oder Projekte *wirklich* zu beenden. Um dies zu erklären, wollen wir hier zunächst einmal den Begriff »beenden« verdeutlichen.

Ein Vorhaben ist erst dann beendet, wenn sämtliche darin investierte Energie nicht mehr gebunden ist, sondern für ein neues Vorhaben verwendet werden kann. Das heißt, wenn wir ein Produkt herstellen, ist der Produktzyklus nicht dann beendet wenn es aus der Fabrik kommt und auch dann nicht, wenn es verkauft, benutzt und weggeworfen worden ist. Der Zyklus ist erst beendet, wenn das Produkt wieder in seine Bestandteile zerlegt wurde und diese entweder neu verwendet oder an ihren Ursprungsort zurückgeschafft wurden. Also wenn das Produkt *vollständig* recycelt worden ist.

Oder, um noch einmal am das Beispiel des Hausbaus anzusehen: Der Hausbau ist beendet, wenn das Haus steht, wenn alles überprüft worden ist und funktioniert, die Werkzeuge, Maschinen, der Bauschutt und der Müll weggeräumt sind und die Bewohner einziehen können. Jetzt ist der Zyklus geschlossen, da die Firma nun in der Lage ist, ein neues Haus zu bauen. Die im Hausbau gebundene Energie ist wieder frei und kann an anderer Stelle eingesetzt werden.

Der Zyklus des Hauses selbst ist aber noch nicht beendet. Das ist erst der Fall wenn das Haus spurlos verschwunden ist und sämtliche Baustoffe wiederverwendet oder auf andere Art und Weise entsorgt wurden. So daß sie die Umwelt in keiner Weise – auch nicht dadurch, daß ein Haufen Ziegelsteine irgendwo herumliegt – belasten.

Im persönlichen Bereich ist dieses Thema ähnlich komplex. Beendet ist etwas erst dann, wenn es uns in keiner Weise mehr belastet, wenn die Erinnerung daran uns nicht mehr beeinflußt und keine Emotionen mehr hervorruft. Allein an dieser Definition können wir sehen, wie schwer wir uns mit dem Beenden tun. Es gibt viele geschiedene Ehen und getrennten Partnerschaften, bei denen sich die früheren Partner bis an ihr Lebensende bekriegen. Beendet sind diese Beziehungen noch nicht. Erst dann wenn der Ex-Partner uns genau so viel oder wenig bedeutet wie in der Zeit, bevor wir ihn kennengelernt haben – ein Mensch, dessen Wohlergehen uns nicht weiter beeinflußt –, haben wir die Verbindung wirklich gelöst.

Es gibt eine Definition von Liebe als den Zustand, in dem das Wohlergehen eines anderen Menschen wesentlich für unser eigenes ist. Das genaue Gegenteil davon ist es, wenn der frühere Partner für uns völlig unwesentlich ist. Erst wenn das zutrifft, können wir davon ausgehen, daß wir eine Liebesbeziehung beendet haben.

Wie wenig wir zum Beenden neigen, können wir leicht daran erkennen, daß sich selbst bei den regenerativen Energien, also den Energien, die den natürlichen Zyklen Rechnung tragen, viel mehr Menschen für die Solarenergie und die Windkraft interessieren als für Biogasanlagen oder die Abwasserbeseitigung. Unsere eigene Ausscheidung ist uns ein Greuel – das Ausscheiden gehört zum Beenden dazu.

In allen alten Kulturen gab es Rituale, die das Trauern und Loslassen, das Abschiednehmen und Abwenden unterstützen. Sogar der Abschied des Sommers wurde gefeiert, um den Menschen die harte, kalte Zeit des Winters zu erleichtern. Es hatte alles seine Ordnung, und wenn der Sommer ordnungsgemäß gefeiert und dann losgelassen worden war, wurde er auch weniger vermißt. Die Rituale, die die Übergänge in neue Lebensphasen unterstützten, wie z. B. das Pubertätsritual, hatten nicht nur die Aufgabe, auf den neuen Lebensabschnitt vorzubereiten, sondern auch den alten loszulassen und wenn nötig zu betrauern. In unserer Gesellschaft gibt es keine Trauerkultur mehr. Wir gehen vernünftig und gefaßt mit dem Schmerz um und bewahren nach außen hin unsere Haltung – und verpassen dadurch die Chance, den Gestorbenen wirklich loszulassen.

Mit dem Auflösen ist jede Form der Lösung, des Abschiednehmens, des Beendens und Zyklenschließens gemeint. Es geht um die Auflösung der Form (Haus abreißen, Werkstoffe recyceln) und um die Auflösung alter Muster.

5 Die 28 Mondtage

»Du hast dich müde gemacht mit der Menge deiner Pläne.
Es sollen herantreten und dir helfen die Meister des Himmelslaufs
und die Sterngucker,
die an jedem Neumond kundtun, was über dich kommen werde!«

Jesaja 47,13

Der Mondschild kann auf verschiedene Arten genutzt werden:

Zum einen beschreibt er die Entwicklung eines beliebigen Projektes. Ob es sich dabei um eine Partnerschaft oder um eine Berufsausbildung handelt, um eine Firmengründung oder einen Spaziergang. Gleichgültig, was wir tun, immer wieder findet sich in diesem Vorhaben die Abfolge der vier Mondviertel und – bei genauerem Hinsehen – auch die Abfolge der einzelnen Planetenqualitäten. So gibt es in jeder Partnerschaft eine Zeit des Beginns, in der wir nur vom Partner träumen, eine Zeit des Werdens, in der die Verbindung entsteht und sich festigt, eine Zeit des Betrachtens und Genießens, in der wir mit dem Partner leben, alle Vor- und Nachteile einer festen Verbindung ausloten und daraus lernen, und eine Zeit des Beendens, Auflösens und Abschiednehmens. Diese kann entstehen, weil einer oder beide der Partner die Bindung auflösen möchten oder weil einer von beiden stirbt. In jeder dieser Phasen lassen sich die Qualitäten der einzelnen »Planetentage« mehr oder weniger stark beobachten.

Mit einer Partnerschaft ist in diesem Fall keineswegs nur eine sexuelle Beziehung gemeint, sondern jede Form von Bindung, die Menschen miteinander eingehen können. Auch läßt sich so gut wie jedes Projekt mit Hilfe der Mondtage beschreiben und – unter Umständen – besser durchführen:

Zum Beispiel kam im Rahmen der Steinheilkundeausbildung die Idee auf, bundesweit an verschiedenen Orten Steinheilkundetage zu veranstalten, um so der Idee einer seriösen, auf fundiertem Wissen und konkreten Erfahrungen beruhenden Steinheilkunde Vorschub zu leisten. Die Entstehung dieser Idee läßt sich durch die im ersten Mondviertel wirkenden Planetenkräfte wunderbar beschreiben:

- Zuerst kam die Idee einfach in die Welt: Sonne im Erschaffen.
- Danach beschäftigten sich die einzelnen Teilnehmer der Ausbildung damit, was es für sie und ihr persönliches Leben bedeuten würde, diese Idee umzusetzen und ob sie überhaupt Interesse daran hätten: Mond im Erschaffen.
- Diejenigen, die entschieden hatten, daß sie die Idee weiterverfolgen möchten, begannen damit, die Sache in Angriff zu nehmen: Mars im Erschaffen. Dabei kann es sich einfach nur um die Willenserklärung (Mars = Wille) handeln, etwas dazu zu tun. Oder es geht darum, einen Anruf zu machen, sich mit anderen zu verabreden, ein Treffen zu organisieren, also zu handeln.
- Damit beginnt auch gleich der nächste »Tag«, der Tag des Kommunizierens, des Planens und der Treffen, bei denen die Idee durchdacht und besprochen wird: Merkur im Erschaffen. Dieser »Merkurtag« kann sich über Wochen und Monate hinziehen, solange eben, bis die Planung im wesentlichen klar ist und alle Beteiligten eine Vorstellung von dem haben, was sie eigentlich tun wollen.
- Nachdem nun das Grundgerüst steht, wächst die Idee im Inneren der Planer weiter. Immer mehr Ideen tauchen auf, immer weitere Vorhaben werden eingegliedert. Die Planung erweitert sich, bis sie schließlich rund und stimmig ist: Dies ist die Zeit des Jupiters im Erschaffen.
- Übergangslos kommt dann die Qualität der Venus im Erschaffen hinzu. In den Plänen und Ideen werden nicht nur zweckmäßige Überlegungen verwirklicht, sondern die Beteiligten achten auch darauf, daß ihnen das gefällt, was sie machen, daß es schön werden wird und die Veranstaltung kein stupides Lernen ist, sondern ein Erlebnis, das alle Sinne des Menschen anspricht. Die Harmonie und Ästhetik, die Schönheit des Lebens und das Genießen dessen, was geschieht, soll Teil der Steinheilkundetage sein.
- Schließlich beginnt mit dem Tag des Saturns im Erschaffen das Ende der Planungsphase. Die Pläne werden gesichtet und auf das realisierbare Maß zurechtgestutzt. Es wird erkannt, was unnötig ist und vielleicht sogar vom eigentlichen Ziel ablenkt, und die Planung wird konkret auf den Punkt gebracht und schließlich beendet. Damit bildet der Saturntag, der Tag des Beendens, auch gleich den Übergang zum nächsten Viertel, der Zeit des Werdens, in dem aus den Ideen konkrete Tatsachen entstehen.

An dieser Stelle werden wir die anderen Viertel nicht mehr besprechen. Zum einen werden ihre Eigenschaften ausführlich bei der Besprechung der einzelnen Tage erläutert und zum anderen sind die Steinheilkundetage zum Zeitpunkt, als dieses Buch geschrieben wurde, noch nicht über das Planungsstadium hinaus gediehen.

☾

Die zweite Sicht des Mondschildes ergibt sich aus den Qualitäten der einzelnen Tage. Jeder der 28 Tage des Mondschildes hat eine ganz eigene Zeitqualität, eine Eigenschaft also, die erst nach 28 Tagen wiederkehrt. Entsprechend eignet sich jeder dieser Tage für manche Tätigkeiten und Aktivitäten besonders gut, während andere eher erschwert werden.

Zur Verdeutlichung können wir dieses Phänomen mit den Bild des Rückenwindes und des Gegenwindes beschreiben: An jedem Tag herrscht für bestimmte Vorhaben einfach Rückenwind, das heißt, es fällt uns leichter, sie in Angriff zu nehmen. Sie lassen sich besser und schneller verwirklichen als an anderen Tagen. Die Tage des zunehmenden Mondes eignen sich deutlich besser dazu, neue Dinge anzufangen und zu schaffen, als die des abnehmenden Mondes. Diese dienen eher dazu, die Dinge zur Reife zu bringen, zu ordnen, zu lösen und zu beenden.

Wenn wir ein Projekt beginnen haben wir also an den Tagen des zunehmenden Mondes »Rückenwind« und tun uns demzufolge nicht so schwer damit, als wenn wir das gleiche bei abnehmenden Mond versuchen. Dann würde uns der Gegenwind kräftig zu schaffen machen und das gleiche Vorhaben wesentlich mehr Anstrengung und Mühe erfordern. Im Gegensatz dazu, sind auflösende und beendende Unterfangen, sei es einfach nur das Aufräumen der Wohnung oder die Fertigstellung der Einkommenssteuererklärung, bei zunehmenden Mond oft nur mit großer Mühe und großen Widerständen zu leisten, während sie sich bei abnehmenden Mond viel leichter erledigen lassen.

Wenn wir jetzt wieder die Planung der Steinheilkundetage betrachten, so wird es leicht vorstellbar, wie sich die Qualitäten der einzelnen Mondtage für deren Verwirklichung nutzen lassen: So sollte die gesamte Planung während einer Zeit des zunehmenden Mondes stattfinden. Da größere Projekte sich aber nicht innerhalb eines Mondzyklus verwirklichen oder auch nur planen lassen, können die an der Planung beteiligten Personen die Zeit des abnehmenden Mondes dafür nutzen, sich von Ideen zu lösen, in die sie sich verrannt haben, oder dazu, Hindernisse zu betrachten und zu umgehen, die bei zunehmenden Mond völlig unüberwindbar erscheinen. Wenn die konkrete Planung einfach nicht vorankommt, so wäre es sehr sinnvoll, ein Treffen auf einen Marstag im ersten Viertel zu legen, ein Tag an dem – dem Wesen des Mars gemäß – einfach etwas passiert. Auf diese Art und Weise können wir die Energie des jeweiligen Projektstadiums mit der Qualität des passenden »Mondtages« unterstützen und so sehr viel leichter zum Erfolg kommen.

☾

Ein weiterer Hinweis soll hier noch angeboten werden: Bei Schwierigkeiten in Partnerschaften, die ja sehr häufig vorkommen, kann es eine sehr nützliche Maßnahme sein, eine Aussprache – vielleicht noch unter Einbeziehung einer neutralen Person – auf einen Merkurtag des dritten Mondviertels zu legen. Dieser Tag vereint die Beobachtung (aber auch die Wertung!) dessen, was ist, mit der Kommunikation und dem Austausch. Sollten die Mißverständnisse nicht so tiefgreifend sein, so würde sich auch ein Venustag im zweiten Viertel für ein romantisches Abendessen zu zweit mit hoffentlich angenehmen Folgen anbieten. Probieren Sie's aus!

☾

Im folgenden werden nun die Mondtage im einzelnen beschrieben. Dabei ist jeder Tag in vier Abschnitte eingeteilt:

• **Die zugeordneten Steine:** Im Rahmen der Entwicklung des Mondschildes wurde entdeckt, daß sich zu jedem Tag Steine finden, deren Wirkung mit der Qualität des Tages übereinstimmt und die uns daher dabei helfen können, die Qualität des Tages besser zu nutzen. Zur Anwendung werden wir im sechsten Kapitel noch Hinweise geben.

Alle in diesem Buch beschriebenen Aussagen zu der Wirkung der Steine wurden mit freundlicher Genehmigung des Autors aus dem »Lexikon der Heilsteine« von Michael Gienger (Neue Erde Verlag) entnommen.

• **Die Qualität des Tages:** In diesem Abschnitt beschreiben wir die eigentliche Qualität jedes einzelnen Mondtages. Obwohl die Beschreibungen recht ausführlich sind und auch mit Beispielen untermauert werden, ist es nicht möglich, alle Ausdrucksformen der einzelnen Mondtage aufzuzeigen. Die hier gemachten

Aussagen sind als Anregungen gedacht und sollen den Leser dazu auffordern, selber erkennen zu lernen, wie welche Mondqualität sich in der Welt und in seinem Leben äußert.

- **Rückenwind für:** Auch die in diesen Abschnitten gemachten Aussagen sind zwangsläufig nicht vollständig. Jeder Mondtag unterstützt alle Vorhaben, die eine ähnliche Qualität aufweisen wie der Tag selbst. Diese lassen sich nicht vollständig auflisten, so daß wir zu eher allgemeinen Beschreibungen gezwungen wurden. Abermals fordern wir Sie als Leser auf, sich eigene Gedanken zu machen und selber die Qualitäten der Viertel mit denen der Archetypen zu kombinieren. Mit etwas Übung fällt es bald sehr leicht, eigenständige Zuordnungen zu treffen.
- **Der jeweilige Tag im Geburtshoroskop:** Anhand des eigenen persönlichen Geburtshoroskopes läßt sich mit Hilfe des Mondschildes leicht bestimmen, welche Tagesqualität zum Zeitpunkt der eigenen Geburt vorgeherrscht hat. Wie das gemacht wird, wird im sechsten Kapitel erläutert. Die Qualität des entsprechenden Tages zeigt sich in unserem Leben in der Art und Weise, wie wir auf bestimmte Stimmungen reagieren. Darüber hinaus ist der »Mondtag unserer Geburt« ein Tag, der für uns eine größere Wichtigkeit hat als die anderen Tage. Wann immer dieser Tag im Mondkalender wiederkehrt, lohnt es sich für uns, besonders genau zu schauen, was sich an diesem Tag ereignet und welche Auswirkungen das auf unser Leben haben könnte. Im Grunde handelt es sich bei diesem Tag um den Beginn unseres persönlichen Mondzyklus.

Das erste Viertel: Erschaffen
(Vorbereitung, Planung, Entwicklung)

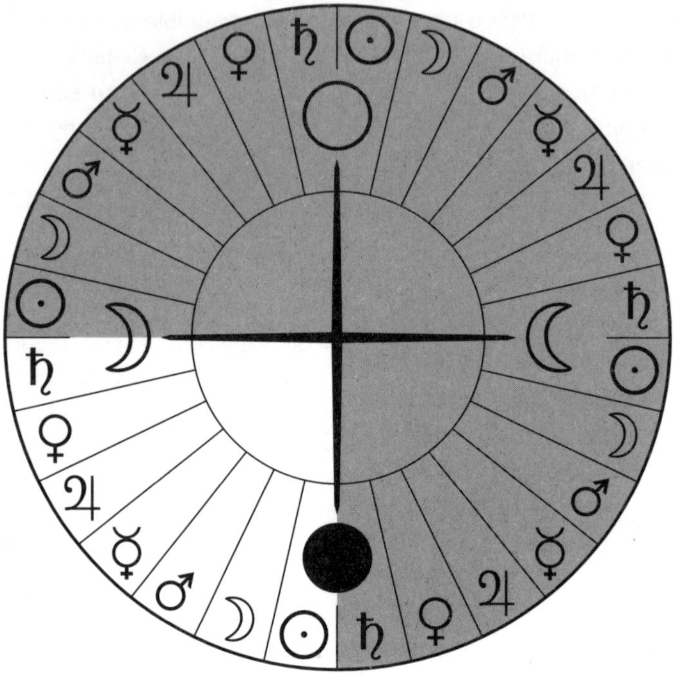

Die Sonne im Erschaffen ☉

Zugeordnete Steine

Obsidian	schwarzer Vulkanstein, verstärkt den Fluß der Lebensenergie;
Edelopal	gibt Spontaneität und Lebensfreude, stärkt das kreative Chaos
Rubellit	roter Turmalin, gut bei Mangel an Ideen, macht geistige Entwicklungen dynamisch und flexibel

Die Qualität des Tages: Eine Idee entsteht

Heute ist der erste Tag des neuen Zyklus, der Tag des Beginnens. Die Sonne, die Urkraft des Seins und der Schöpfung, steht in der Qualität des Erschaffens. Jetzt ist der Zeitpunkt für jeden Neubeginn, für das Sprudelnlassen von Ideen, für Brainstorming-Konferenzen und für jede Form von Kreativität. Dieser Tag ist nur bedingt zum Handeln geeignet. Jedes Tun sollte aufgrund von Impulsen, von »Eingebungen« erfolgen und nicht aufgrund fester Vorhaben und Pläne stattfinden. Wir haben heute die Möglichkeit, wirklich neue Dinge in unser Leben hineinzulassen und eine ganz neue Sichtweise der Welt zu gewinnen. Die Sonne im Erschaffen ist nach außen hin noch nicht sichtbar. Sie steht am tiefsten Punkt ihrer Bahn. Dies ist der Zeitpunkt, wenn die Nacht am dunkelsten ist, weil genau dann der Keim für den neuen Tag gelegt wird. Im Leben eines Menschen ist dies der Zeitpunkt der Zeugung, die nach außen ja auch eine lange Zeit noch nicht sichtbar ist. Im Jahreslauf ist jetzt die Zeit nach Mittwinter, wenn die Sonne ihren tiefsten Stand durchreist hat und gerade wieder beginnt, aufzusteigen und einen neuen Zyklus in Angriff zu nehmen.

Wenn wir die Kraft dieses Tages wirklich nutzen wollen, dann brauchen wir Ruhe und Aufmerksamkeit. Wir sollten alle Impulse und Ideen, die uns heute kommen, wahrnehmen und beobachten. *Die Sonne tut nicht, sie ist einfach da!* Das bedeutet, daß wir nicht hektisch jeder neuen Idee hinterherrennen sollten. Heute ist ein Tag, an dem wir aus uns selbst heraus strahlen. Nur unsere eigenen Idee und Impulse sind interessant, nur das, was aus uns selbst heraus entspringt.

Heute können wir uns auf unsere ureigenen Kräfte und Ziele besinnen. Wir können herausfinden, welche der Ziele, die wir in unserem Leben verfolgen, wirklich die unseren sind. Wir können feststellen, ob wir ihnen in unserem Leben genug Platz und Zeit einräumen oder ob wir uns hauptsächlich damit beschäftigen, den Anforderungen anderer zu genügen. Wenn das letztere der Fall ist, können wir den heutigen Tag dazu nutzen, um uns aus Fremdbestimmungen und Abhängigkeiten zu lösen, einfach indem wir uns nicht mehr nach äußeren Maßstäben richten. Aber Vorsicht: Der Sonnentag unterstützt nur den Prozeß der Bewußtwerdung. Die vielleicht notwendigen Kämpfe sollten besser an einem Marstag ausgefochten werden.

Es geht heute ausschließlich darum, daß wir uns über unsere inneren Impulse überhaupt erst einmal klar werden. Den Rest dieser »Woche« verbringen wir dann damit, zu sehen, wie sie sich verwirklichen lassen. Die Sonne steht für das Bewußtsein. Heute werden uns die neuen Impulse, die am Neumond entstanden sind, zum ersten Mal bewußt. Dadurch können wir erst erkennen was unser Eigenes ist und was nicht zu uns gehört. Wenn wir dabei auch noch verstehen, was wir von anderen übernommen haben oder was uns von außen aufgedrängt wurde, dann haben wir einen großen Entwicklungsschritt hin zu mehr Bewußtsein getan.

Projekte, die heute begonnen oder ausgeführt werden sollten, sind solche, bei denen erst der Keim gelegt werden muß. Wenn die grundlegende Idee selbst noch nicht da ist, nur das Wissen: »Irgend etwas müßte es geben!«, dann ist heute die Zeit gekommen, daß wir uns über dieses »irgend etwas« bewußt werden. Auf diese Art und Weise können wir überhaupt erst den Raum dafür schaffen, daß in unserem Leben etwas Neues geschieht.

Rückenwind für:
Wünsche, Ideen, Impulse entstehen lassen; sehen was Freude bereitet; Ziele setzen, die Vergnügen und Gewinne bringen; eine neue Idee wahrnehmen; einfach da sein; sich kreativ fühlen; Impulsen und Eingebungen folgen; zufrieden zu sein; Tag der Einfachheit und des Nichthandelns.

Die Sonne im Erschaffen im Geburtshoroskop
Wenn zum Zeitpunkt unserer Geburt ein Tag der Sonne im Erschaffen vorherrschte, dann besitzen wir sozusagen ein »kreatives Unterbewußtsein«. Wir fühlen unentwegt neue Ideen in uns sprudeln und können neue Entwicklungen leicht wahrnehmen und verstehen.

Wir haben einen großen Drang dazu, uns unabhängig zu fühlen, und werden von Ideen und Idealen der individuellen Freiheit stark angezogen. Wir fühlen in uns immer den Drang, unser Leben von anderen unbeeinflußt zu verwirklichen.

Zugeordnete Steine

Chrysopal	wirkt stimmungsaufhellend und hilft zurückgehaltene Gefühle auszudrücken, befreit von Beklemmungen
Girasol	bringt verborgene Ideen ans Licht
Mondstein	fördert Einfühlungsvermögen und Intuition

Die Qualität des Tages: Ein Gefühl für die Idee entsteht

Heute ist der zweite Tag des neuen Zyklus. Es ist der Tag des Mondes, also der Gefühle und des Unterbewußten. Es ist auch ein Tag des Annehmens, des Auf-sich-zukommen-lassens und Erspürens. Gestern entstanden die neuen Impulse und Ideen, heute erfühlen wir sie.

Wir »begutachten« das Neue aus dem Blickwinkel des Mondes heraus. Es entstehen Gefühle, die mit der neuen Idee zusammenhängen. Diese Gefühle stehen in Zusammenhang mit unseren früheren Erlebnissen. Je nachdem, was für Erfahrungen wir bisher in unserem Leben gemacht haben, fühlen wir uns mit der neuen Idee entweder gut oder schlecht. Wir verbinden das Neue (die Idee des Sonnentages) mit dem Alten (unseren früheren Erlebnissen), und auf diese Weise entstehen Wertungen. Mit einem mal ist die Idee nicht mehr nur etwas Neutrales, etwas, was unabhängig von unserem Leben ist, sondern sie bekommt für uns eine persönliche Bedeutung.

Von den vielen neuen Impulsen, die am Neumond in die Welt kamen und uns bewußt geworden sind, empfinden wir nur einige als gut, angenehm oder förderlich. Andere hingegen erscheinen uns unangenehm, störend oder hinderlich. Das sind diejenigen, die wir uns nur vorzustellen brauchen, damit es uns innerlich schüttelt. Aus der allgemeinen, neutralen Idee wird nun unsere persönliche. Dies ist sehr wichtig, da wir in unserem Leben nur Ideen verwirklichen möchten, die uns persönlich betreffen. Kaum ein Mensch hat den Wunsch, Zeit und Energie für Projekte zu opfern, die seinem Gefühl nach nichts mit ihm zu tun haben.

Daher müssen wir Ideen erspüren und bewerten, um fühlen zu können, welche der Wege und Möglichkeiten, die sich für uns auftun, für uns hinderlich oder gar schädlich sind. Eine Idee zu verfolgen, die mit unserem Leben nichts zu tun hat, wird uns wohl schwerlich dabei helfen, unser Lebensziel zu erreichen, den Sinn unseres Daseins zu entdecken und ein ausgefülltes und glückliches Leben zu führen. Gerade bei der Berufswahl, bei der wir ja nicht nur über unser künftiges Einkommen, sondern auch über einen großen Teil unserer bewußt verbrachten Lebenszeit entscheiden, neigen wir oft dazu, den Gefühlsaspekt zu vernachlässigen. In der Folge gibt es heutzutage unzählige Menschen, die das Gefühl haben, einer sinnlosen Tätigkeit nachzugehen, die mit ihrem eigenen Leben gar nichts zu tun hat. Am heutigen Tag können wir die neuen Ideen in Beziehung zu unserem Leben setzen. Dadurch erst können wir wahrnehmen, was sie wirklich für uns bedeuten.

In einer Schwangerschaft ist der zweite Tag der Moment, in dem die Mutter fühlt, daß sie schwanger ist. Am ersten Tag war sie sich dessen bewußt, daß eine Zeugung stattgefunden hat (oder haben könnte), aber jetzt weiß sie es, weil sie fühlt, wie sie sich verändert. Die *neutrale Idee* »Zeugung« wird jetzt in Bezug zu ihrem Leben gesetzt und löst natürlich die unterschiedlichsten Gefühle aus. Das Geschehen, die Idee, der Keim wird Teil ihres eigenen Lebens und beginnt sich auszuwirken.

Der heutige Tag eignet sich sehr gut dazu, uns mit unseren Gefühlen auseinanderzusetzen und im möglicherweise vorhandenen Gefühlschaos die ursprüngliche Idee und somit unseren inneren Wunsch wiederzufinden.

Rückenwind für:
Bilder der eigenen Ziele entwickeln, Brainstormings, Phantasie (keine Überprüfung der Realität – der Phantasie freien Lauf lassen); sich selbst fühlen lernen: »Wer bin ich?« und »Was gehört zu mir?«; innere Bilder entdecken; spontan aus dem Gefühl heraus handeln.

Der Mond im Erschaffen im Geburtshoroskop
Mit dieser Mondbetonung im Horoskop ist es für uns besonders wichtig, uns nicht von unseren inneren Wünschen und Zielen abbringen zu lassen. Wenn wir uns nicht sehr klar sind über unsere Vorhaben und Ideale, dann neigen wir dazu, uns von jedem neuen Impuls, von jeder an uns herangetragenen Idee, begeistern und ablenken zu lassen. Als Stärken besitzen wir im Gegenzug ein sehr tiefes Einfühlungsvermögen und eine ausgezeichnete Intuition, die es uns erlaubt, bei neuen Idee auf Anhieb ihre ganzen Auswirkungen zu begreifen.

Der Mars im Erschaffen ♂

Zugeordnete Steine

Mookait	bringt geistige Flexibilität und seelische Ausgeglichenheit
Amazonit	harmonisiert Intuition und Verstand, verstärkt die Kontrolle über das eigene Leben
Spinell	gibt Beständigkeit, wenn man zu schnell aufgibt
Biotit	motiviert dazu, Ideen in die Tat umzusetzen

Die Qualität des Tages: Der Entschluß zur Tat

Jetzt ist die Zeit gekommen, den Entschluß zum Handeln zu fassen. Im Falle einer Schwangerschaft wäre es die Zeit dafür, sich um die Kindersachen zu kümmern und über ein Babybett Gedanken zu machen. Beim Hausbau wäre jetzt der Moment gekommen, den Bauplan zu zeichnen, die Kalkulation zu machen und gegebenenfalls die Handwerker anzuheuern.

Heute ist der Tag, an dem wir uns dazu entschließen, ein bestimmtes Projekt in Angriff zu nehmen. Da das erste Viertel die Zeit der Planung ist, treffen wir jetzt alle Vorkehrungen, die notwendig sind, damit das Projekt umgesetzt werden kann.

Der Marstag ist aber auch immer ein Tag des Handelns. Er hat die Qualität des Tuns. Nachdem am Sonnentag die Idee selbst entstanden ist und am Montag die zugehörigen Gefühle aufgetaucht sind, ist es nun an der Zeit, Nägel mit Köpfen zu machen. Wir sitzen nicht nur still und ruhig zu Hause am Schreibtisch und denken: »Ja, das möchte ich machen!«, sondern beginnen sofort: Wir schmieden Pläne und lassen die Gedanken durch unseren Verstand purzeln, oder wir gehen gleich zum nächsten Tag über und beginnen damit, unsere Idee anderen mitzuteilen. Beim Beispiel der Steinheilkundetage folgte auf den Entschluß, sie zu verwirklichen (Mars), gleich der Griff zum Telefon: »Wann habt Ihr mal Zeit für ein Treffen?« (Kommunikation = Merkur – der nächste Tag!).

Der heutige Tag ist schnell, voller klar gefaßter Entschlüsse und dem Wunsch, etwas zustande zu bringen. Er eignet sich hervorragend dazu, Planungen zu entwerfen und Strategien zu entwickeln. Eine Konferenz zur Marketingstrategie eines neuen Produktes sollte *jetzt* stattfinden. Die Atmosphäre dieses Tages ist voller Elan, und niemals sonst läßt sich der Entschluß, im Leben neue Wege zu gehen, so leicht fassen wie heute.

In unserem persönlichen Leben können wir diesen Tag dazu nutzen, unsere eigenen Vorhaben in konkreten Plänen zu gestalten oder uns Hilfe zu suchen. Wenn wir Schwierigkeiten dabei haben Pläne, zu konkretisieren oder Handlungen zu beginnen, sollten wir besonders darauf achten, diese am heutigen Tag mit anderen durchzusprechen. Heute fällt es leicht, Dinge und Geschehnisse in Gang zu setzen. Die schlummernde Idee will einen Raum, eine Gestalt und eine Richtung bekommen. Alles, was hierfür von Nutzen ist, sollte am Marstag im Erschaffen getan werden.

Der Mars ist die Kraft des Handelns und des Antriebs, er trägt unsere Lebensenergie in die Welt. Der Frühlingsanfang mit seinem beginnenden Wachsen und Knospen und der aufwallenden Lebenskraft ist die Jahreszeit des Mars. Diese ungeheure starke Energie kann uns heute dazu dienen, einen Neubeginn zu machen, Pläne zu entwerfen und Neues in unser Leben zu integrieren. Dieser dritte Tag des Mondzyklus entscheidet letztendlich über den Verlauf des ganzen Projektes. Wenn wir heute mit genug Energie und Tatendrang unser Vorhaben planen und durchdenken, so schaffen wir die optimalen Voraussetzungen für ein gutes Gelingen.

Rückenwind für:
alle *vorbereitenden* Tätigkeiten: Organisieren, Arbeitsplatz einrichten, Raum (und Zeit) schaffen um tätig werden zu können; aktives Entschließen; »Tag der Entscheidungen«.

Der Mars im Erschaffen im Geburtshoroskop
Mit dieser Tagesqualität im Horoskop sind wir sehr entschlußfreudig. Wir können uns leicht und schnell entscheiden und auch die notwendigen Schritte einleiten, um diese Entscheidungen umzusetzen. Auf der anderen Seite aber fällt es uns oft schwer, Menschen zu verstehen, die diese Fähigkeit nicht besitzen. Auch neigen wir durchaus zu übereilten Entschlüssen, ungeachtet dessen, ob sich diese verwirklichen lassen.

Der Merkur im Erschaffen ☿

Zugeordnete Steine

Chalkopyrit	regt Neugier und Forschergeist an
Chiastolit	hilft, die eigene Lebensaufgabe zu entdecken und zu verwirklichen
Fluorit	erleichtert Neuanfänge im Leben
Lepidolith	fördert Eigenständigkeit und Selbstdisziplin

Die Qualität des Tages: Gemeinsames Planen

Der vierte Tag jedes Viertels ist der Merkurtag, der Tag des Denkens und des Kommunizierens. In der Schwangerschaft ist dies die Zeit, in der die Eltern damit beginnen, über ihr Kind zu reden, Erfahrungen auszutauschen und vielleicht schon Schwangeren- oder sogar Babygruppen zu gründen. Jetzt, nachdem die Eltern den Entschluß (= Mars) gefaßt haben, ihr Leben auf das Kind auszurichten, dürfen bzw. sollen andere davon erfahren, daran teilhaben und ihre Meinung dazu mitteilen.

Heute wird das neue Projekt bekanntgegeben. Bei der Planung von öffentlichen Vorhaben werden jetzt die Pläne veröffentlicht, und die Betroffenen haben – zumindest theoretisch – die Möglichkeit, Einspruch zu erheben oder Änderungen einzubringen. Beim Hausbau werden jetzt die Pläne noch einmal durchgesprochen und mit den Wünschen des Bauherrn abgestimmt. Jetzt ist die Zeit der Bekanntmachung.

An diesem Tag müssen wir uns mit unserer Umwelt auseinandersetzen. Dazu gehört auch, daß wir uns mit den äußeren Bedingungen, Möglichkeiten und Einschränkungen auseinandersetzen. Oft ändern wir die Pläne durch fruchtbare Anregungen. Oft müssen wir sie ändern, weil ihnen äußere Hindernisse entgegenstehen.

Jetzt begegnen uns die Schwachstellen in unseren Vorhaben. Beim Schreiben eines Buches ist dies der Zeitpunkt, an dem der Autor begeistert von seiner Idee erzählt. Die Reaktion der Zuhörer gibt ihm nun wichtige Hinweise darauf, wie seine Idee von ihnen gesehen wird. Auch werden heute die Informationen gesammelt, aus denen das Buch später entstehen wird.

Gerade jetzt ist es sehr wichtig, daß wir unser ursprüngliches Ziel nicht aus den Augen verlieren und daß wir es uns nicht ausreden lassen. Wir müssen entscheiden, inwieweit wir unsere Pläne ändern und sie an äußere Gegebenheiten anpassen. Dabei haben wir darauf zu achten, daß wir trotz aller notwendigen Änderungen unser ursprüngliches Ziel weiterverfolgen können; also darauf, daß wir nur die Form der Ausführung ändern, nicht aber die dahinterliegende Absicht. Gleichwohl ist es der Zeitpunkt, an dem wir unrealistische Pläne als solche erkennen und aufgeben sollten. Noch haben wir nicht zu viel Zeit und Energie hineininvestiert, um uns ihre Unmöglichkeit einzugestehen.

Am vorangegangenen Marstag sind wir unter Umständen auch schon mit anderen in Kontakt getreten und haben ihnen unsere Pläne unterbreitet. Dabei haben wir sie aber entweder von unserer Idee überzeugen wollen oder Mitstreiter gesucht, die die Idee gemeinsam mit uns durchführen. Jetzt, am Merkurtag, suchen wir nicht nur Mitstreiter, sondern auch Kritiker. Wir beschäftigen uns nicht mehr nur damit, wie wir unser Ziel erreichen können, sondern auch mit dem, was ihm entgegensteht. Merkur arbeitet mit anderen zusammen, Mars setzt sich durch.

Heute ist der ideale Tag um Kritik anzunehmen und sie dazu zu nutzen, Pläne zu verbessern. Wirtschafts- und Unternehmensberatungstermine ebenso wie Existenzgründungsseminare oder auch nur private Gespräche über unsere Lebenssituation sollten an einem Merkurtag in Erschaffen stattfinden und können uns – wenn wir unsere ursprüngliche Absicht nicht aus den Augen verlieren – ein gutes Stück weiterhelfen.

Rückenwind für:

Planung, Aufgabenverteilung; Absprachen; Verbindungen knüpfen; (konstruktive) Kritik üben bzw. annehmen; die Realisierbarkeit von Ideen und Projekten überprüfen; den eigenen Lebensweg finden und weiterverfolgen; Fähigkeit zu jedweder Art von Kommunikation entdecken und stärken; lernen verschiedenartige Vorhaben miteinander zu verbinden; starke gemeinsame Ideen entwickeln.

Der Merkur im Erschaffen im Geburtshoroskop

Wenn dieser Tag zum Zeitpunkt unserer Geburt vorherrschte, dann fällt es uns leicht, Gespräche zu beginnen und mit anderen in Kontakt zu treten. Wir haben ein Gespür dafür, wie man Kommunikation, Gemeinsamkeit und Austausch erreicht, und es fällt uns leicht, andere mit einander in Kontakt zu bringen. Gemäß dem Thema dieses Tages können wir Kritik üben und auch annehmen, lassen uns aber leicht von unserer ursprünglichen Idee ablenken und für etwas anderes begeistern. Oft ist unsere Gefühlswelt nicht sehr beständig, und wir lassen uns leicht durch neue Impulse ins Schwanken bringen.

Der Jupiter im Erschaffen ♃

Zugeordnete Steine

Dioptas	fördert Phantasie, Ideenvielfalt und Kreativität
Rutilquarz	vermittelt Hoffnung und neue Visionen
Sodalith	fördert Idealismus, Wahrheitsstreben und Bewußtheit

Die Qualität des Tages: Ziele setzen

Der Jupiter ist der Archetypus der Ausdehnung. Jetzt geht es darum, unsere Unternehmungen zu vergrößern und ihnen Raum zu geben. Heute sollten wir die Ziele setzen, die wir erreichen wollen. Je greifbarer und konkreter diese Ziele sind, desto leichter fällt es uns, sie zu verwirklichen.

Beim Setzen unserer Ziele geht es darum, unser Vorhaben unter einem größeren Gesichtspunkt zu sehen. Damit ist einerseits gemeint, daß wir unsere Pläne vergrößern und ausweiten, bis sie wirklich alles enthalten, was wir uns wünschen. Zum Jupiter gehören aber auch die Weltanschauung und die Philosophie. Beim Setzen von Zielen ist es wichtig, die Welt um uns herum in unsere Planung mit einzubeziehen, also eine »Übersicht« über die Welt, einen Blick von oben zu gewinnen. Ansonsten wird unsere Planung aufgrund eines Mangels an Wirklichkeitssinn scheitern.

Am Beispiel eines Buches ist sich dies leicht zu verstehen. Wenn ein Buch auf einer stimmigen Weltsicht beruht, die viele Menschen nachvollziehen und teilen können, so wird es leicht verständlich sein und daher auch besser verkauft werden, als wenn es aus einer selbstgestrickten und verworrenen Philosophie entstanden ist, die nicht einmal der Autor selbst noch nachvollziehen kann.

Bei einer Schwangerschaft existieren beide Komponenten: Zum einen gehört zum heutigen Tag das nach außen hin sichtbare, körperliche Wachstum des Kindes, von der ersten kleinen Rundung der Bauchdecke bis zum deutlich sichtbaren kugelrunden Bauch der Mutter. Zum anderen aber haben die Eltern jetzt die Aufgabe, das kommende Kind in ihr Leben und ihre Sicht der Welt zu integrieren.

Sie sollten also innerlich mit dem Kind mitwachsen, um ihre Elternrolle wirklich ausfüllen zu können. Dadurch gewinnen sie an innerer Größe, die das Ziel jeden Wachstums ist.

Heute sollten wir uns daran erinnern, daß wir mit allen anderen Wesen auf der Welt verbunden sind, und unsere Planungen und unsere Ziele daraufhin ausrichten, was sie für andere bedeuten. Dies heißt nicht, daß wir nur Ideen verfolgen dürfen, die *allen* Menschen guttun. Auch nicht, daß wir nichts tun dürfen, was andere stört oder einschränkt. Dies ist wahrscheinlich gar nicht möglich, und außerdem wachsen viele Menschen an äußeren Einschränkungen. Zum Beispiel kann es in einer Partnerschaft für einen Partner zeitweilig schwierig und einschränkend sein, wenn der andere seine Ziele und seinen Lebensweg unbeeinflußt von dessen Wünschen verfolgt. Die Lösung dafür wäre aber nicht, daß der zweite Partner all seine Pläne aufgibt. Vielmehr fordert diese Situation beide dazu auf, Kompromisse einzugehen, verständig zu sein und an dem jeweils anderen zu wachsen und sich so nicht mehr einschränken zu lassen.

Wir sollten uns dessen *bewußt* werden, welche Auswirkungen unser Handeln haben wird und unsere Pläne so gestalten, daß diese unserer ursprünglichen Absicht nicht widersprechen. Der meiste Schaden, den Menschen verursachen, entsteht nicht aus Böswilligkeit, sondern daraus, daß wir unsere Wünsche und Ziele nicht konsequent durchdenken und daher ihre Auswirkungen falsch oder gar nicht einschätzen. Der Jupitertag im Erschaffen ist der Tag, an dem wir die Absicht der Größe für uns und unsere Vorhaben in die Welt setzen, und an dem wir an unseren Plänen und Ideen wachsen können.

Im Falle des neuen Produktes wäre es jetzt an der Zeit, sich eine möglichst umfassende Übersicht über die Verbraucherwünsche und die Konkurrenzprodukte, aber auch über die Absatz- und die Vertriebsmöglichkeiten zu verschaffen. Im Falle des Hausbaus ist nun die Zeit gekommen in der die Einzelprojekte der Planungsphase zu einem Gesamtplan zusammengefaßt werden, der auch die Ablaufkoordination und den Zeitplan des Baus enthält.

Rückenwind für:

klare Zielvorgaben setzen, an denen Erfolge gemessen werden können; Pläne und Ideen vergrößern und umfassender gestalten, so daß äußere Widerstände einfach in das laufende Projekt einbezogen werden und es vielleicht sogar stärken.

Der Jupiter im Erschaffen im Geburtshoroskop

Mit dieser Mondbetonung neigen wir sehr stark dazu, uns großartig zu fühlen, wenn wir etwas Neues beginnen. Wir fühlen uns größer und weiter, je mehr Projekte wir anfangen. Das mögliche Problem liegt klar auf der Hand: Wir wachsen nur dann wirklich an dem, was wir tun, wenn wir auch in der Lage sind, es wieder zu beenden. Ansonsten verzetteln wir uns in lauter nicht verwirklichten Plänen.

Die Venus im Erschaffen ♀

Zugeordnete Steine

Topas	Stein der Selbstverwirklichung, hilft, den eigenen inneren Reichtum zu entdecken
Kupfer	fördert den Sinn für Ästhetik, Schönheit und Gerechtigkeit
Malachit	macht Gefühle, innere Bilder, Wünsche und Sehnsüchte bewußt
Pinkopal	befreit von Schüchternheit, Scham und Hemmungen
Turmalin	hilft, Entwicklungen zu steuern und auf harmonische Weise zu beschleunigen

Die Qualität des Tages: Ausschmücken der Pläne

Am heutigen Venustag bewegen wir uns weg vom Zweck- und Zieldenken hin zu Schönheit und Harmonie. Heute begutachten wir unsere Pläne und versuchen nicht, sie zu verbessern, sondern zu verschönern! Es geht nicht mehr ums Funktionieren sondern einzig und allein um Ästhetik und Aussehen. Diese Phase wird kaum noch gelebt, ist Schönheit doch teuer und nutzlos. Genau das ist jedoch das Ziel der Venus: All die vielen kleinen Nutzlosigkeiten, die wir uns nur in die Wohnung stellen, um uns an ihrer Schönheit zu erfreuen. Liebevoll gestaltete Räume, der wunderschön dekorierte Festtagstisch oder die fein verzierte Torte. All dies sind Dinge der Schönheit, und als solche dienen sie der Venus, die es nicht kümmert, daß die meisten von ihnen nicht von Dauer sind.

Beim Hausbau wäre es jetzt an der Zeit den Fassadenschmuck oder die Stuckdecken einzuplanen, zu schauen, wo das Haus noch zu eckig, kantig oder ungemütlich wirkt, und dafür zu sorgen, daß aus dem Objekt »Haus« ein persönliches »Heim« wird. Orte der Ruhe und des Genießens entsprechen den Wünschen der Venus, Plätze an denen wir es uns einzeln oder gemeinsam gutgehen lassen können. So sollte jede Wohnung und jedes Haus einen oder mehrere Plätze enthalten, die nur der Entspannung und dem Genießen dienen, damit wir Menschen wieder ein Gefühl dafür bekommen, daß unser Leben lebenswert sein kann.

In der Schwangerschaft ist der Venustag schlecht wahrnehmbar, weil er sich über die gesamte Zeit verteilt. Die Venuszeit ist immer dann, wenn die Eltern – besonders aber die Mutter – in Harmonie mit dem Schwangersein sind. Wenn die Eltern sich darüber freuen, daß ein neuer Mensch zu ihnen kommt und ihr Leben teilen möchte, und wenn sie ihre neuen Rollen und ihr neues Leben, das jetzt auf sie zukommt, voll und ganz genießen können. Ohne sich Sorgen zu machen, ob sie diesen Anforderungen gewachsen sind, und ohne vor sich oder anderen begründen zu müssen, warum sie ein Kind haben wollen. All diese Momente entsprechen der Venus im Erschaffen.

Der Venustag folgt auf den Jupitertag. Unsere Pläne sind nun gereift und Teil einer größeren Sicht der Welt geworden, in der nicht nur Platz für uns selbst ist, sondern auch für unsere weitere Umgebung. Nun geht es darum, daß wir die Umgebung schön gestalten und daß wir sie in Harmonie mit der Welt bringen, damit sich ein ausgewogenes und rundes Gesamtbild ergibt. Auch am heutigen Tag ist die Gefahr sehr groß, daß wir vor lauter Streben nach Harmonie und Ausgleich unser ursprüngliches Ziel »wegharmonisieren«. So ist es auch jetzt wieder sehr wichtig, daß wir uns unsere ursprüngliche Absicht vergegenwärtigen und erst dann schauen, wie sich Harmonie und Ästhetik, Ausgleich und Schönheit, Genießen und Lebendigsein verwirklichen lassen.

In unserem täglichen Leben sollten wir diesen Tag dazu nutzen, uns damit zu beschäftigen, ob wir uns in unserem Leben auch mal etwas Gutes tun. Wir sollten Zeit und Raum für uns selbst, für das Genießen und für unnütze, nicht zielbringende Vorhaben in unser Leben einbauen. Der Einkaufsbummel und das sinnlose Geldausgeben sind ebenso Venusvorhaben wie das Malen eines Bildes und das Erlernen eines Musikinstrumentes. Heute ist der Tag, an dem wir wahrnehmen können, ob die schönen Künste genug Platz in unserem Leben haben – oder, wenn nicht, wie sich das ändern läßt.

Rückenwind für:

Werbung; Präsentieren der schönen Seiten; Verzierungen und Schmuck entwerfen; Pläne und Projekte verschönern und in Einklang mit der Umgebung gestalten

(Es existiert kein natürlich entstandenes Gebilde, das häßlich ist, das gibt es nur bei von Menschen gemachten Dingen).

Die Venus im Erschaffen im Geburtshoroskop

Diese Mondbetonung sorgt dafür, daß es uns leicht fällt, Schönheit und Ästhetik in allem, was um uns ist, zu fühlen und wahrzunehmen. Auch ist es uns sehr wichtig, unsere eigenen Vorhaben nicht zweckmäßig zu gestalten, sondern bei ihnen ein gutes Aussehen und ein harmonisches Gefühl einzuplanen. Dinge zu entwerfen, die nicht unserem Sinn für Schönheit entsprechen, ist für uns völlig unvorstellbar. Auch haben wir die Fähigkeit, die Welt mit »Künstleraugen« wahrzunehmen.

Der Saturn im Erschaffen ♄

Zugeordnete Steine

Alexandrit	stärkt die Intuition, wenn die Logik versagt; steigert die eigene Kreativität
Beryll	fördert Sorgfalt und systematisches Vorgehen, hilft bei Antriebslosigkeit
Chrysoberyll	stärkt Aufrichtigkeit, Selbstdisziplin und Selbstbeherrschung

Die Qualität des Tages: Konkretisieren der Planung

Heute ist der Tag, an dem wir die Planungsphase beenden. Der Saturn steht für die Grenze und das Ende. Heute beenden wir die Zeit des Erschaffens. Bei einer Schwangeren setzen jetzt die Wehen ein und beim Hausbau sind alle Pläne fertig.

Der Saturn beendet einerseits die Planungszeit. Andererseits schränkt er die Pläne auf das Wesentliche ein. Nachdem wir am Venustag allerlei Spielereien und Schnickschnack zu unserem Haus hinzugefügt haben, prüfen wir nun, ob es nicht zuviel des Guten war und ob wir das alles überhaupt bezahlen können. Und natürlich auch, ob wir noch unsere ursprüngliche Absicht verfolgen oder ob wir uns von Venus' Tändeleien schon in die Irre haben führen lassen.

Der Saturn steht für die Prüfungen, die wir immer bestehen müssen, wenn wir uns von einem Lebensstadium in ein anderes begeben. Auch ist jeder Übergang in eine neue Lebensphase mit einem Verlust verbunden. Etwas Altes endet, damit Neues entstehen kann. So endet jetzt die Schwangerschaft, und auf die Mutter und das Kind wartet die Prüfung der Geburt. Diese Prüfung wird erst zeigen, ob das neue Lebewesen für sich alleine leben kann.

Auch im Bereich der Produktplanung finden nun die letzten Prüfungen statt, bevor mit der Produktion begonnen wird. Hier kann es passieren, daß bei einer letzten Kostenüberprüfung das Produkt noch vor der Herstellung gestoppt wird, weil die Rechnungsabteilung herausgefunden hat, daß sich die Idee nicht rechnet. Jeder Saturntag ist ein Tag der Einschränkung und der Konzentration, an dem wir uns selbst beschränken und unsere Grenzen erkennen müssen.

Wir sollten den Saturntag im Erschaffen dazu nutzen, uns in Ruhe hinzusetzen und alles, was wir bisher geplant haben, noch einmal zu überprüfen. Ruhe und Langsamkeit sind dabei die beiden wichtigsten Richtlinien. Der Saturn verlangsamt, reduziert und beendet; und wenn wir dagegen ankämpfen, werden wir den gleichen Erfolg erzielen, wie wenn wir ein Hochgebirge mit bloßen Händen verschieben wollen.

Auch beim Autofahren ist an allen Saturntagen Vorsicht geboten. Die Unfallwahrscheinlichkeit ist bei flottem, zielstrebigem Fahrstil sehr hoch, der ganze Verkehrsfluß ist zäh und langsam, und nichts scheint voranzugehen. Dies ist auch bei unserer Planung der Fall. Bis hierher lief alles wie geschmiert, und jetzt, kurz bevor wir loslegen könnten, türmen sich eins ums andere die Hindernisse auf. Der Saturntag fordert uns auf, alle unsere Ziele und Pläne noch einmal zu überdenken. Wir sollen uns auf das Wesentliche konzentrieren und nicht von unserem Weg abweichen. Alle Versuche, ungenau und schnell zu handeln oder kleine Fehler in der Planung zuzudecken, führen automatisch dazu, daß wir uns immer mehr in Schwierigkeiten verstricken. Der Saturn fordert von uns Präzision und Genauigkeit; daß wir alle unsere Energie auf ein Ziel ausrichten, nur eine Sache zur gleichen Zeit durchdenken und diese auch zu Ende bringen.

Heute sollten wir uns von allem lösen, was wir meinen tun zu müssen, und uns ausschließlich auf die derzeitigen Gegebenheiten konzentrieren. Heute können wir große Fehler vermeiden, die später zu einem Scheitern unserer Pläne führen würden. In unserem Alltag sollten wir den heutigen Tag zur Lebensschau nutzen, um zu sehen, welche Dinge wir lange genug bedacht haben und endlich in die Tat umsetzen sollten.

Rückenwind für:

Pause, Nichtstun, wenn es nichts zu tun gibt; Pläne prüfen, wenn es ansteht; Perfektion in der Planung erreichen; gründliche Prüfungen aller Gedanken und Zielsetzungen im Leben; Kosten/Nutzen-Kalkulation jeglicher Vorhaben; Übersicht über die Finanzierbarkeit von Projekten gewinnen; sich von unrealisierbaren Wünschen verabschieden.

Der Saturn im Erschaffen im Geburtshoroskop

Diese Mondqualität befähigt uns dazu, Pläne zu Ende zu denken und auf ihren Sinn, Nutzen und die Realisierbarkeit hin zu überprüfen. Wir haben es sozusagen »im Gefühl«, ob etwas gemacht werden kann oder ob die ganze Idee nichts taugt. Daher sind wir hervorragende Ratgeber für Projektentwürfe aller Art. Auf der anderen Seite können wir auch zu perfekt sein und längst abgeschlossene Planungen unnötig in die Länge ziehen, weil wir jedes noch so kleine Detail wieder und wieder überprüfen wollen. Wir würden uns beruflich gut als Oberbuchhalter machen und auch als Sicherheitsbeauftragter für Kernkraftwerke.

Zweites Viertel: Werden

(Tat, Verwirklichung, Wachsen, Erweitern)

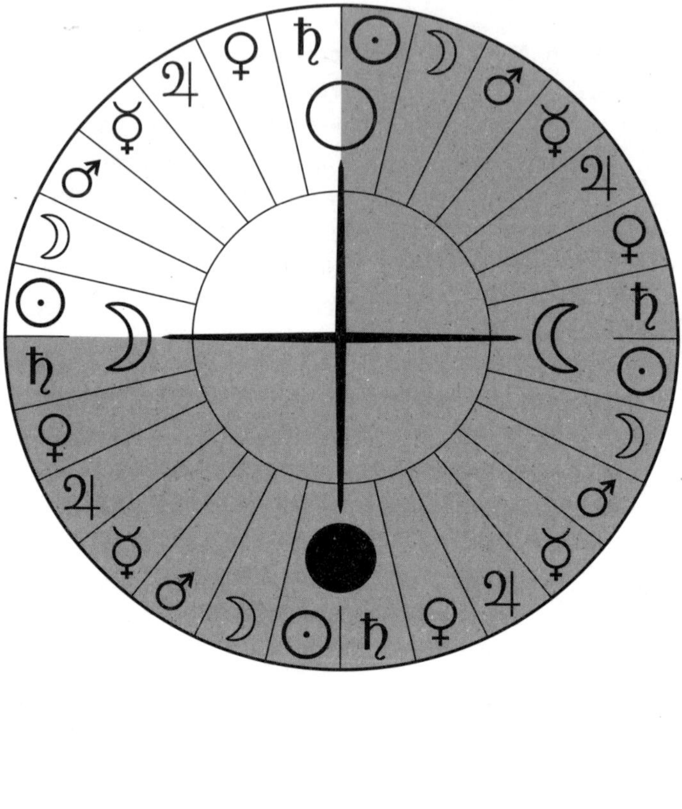

Die Sonne im Werden ☉

Zugeordnete Steine

Gold	bringt innere Wünsche und Sehnsüchte ans Licht, stärkt den eigenen Wesenskern
Feueropal	macht Spontan und Impulsiv
Rubin	fördert Lebensfreude, Leidenschaft, Tapferkeit und Mut
Rhodochrosit	hilft, sich genügend Raum und Zeit für sich selbst zuzugestehen
Thulit	gibt Mut, sich Herausforderungen zu stellen und Schwierigkeiten und Hindernisse zu überwinden

Die Qualität des Tages: Lebensfreude

Mit dem heutigen Tag beginnt das Leben des Kindes, heute ist der Tag der Geburt. Die langen Vorbereitungen sind endlich beendet, und das Projekt startet. Es herrscht Aufbruchsstimmung! Wir machen uns auf, den Gipfel des Berges zu stürmen. Wenn alles so läuft, wie wir es geplant haben, stehen wir am Ende der »Woche« ganz oben.

Der Tag der Sonne im Werden ist wie der Sonnenaufgang eines jeden Tages. Das Neue ist erschaffen worden und wird jetzt in der Welt sichtbar. Die Sonne geht auf und erhellt den Tag mit ihrem Glanz. Der Hausbau beginnt. Der Autor setzt sich (hoffentlich) wohlgemut an den Computer, um all seine Gedanken endlich zu Papier bzw. auf die Festplatte zu bringen. In den Fabriken werden die Maschinen eingerichtet, um das neue Produkt herzustellen.

Heute ist der Tag, an dem wir den Grundstein legen, die Firma gründen. Endlich setzen wir all die Pläne, die wir in der vergangenen Woche geschmiedet haben, in die Tat um. Das Wesen dieses Tages ist pure Freude am Leben. Es gibt kaum andere Momente, in denen wir uns so lebendig fühlen wie beim Beginnen eines neuen Projektes, beim In-die-Tat-Umsetzen einer neuen Idee, bei der Geburt neuen Lebens.

Jetzt beginnt die Verwirklichung unseres Vorhabens. Wir haben die Pläne geschaffen, kontrolliert und überarbeitet, und nun entwickelt sich – dem Wesen der Sonne entsprechend – alles wie von alleine. Es ist Gründerzeit.

Das Wesen des zweiten Sonnentages im Mondzyklus ist, daß unser Handeln nach außen hin sichtbar wird. Wir sind nicht nur da und schauen uns die neuen Impulse an, wie es am ersten Sonnentag geschehen ist. Heute *tun* wir das, was wir für gut und richtig halten, unabhängig von den Notwendigkeiten und Zwängen, die so oft unser Leben bestimmen. Heute zeigen wir unser wahres Wesen nach außen. Wir beginnen unsere Pläne zu verwirklichen und sehen, wie sie wachsen und für die Außenwelt sichtbar werden. Und bei all dem bleiben wir ganz bei uns selbst, bei unseren ureigenen Wünschen und verfolgen unsere wirklichen Ziele.

Der Tag der Sonne im Werden ist die Zeit, in der die kleinen Pflänzchen aus der Erde kommen. Die ersten zarten Ansätze dessen, was in Zukunft sein wird, erscheinen und sind nach außen hin sichtbar. Sie enthalten jedoch schon all das, was später das vollendete Projekt ausmachen wird. Im gewissen Sinne ist im Grundstein schon das ganze Haus enthalten, genau wie die ersten Blättchen der neuen Pflanze bereits die ganze zukünftige Form des ausgewachsenen Baumes erahnen lassen. Wir setzen jetzt die Grundlagen, aus denen später alles entsteht.

Der heutige Tag hat die Eigenschaft, künftige Entwicklungen sehr weitgehend zu bestimmen. Die Art und Weise, wie die Geburt verläuft, hat einen großen Einfluß auf das künftige Leben des Kindes. Ein guter Start ist für jedes Vorhaben sehr hilfreich. Daher ist es für uns sehr wichtig, die Kräfte dieses Tages auszunutzen. Wenn wir schon lange in ein und demselben Trott leben und am Sonnentag im Werden daran nichts ändern, dann werden wir möglicherweise das ganze nächste Mondviertel weiter in den alten Mustern steckenbleiben. Zumindest fällt uns eine Änderung des derzeitigen Zustandes sehr viel schwerer, wenn wir sie nicht heute in Angriff nehmen.

Rückenwind für:
Beginn des Tätigwerdens; zuerst das Tun, was Spaß macht; alles in Angriff nehmen, was wir schon immer mal tun oder Erreichen wollten; der ideale Tag um unsere Wünsche zu verwirklichen, egal wie unrealisierbar sie erscheinen mögen.

Die Sonne im Werden im Geburtshoroskop
Wir lieben es, aufzutreten, zu erscheinen, da zu sein. Eine unserer liebsten Haltungen ist: »Hoppla, hier komme ich!« Unsere Grundstimmung läßt sich mit der eines Sonnenaufgangs vergleichen: Wir erscheinen und sind da. Wir neigen sehr dazu, aus unseren inneren Wünschen heraus zu handeln und lassen uns schwer umstimmen. Wir genießen es, zu leben, und jeder intensiv erlebte Moment erfüllt uns mit tiefer Freude.

Zugeordnete Steine

Labradorit	fördert die Fähigkeit, tiefe Gefühle zu empfinden
Kunzit	hilft, innere Widerstände zu überwinden, um unangenehme aber notwendige Aufgaben zu erfüllen
Hiddenit	ermöglicht es, das Unabänderliche zu akzeptieren, ohne dabei die eigenen Wünsche aufzugeben; hilft Selbstachtung zu bewahren
Silber	befreit Emotionen, bringt Flexibilität und Einfühlungsvermögen

Die Qualität des Tages: Gefühlen vertrauen

Am Tag des Mondes im Werden sind unsere Gefühle stark und bestimmen unser Leben. Wir sind so, wie wir uns fühlen. Wir handeln aus dem Gefühl heraus, und alle rationalen Erklärungen und Gründe sind diesem Gefühl untergeordnet.

Heute bringen wir das, was wir fühlen, in die Welt. Unsere persönliche Geschichte und unsere Erfahrungen, einen Teil unseres inneren Reichtums. Wie das neugeborene Baby die Gefühle und die Liebe seiner Eltern braucht, um zu leben und zu gedeihen, so geben wir unsere Gefühle in unsere Vorhaben und Projekte. Somit wird aus dem begonnen Vorhaben etwas Persönliches, etwas, was ganz deutlich Teil von uns selbst ist.

Beim Hausbau gehen wir jetzt durch den Rohbau und schauen, womit wir uns wohlfühlen und was noch nicht unserer Stimmung entspricht. Nach der Geburt eines Kindes entwickeln wir (normalerweise sehr schnell) ein Gefühl für das neue Wesen, das in unser Leben getreten ist und nun unserer Pflege und unseres Schutzes bedarf. Dies gilt besonders für den Vater, der ja nicht die gleiche innige Beziehung zu dem Kind hat wie die Mutter, in deren Leib es entstand.

Beim Schreiben eines Buches fühlen wir uns in die Materie ein, aber wir weichen auch – nach Gefühl – von den vorher gemachten Plänen ab. Der Tag des Mondes im Werden ist ein Tag der Launen. Wir geben unseren Launen und Stimmungen nach, um zu erreichen, daß wir uns mit dem, was wir tun, auch wirklich wohlfühlen. Im Fall eines Buches erreichen wir so, daß es genau die Botschaft enthält, die wir anderen vermitteln wollen. Es kann sein, daß wir sehr viel von unseren ursprünglichen Plänen umwerfen, nur damit das gewahrt bleibt, was wir als unseren persönlichen Anteil betrachten.

Aus diesem Antrieb heraus entstehen jedoch auch viele unsinnige Projekte, die nur dazu da sind, die Gefühle eines bestimmten Menschen auszudrücken. Als Beispiel sei nur der Bau einer neuen Stadthalle erwähnt, die der regierende Bürgermeister durchsetzt, um seinen Namen unsterblich zu machen. Und das, obwohl die Stadt weder genug Geld zur Verfügung hat noch überhaupt der Bedarf für eine solche Halle besteht, weil die alte völlig ausreicht.

Am Mondtag im Werden fühlen wir, ob etwas richtig ist. Gefühle entstehen durch unsere vergangenen Erfahrungen, sie sind gewissermaßen die Essenz unseres bisherigen Lebens. Wenn wir uns in unser Vorhaben einfühlen, können wir all unsere Erfahrungen, all das, was uns selbst ausmacht, dazu nutzen, das Projekt so werden zu lassen, wie es wirklich sein soll.

Heute ist ein Tag, an dem wir sehr stark auf unsere Gefühle und Stimmungen achten sollten. Wenn wir es wagen, uns unseren Launen und schwankenden Stimmungen anzuvertrauen, werden wir alles erreichen, was zu einem weiteren guten Wachstum unseres Vorhabens nötig ist. Hierbei gilt es aber zu beachten, daß Gefühle und persönliche Wünsche alleine ein sehr unsicherer Ratgeber sind. Die Kunst des heutigen Tages besteht darin, unsere persönlichen Wünsche so zu realisieren, daß sie unsere ursprüngliche Absicht unterstreichen und verstärken.

Rückenwind für:
aus dem Gefühl heraus handeln; Dinge auf sich zukommen lassen; nehmen, was kommt; behüten und beschützen; sich mit Menschen umgeben, die einem nahe stehen.

Der Mond im Werden im Geburtshoroskop
Der Einfluß des Mondes im Werden führt dazu, daß wir sehr starke Gefühle besitzen und daher auch häufig zu heftigen Stimmungsschwankungen neigen. Dies können wir dazu nutzen, eine sehr große Feinfühligkeit zu entwickeln, die uns sicher den Weg zu dem weist, was für uns gut ist. Andererseits kann es auch sein, daß uns unsere Empfindungen dauernd aus der Bahn werfen, so daß wir versuchen, sie vollständig zu ignorieren und uns nur an unseren Verstand zu klammern. Gerade, wenn letzteres der Fall sein sollte, können uns die dem heutigen Tag zugeordneten Steine eine wertvolle Hilfe sein.

Der Mars im Werden ♂

Zugeordnete Steine

Charoit	gibt Entschlossenheit und Tatkraft, selbst riesige Berge von Aufgaben abzuarbeiten
Rauchquarz	»Anti-Streß-Stein«, erhöht die Belastbarkeit und hilft, Widerstände zu überwinden
Cordierit	verleiht Zähigkeit, Ausdauer und Durchhaltevermögen auch bei widrigsten Umständen
Hämatit	für die Verbesserung der Lebensqualität, spendet Kraft, Vitalität und Lebendigkeit
Jaspis	fördert die Konfliktbereitschaft (rot), die Ausdauer und das Durchhaltevermögen (gelb), Standhaftigkeit (grün)
Tigereisen	»Powerstein«, bringt Durchhaltevermögen und Vitalität, hilft bei Müdigkeit, Erschöpfung und Energiemangel

Die Qualität des Tages: Tatkraft

Der Marstag im Werden ist der Tag des Handelns schlechthin. Zu keinem anderen Zeitpunkt des Mondzyklus kann der Mars seine Fähigkeiten und Energien so optimal einsetzen wie heute: Die Marsenergie ist so stark wie sonst nie. Heute ist der Tag des Gipfelstürmens. Kein Tag eignet sich besser dazu, neue Rekorde aufzustellen und Grenzen zu überwinden, als dieser. Wann immer wir etwas Unmögliches erreichen müssen, sollten wir diesen zweiten Marstag dafür benutzen. Es ist der ideale Tag für die Umsetzung jedweder zielgerichteter Vorhaben.

Für ein Baby beginnt jetzt die Zeit des Krabbelns und des Laufens, die Zeit, in der der junge Mensch anfängt, alles selber zu machen. Und genau wie das Kleinkind sollten auch wir jetzt unsere Ziele verfolgen und unsere Hürden überwinden, unabhängig davon wie hoch sie sind.

Diese Zeit ist für jedes Projekt sehr wichtig, weil sich heute entscheidet, ob die neue Idee sich durchsetzen kann. Gerade im Bereich der Forschung sind viele geniale Ideen daran gescheitert, daß nicht genug Marsenergie aufgebracht wurde, um sie durch alle Hindernisse hindurch in der Welt zu etablieren. Fast alle erfolglosen Firmenneugründungen scheitern an diesem Punkt, falls sie nicht durch mangelhafte Planung schon von Vornherein zum Scheitern verurteilt waren.

Der heutige Tag ist der Tag des Durchbruchs, weshalb wir keinerlei Rücksicht auf äußere Hindernisse und angebliche oder wirkliche Unmöglichkeiten nehmen dürfen. Jetzt müssen wir handeln, damit unsere Idee wächst und gedeiht. Und wer oder was sich uns in den Weg stellt, ist entweder ein Hindernis oder ein Feind und wird dementsprechend behandelt. So denkt Mars. Und so handeln sehr viele erfolgreiche Wirtschaftsunternehmen. Welche Mittel wir dazu benutzen, um unsere Gegner aus dem Weg zu räumen, ist eine Entscheidung unserer persönlichen Ethik. Jedoch dürfen sie niemals dem Ziel widersprechen.

Heute fällt es uns leicht, uns durchzusetzen. Daher ist es sehr sinnvoll, alle Termine, die mit Forderungen und Auseinandersetzungen zu tun haben, auf diesen Tag zu legen. Dabei müssen wir uns aber darüber im klaren sein, daß wir nur solche Forderungen erfolgreich durchsetzen können, die unserer ursprünglichen Absicht entsprechen. Wenn wir z.B. eine Gehaltserhöhung fordern, werden wir mit dieser Forderung unter Umständen scheitern, falls wir eigentlich den Wunsch nach mehr Freizeit hatten. Wenn wir Geld auftreiben müssen, um ein Projekt zu finanzieren (sollte eigentlich in der Planungsphase geschehen), werden wir nur dann Erfolg haben, wenn wir dieses Projekt wirklich und vom ganzen Herzen verwirklichen wollen. Ansonsten funktioniert es nicht.

Rückenwind für:

aktiv Schwierigkeiten und Probleme lösen; sich mit Konkurrenten auseinandersetzen; alle Kräfte einsetzen; Reserven angehen und nutzen; unsere ganze Kraft und alle Fähigkeiten in die Waagschale werfen, um unsere Ziele zu verwirklichen; der Schlüsseltag für das Gelingen: Was uns heute gelingt, wird längere Zeit Bestand haben; anpacken.

Der Mars im Werden im Geburtshoroskop

Wir fühlen uns tatkräftig! Am liebsten stürmen wir los und packen die Dinge an, die vor uns liegen. Wir haben ein Gefühl dafür, erfolgreich zu handeln. Unser Erfolgsrezept ist es, alles, was anliegt, sofort anzugehen und zu erledigen. Allerdings neigen wir auch sehr dazu, Dinge übereilt anzugehen, nicht richtig zu durchdenken und so manches Mal alles zu verschlimmbessern. Sollte dies der Fall sein, so würde es uns gut tun, ein Teil unserer Energie und unseres Ehrgeizes in Hobbys oder Sport zu investieren, um in den Bereichen Beruf und Familie einen klaren Kopf wahren zu können.

Der Merkur im Werden ☿

Zugeordnete Steine

Chalcedon	stärkt die Redekunst, die Kommunikationsfähigkeit und den Selbstausdruck
Larimar	erleichtert das Nachdenken und kreatives Handeln, bringt innere Ruhe in Zeiten schwerer Belastung
Tigerauge	ermöglicht es, in unklaren Situationen den Durchblick zu finden

Die Qualität des Tages: Gemeinsam sind wir stark

Nachdem wir am Marstag unsere Position unmißverständlich in den Raum gestellt haben, beginnen nun die Verhandlungen und Erklärungen. Merkur ist der Meinung, daß wir gemeinsam am stärksten sind, und daher ist heute der ideale Tag, um Kontakte zu knüpfen und Interessengemeinschaften zu gründen. Wir suchen uns andere, die entweder ähnliche Ziele haben wie wir, oder – aus welchen Gründen auch immer – bereit sind, unser Vorhaben zu unterstützen. Da wir uns in der Wachstumsphase befinden, ist jeder Rat und jede Hilfe willkommen, die unser Projekt bereichern und umfassender machen.

Wie immer, wenn der Merkurarchetypus ins Spiel kommt, ist die Gefahr groß, daß wir vor lauter Teilnehmern, Helfern und guten Ratschlägen unser eigenes Ziel aus den Augen verlieren. Wir können uns zwar anderen anschließen und so unser eigenes Projekt zum Teil eines größeren Planes werden lassen. Auch haben wir die Möglichkeit, die Leitung unseres Vorhabens an jemanden abzutreten, der besser als wir selber dazu geeignet ist, es zu verwirklichen. Aber es muß in jedem Fall gewährleistetet sein, daß wir nach wie vor dazu in der Lage sind, unsere *eigenen* Ziele zu verwirklichen. Wenn dies nicht mehr der Fall ist, müssen wir eben auf die Unterstützung anderer verzichten und – so wie vorher – alleine weitermachen. Auf keinen Fall dürfen wir auf unser eigenes Ziel verzichten, nur weil ein anderer Mensch eine viel schönere oder logischere Idee hat. Wir können zwar unser Projekt mit seiner Hilfe verbessern, aber wenn wir dabei zuviel von unserer ursprünglichen Idee aufgeben, werden wir niemals zufrieden sein.

Der heutige Merkurtag dient uns auch dazu, das, was wir gestern getan haben, zu analysieren. Dem Wesen des Mars entsprechend, haben wir gestern einfach gehandelt. Der Mars ist geradlinig und zielstrebig und denkt nicht viel nach über das, was er tut. Dies ist im gewissen Maße auch sehr sinnvoll. Wenn wir beim Mauern die Position jedes einzelnen Ziegelsteins erst ausdiskutieren müssen, kommen wir kaum voran. Es macht viel mehr Sinn, die Mauer als ganzes daraufhin zu beurteilen ob sie unseren Anforderungen genügt. Tut sie das nicht, so ist es die Sache des Verstandes – der ebenfalls dem Merkurarchetypus zugesprochen wird –, die beste und sinnvollste Möglichkeit zu entdecken, um die entstandenen Fehler zu beheben. Vielleicht reicht eine kleine Änderung der Pläne, und die mißratene Mauer kann doch verwendet werden. Heute begutachten wir also, was wir geleistet haben, entdecken Fehler in unserem Handeln und verbessern sie und lernen sowohl aus unseren Erfolgen wie auch aus den Fehlschlägen.

Es ist ein wunderbarer Tag, um Kommunikation zu beginnen und neue Kontakte zu knüpfen. Es gilt, neue Verbindungen zu schaffen und bestehende wachsen zu lassen. Jetzt ist die ideale Zeit, um jemanden Neues kennenzulernen. Alle Menschen, die sich einsam fühlen, sollten diesen Tag nutzen, um Kontakte zu knüpfen oder aufzufrischen. Auch ist heute ein hervorragender Tag, um etwas zu lernen und den Lernstoff besser aufzunehmen. Besonders für Gruppenarbeit herrschen optimale Voraussetzungen. Abenteuerlustige Menschen sollten heute auf Expedition gehen, da ihnen dann sicher eine abwechslungsreiche Zeit voller neuer Erfahrungen bevorsteht.

Im Leben eines Kindes beginnt mit diesem Tag die Zeit des Sprechens und des verstärkten Kontaktes nach außen – bis hin zur Einschulung, die einen vorläufigen Gipfelpunkt dieser Entwicklung darstellt. Beim Schreiben eines Buches ist jetzt die Zeit, in der der Autor sich dauernd Rat und Hilfe von anderen holt und jedem, der ihm begegnet, das begonnene Manuskript zum Lesen in die Hand drückt. Beim Hausbau läßt sich diese Phase nicht klar ausmachen, da sie über die ganze Bauzeit verteilt liegt. Am ehesten wäre sie noch in den Rücksprachen der Bauleitung mit dem Bauherrn zu sehen. Bei der Herstellung eines neuen Produktes würden jetzt Testkunden herangezogen, die ihre Meinung dazu kundtun sollen.

Rückenwind für:

systematisches Arbeiten; systematische Fehlersuche; Handel; jede Form von Kontakt zu anderen Lebewesen; Austausch sowohl von materiellen Gütern als auch von Ideen; Verbesserung des Bestehenden; Verwirklichen von gemeinschaftlichen Unternehmungen; Reisen, die der Absicht dienen, kommunikativ zu sein und neue Anregungen zu bekommen.

Der Merkur im Werden im Geburtshoroskop

Mit dem Merkur im Werden zum Zeitpunkt unserer Geburt fühlen wir uns in Gesellschaft am wohlsten. Wir lieben es, uns mit anderen auszutauschen und unsere Meinung über alles und jedes kundzutun. Andererseits reagieren wir sehr empfindlich auf Stimmungsschwankungen in jeder Gruppe, der wir uns zugehörig fühlen, was uns manchesmal sehr zu schaffen machen kann. Auch fühlen wir uns alleine nur selten wohl, zumindest ein Haustier sollte schon in unserer Gesellschaft sein.

Der Jupiter im Werden ♃

Zugeordnete Steine

Apatit	bringt Offenheit und Kontaktfreudigkeit, fördert ein dynamisches, abwechslungsreiches Leben
Aquamarin	schenkt Weitblick und Voraussicht, hilft neue Wege und Möglichkeiten zu erkennen
Calcit	beschleunigt die geistige Entwicklung, fördert Selbstvertrauen und Standhaftigkeit
Kassiterit	weckt den Wunsch nach Größe und Vollkommenheit
Staurolith	bewirkt den Wunsch nach Wandlung und Veränderung, hilft, den Sinn von immer wiederkehrenden Situationen zu erkennen

Die Qualität des Tages: Vergrößerung

Der Jupiter im Werden leitet die Zeit wirklicher Expansion ein. Unser Projekt ist aus dem Gröbsten heraus und wächst und gedeiht. Beim Hausbau sind alle Anfangsschwierigkeiten überwunden, die Mauern wachsen in die Höhe, und bald ist Richtfest. Das Kind geht zur Schule und wird immer größer. Das Buchmanuskript nimmt an Umfang zu. Alles gelingt.

Dies ist die Idealbeschreibung für einen Jupitertag im Werden. Es ist ein Tag, der zu Größe und Wachstum auffordert. Heute sollten wir uns ausbreiten, unsere Ideen und Impulse stärken und ihnen freien Raum zum Wachsen schaffen. Wenn unsere Kinder in dieser Lebensphase sind, werden sie immer unabhängiger und selbständiger und brauchen immer weniger Fürsorge von uns. Genauso ist es mit unseren Vorhaben und Projekten: Weniger ist jetzt oft mehr, und meist führt unser Handeln zu einem um so besseren Erfolg, je weniger wir uns einmischen. Wenn die Kraft des Jupiters wirkt, geschieht Größe von alleine. Daher ist das einzige, was wir jetzt noch tun müssen, die Richtung vorzugeben und aufzupassen, daß das ganze nicht ausufert.

Wie es schon im ersten Viertel der Fall war, so ist auch jetzt Größe nicht nur materiell gemeint. Nicht nur eine Firma oder der Rohbau eines Hauses kann jetzt schnell wachsen, sondern auch eine Idee oder eine neue Weltanschauung verbreitet sich plötzlich in rasender Schnelle, nachdem all die Zeit davor viel mühsame Überzeugungsarbeit geleistet werden mußte.

Für uns stellt sich wieder die Frage, welche Auswirkung unser Tun auf die Welt und auf alle uns umgebenden Wesen hat. Im Unterschied zum ersten Jupitertag, brauchen wir uns jetzt aber nicht nur auf Planungen und Überlegungen zu verlassen, sondern können die Auswirkungen unseres Tuns direkt beobachten.

Jupiter neigt zu Größenwahn, oder – um es genauer zu benennen – die Kraft des Jupiterarchetypus ist eine Kraft der Ausdehnung über alles Bestehende hinaus – bis in den Himmel, in dem der Jupiter als Gott auch seinen Thron innehat. Als Menschen sind wir aber häufig darauf angewiesen, uns zu beschränken und das richtige Maß zu finden. Daher ist es jetzt wichtiger denn je, die Füße auf dem Boden und den Kopf unterhalb der Wolken zu behalten, weil sonst die Gefahr besteht, daß unser Erfolg uns im wahrsten Sinne des Wortes die Sicht vernebelt.

Auch sollten wir bedenken, daß – auch wenn uns die Massenmedien, die Wirtschaftsmanager und die Politiker das Gegenteil erzählen – kein Wachstum ewig währt. Der Zyklus des Wachsens ist irgendwann abgeschlossen (beim Mondschild ist dies am Ende des Saturntages im Werden der Fall). Das bedeutet, daß zum Wachsen auch das Ende des Wachstums gehört. Schließlich können wir die Früchte unseres Projektes auch erst im dritten Viertel – im Betrachten – genießen, wenn das Wachstum bereits geendet hat. So gesehen, wäre es eigentlich sehr erstrebenswert, dieses Ende so bald wie möglich zu erreichen.

Daß wir am heutigen Tag alle Vorhaben in Angriff nehmen sollten, die sehr großangelegt oder großartig sind, liegt auf der Hand. Das Vergrößern ist schließlich das Wesen dieses Tages. Jedoch eignet er sich auch ganz hervorragend dazu, neue Weltanschauungen kennenzulernen, sich mit neuen Philosophien zu beschäftigen und weite und ausgedehnte Reisen zu beginnen, die dazu dienen sollen, unsere Weltsicht auszuweiten und unsere Persönlichkeit zu vertiefen und zu erweitern. Was immer uns über die Grenzen unsere bisherigen Denkens und Handelns hinausführt, sollte am Jupitertag im Werden begonnen werden.

Rückenwind für:
Expansion vorantreiben; verstärken und erweitern dessen, was gut ist; Großzügigkeit, Offenheit und Toleranz fördern; fremde Weltsichten betrachten; Philosophie und Weisheit lernen.

Der Jupiter im Werden im Geburtshoroskop
Wir haben ein gutes Gefühl für das Verstehen der Welt und den inneren Drang, immer wieder Wege zu finden, die es uns ermöglichen, über den Tellerrand unserer eigenen Welt hinauszublicken. Ob es uns nach Reisen in ferne Länder verlangt, die gar nicht fremdartig genug sein können, oder ob wir uns mit Religion, Philosophie, Esoterik oder anderen Wegen der Weltanschauung beschäftigen, niemals reicht es uns aus, die Dinge einfach nur so wahrzunehmen, wie es die anderen tun. Wir wollen wachsen, und wir können auch anderen dabei helfen, die sich in einer eingeschränkten Sichtweise der Welt gefangen fühlen und keinen Ausweg für sich selber sehen.

Die Venus im Werden ♀

Zugeordnete Steine

Aragonit	hilft bei Überforderung, Sprunghaftigkeit und nachlassendem Interesse, stabilisiert geistige Entwicklungen
Azurit-Malachit	harmonisiert Verstand und Gefühl, löst innere Konflikte
Bronzit	wirkt einerseits anregend und belebend und verhilft andererseits dazu, die innere Ruhe zu bewahren

Die Qualität des Tages: Verschönern und Ausgleichen
Heute ist die Zeit, die Schönheit und Ästhetik in unseren Vorhaben zu ihrem Recht kommen zu lassen. Einerseits bedeutet dies, daß wir das, was immer wir gerade tun, schön gestalten. Es muß unseren Ansprüchen an Schönheit genügen. An dieser Stelle sollten wir uns noch einmal daran erinnern, daß es in der Natur

nichts gibt, was nicht schön ist. Schließlich ist diese Tatsache auch ein Grund dafür, daß wir Menschen so gerne aus unseren selbstgeschaffenen Räumen hinaustreten, um uns in der freien Natur zu erholen. Wir brauchen Schönheit zum Leben, unbedingt!

Es wurden bereits Pläne erstellt für den Wiederaufbau einer Zivilisation nach einem Zusammenbruch – z. B. als Folge eines Atomkrieges – aber auch für die hypothetische Besiedelung eines anderen Planeten. In diesen Plänen hat die Herstellung von Musikinstrumenten, als Ausdruck des künstlerischen Aspektes der Venus, eine der obersten Prioritäten – sie kommt gleich nach der Versorgung der Menschen mit Grundnahrungsmitteln, Kleidung und Wohnraum. Wir Menschen *brauchen* Schönheit und Kunst zum Leben. Sie sind für uns unverzichtbar!

Andererseits gehört zum Venusarchetypus auch die Harmonie, das Verbinden von Gegensätzen. Hierzu gehört es zum Beispiel auch, ausgeuferte Jupitervorhaben, solche also, bei denen keine Grenze gefunden wurde, wieder ins Lot zu bringen. Konkret würde dies bedeuten, daß die heutzutage so gern errichteten gigantischen Wolkenkratzer (Jupiter) sehr viel leichter zu ertragen wären, wenn sie wenigstens schön gestaltet und harmonisch in ihre Umgebung eingefügt würden. Dies wäre eine Aufgabe des heutigen Venustages.

Heute ist es also an der Zeit Schönheit und Ästhetik in unseren Vorhaben zu verwirklichen. Wir schauen uns um und sehen, was wir bis jetzt geschaffen haben und ob es mit unserem Sinn für Ästhetik übereinstimmt. Wir laufen über die Baustelle und begutachten unser fast fertiggestelltes Haus. Jetzt sollte es uns gefallen. Wenn nicht, dann müssen wir etwas ändern, wir müssen es verschönern, damit die Venusaspekte in unserem Leben – die Teile unseres Wesens, die aus purer Freude und Liebe und Lust zu leben bestehen – gewürdigt und beachtet werden. Venus gewährt uns Lebensfreude, und es ist unsere Aufgabe dieses Geschenk anzunehmen und zu ehren.

Gerade im Werden, bei der Ausführung und dem Aufbau, ist es wichtig, Venus ihren Raum zu geben. Wenn wir etwas schaffen, brauchen wir Raum für Schönheit, für Kunst und Musik, für Konzerte, Opern und rauschende Feste. Venus fordert all dies von uns, und wenn wir es ihr nicht gewähren, dann kehrt sie ihre häßlichen Seiten, den Haß, den Neid, die Mißgunst und die Eifersucht hervor.

Dieser Tag ist gut dafür geeignet, eine Ehe zu schließen oder ein feste Partnerschaft zu besiegeln. Heute wachsen Harmonie und Einklang. Dies ist ein guter Einstieg in einen Bund fürs Leben.

Bei einem Kind erleben wir jetzt die Zeit der Pubertät, in der der junge Mensch die Qualitäten der Venus – Liebe, Harmonie, Partnerschaft und Lust – kennenlernt. Auch bei uns selbst sollten wir tunlichst darauf achten, daß diese Dinge nicht zu kurz kommen.

Rückenwind für:
das Ausschmücken und Verschönern; Partnerschaften und Bindungen; künstlerisches Gestalten; ein Tag um das, was wir tun, zu genießen; abschließende Feinarbeit; erlernen eines Musikinstrumentes; Tanzkurse; kurze oder längere Flirts; alle Vorhaben, die Verständnis und Vertrauen aufbauen.

Die Venus im Werden im Geburtshoroskop
Wir haben ein gutes Gefühl für Kunst und Harmonie. Es fällt uns leicht, Schönheit in allem zu verwirklichen, was wir tun: Wir können sogar eine Jahresbilanz schön und ansprechend gestalten. Dementsprechend ist es für uns auch sehr naheliegend, wenn wir uns beruflich mit der Kunst (Musik, Malen usw.) oder dem Gestalten beschäftigen. Hierbei bietet sich für uns besonders der Bereich von Design/Grafik oder Werbung an.

Auf der anderen Seite ist es uns sehr wichtig, mit den Menschen um uns herum in Harmonie zu leben. Selbst kleinste Mißstimmungen können uns Probleme bereiten oder zu drastischen Maßnahmen – wie zum Beispiel einem Seitensprung – führen. Die Venus ist nicht gerade für ihre Treue berühmt.

Der Saturn im Werden ♄

Zugeordnete Steine

Onyx	fördert das Selbstbewußtsein und das Durchsetzungsvermögen, macht nüchtern und realistisch
Variscit	fördert klares, rationales Denken, macht wach und aufmerksam, belebt und wirkt stimmungsaufhellend
Versteinertes Holz	hilft, sich zu »erden«, wenn man dazu neigt, sich in Gedanken zu verlieren, unkonzentriert abzuschweifen oder Begonnenes unvollendet zu lassen

Die Qualität des Tages: Fertigstellung

Der Saturntag schließt den Zyklus des Werdens ab. Die Zeit des Wachstums endet. Somit ist heute der Tag, an dem das begonnene Vorhaben *fertiggestellt* wird. Wie schon am Ende des ersten Viertels, so prüft der Saturn auch jetzt, ob das Geschaffene gut ist und bleiben kann oder schlecht und somit zuviel ist.

Das Ende das Wachstums bedeutet zweierlei: Zum einen leitet es einen Übergang in eine neue Zeit – in diesem Fall in die Zeit des Betrachtens – ein. Wie bei jedem Übergang müssen wir auch bei diesem auf etwas Altes verzichten, damit wir uns dem Neuen öffnen können. Der jetzige Übergang ist für uns in der Regel auch besonders hart, markiert er doch das Ende des Wachstums. Dem Yin-und-Yang Prinzip gemäß entsteht heute schon der Keim des Niedergangs. Der Verzicht auf das weitere Wachstum fällt immer schwer, Es scheint nun nichts mehr da zu sein, was wir erreichen können. Jedoch sollten wir uns vergegenwärtigen, daß das Ende des Wachstums im Menschenleben die Zeit ist, wo wir endlich ausgewachsen sind. Es ist sicher so, daß die Jugendzeit im Rückblick oft angenehm erscheint, unser Leben wirklich eigenständig gestalten können wir aber erst als Erwachsene. Auch das Besteigen eines Berges ist nicht mit dem Erreichen des Gipfels (Vollmond) zu Ende. Gerade in diesem Fall ist es genauso wichtig – und oft noch schwieriger –, wieder herunterzukommen.

Zum anderen wird am heutigen Tag das, was wir geschaffen haben, einer Prüfung unterzogen. Es wird geschaut, ob es Bestand haben kann. Im Falle eines fertigen Produktes wäre dies die Qualitätsprüfung, wie zum Beispiel der »Elchtest« bei Autos. Bei einem Buch kommt jetzt die Zeit in der es – sehr zum Entsetzen des Autors – korrekturgelesen wird und überarbeitet werden muß. Die Kinder verlassen jetzt das Elternhaus und beginnen damit, ihr eigenes Leben zu führen, und das neugebaute Haus steht fix und fertig da und will bewohnt werden. Alles Wachstum nähert sich seinem Ende, und auch die Pflanzen sind jetzt ausgewachsen und bereiten sich auf die Blüte und das Tragen der Frucht vor, welches Themen des nächsten Viertels sind.

Am Ende des heutigen Tages ist Vollmond. Die Sonne und der Mond stehen einander gegenüber. Sie sind so weit voneinander entfernt, wie es überhaupt möglich ist. Dadurch entsteht zwischen diesen beiden Urkräften eine starke Spannung. Zu keinem anderen Zeitpunkt ist diese so intensiv zu spüren. Viele Menschen sind zu Vollmond stark angespannt und können die Nacht schlecht schlafen. Diese Behauptung wird auch durch wissenschaftliche Untersuchungen der Mondwirkung bestätigt, die im dritten Teil des Buches beschrieben werden.

Heute ist der Tag, an dem all das, woran wir nun so lange gearbeitet haben, endlich fertiggestellt wird. Die (hoffentlich) gut organisierten und vorbereiteten Steinheilkundetage öffnen ihre Türen und laden zum Eröffnungsvortrag ein. Die Arbeit ist getan, und uns bleibt nur noch, durchzuführen und zu schauen, wie es wird.

Andererseits ist jetzt auch die Zeit dafür, uns von allem zu verabschieden, was wir in diesem Projekt nicht verwirklicht haben, was uns nicht geglückt ist und was wir nicht brauchen konnten. Es ist ein guter Moment, um zurückzuschauen auf das, was wir geleistet haben, und uns zu freuen, daß wir nun endlich die Früchte unserer Arbeit genießen können. Es ist die Zeit, uns auf die zweite Hälfte des Zyklus einzustellen, in der nicht mehr das Handeln, sondern das Geschehenlassen im Vordergrund steht. Wir sollten den heutigen Tag sehr bewußt und ohne Hektik verbringen.

Rückenwind für:
Qualitätskontrolle; Kontrolle der Effizienz; Gewinn/Verlustrechnung; Abschied nehmen von unverwirklichten Träumen, um so seinen Frieden mit sich selbst zu finden; Ruhe finden und Beenden der Aktivitäten; guter Tag, um eine Zeit der Erholung einzuleiten.

Der Saturn im Werden im Geburtshoroskop
Wir sind in unserem Herangehen an alles, was wir tun, sehr gründlich. Es ist uns sehr wichtig, die Dinge ganz genau so zu verwirklichen, wie wir es uns vorgestellt haben. Wir handeln selten vorschnell und fühlen uns nur wohl, wenn wir uns sicher sind, alles geprüft und keine Fehler übersehen zu haben. Unsere große Stärke ist es, Projekte effektiv zu verwirklichen und Dinge, die noch unerledigt sind, zu beenden. Andererseits liegen uns spontane Änderungen und Umwälzungen nicht so sehr.

Drittes Viertel: Betrachten

(Reflexion, Frucht, Reife)

Die Sonne im Betrachten ☉

Zugeordnete Steine

Granat	hilft bei Veränderungen, Umwälzungen und in scheinbar aussichtslosen Situationen
Morganit	macht abgelehnte, unterdrückte und abgewertete Gefühle bewußt, hilft dabei, zum eigenen Wesenskern zurückzufinden
Obsidian	hilft, verdrängte Bewußtseinsinhalte wiederzuentdecken und sich mit ihnen auseinanderzusetzen
Pyrit	fördert Selbsterkenntnis, hilft, Krankheitsursachen zu erkennen
Sonnenstein	hilft, die Selbstwahrnehmung zu verstärken und die guten Seiten an sich selbst zu entdecken

Die Qualität des Tages: Selbsterkenntnis

Heute ist der erste Tag des abnehmenden Mondzyklus. Der Höhepunkt war mit dem Vollmond erreicht, der genaugenommen der Beginn des heutigen Tages ist, und ab jetzt verringert sich die Spannung zwischen Sonne und Mond wieder, bis sie zu Neumond erlischt. Jetzt ist die Zeit der Blüte und der Reife. Mit der Sonne im Betrachten können wir die Früchte unserer Arbeit entstehen sehen und sie genießen. Unsere Kinder verlassen jetzt das Haus, um eine eigene Familie zu gründen und vielleicht ihrerseits Kinder zu bekommen. Unser Haus steht voll aufgebaut da, und wir können darin leben. Das Buch ist geschrieben, wird vom Lektor überarbeitet und kommt in den Druck. Die Pflanze ist ausgewachsen und beginnt zu knospen und zu blühen.

Im Gegensatz zum Sonnentag im ersten Viertel, an dem die Idee entstand, wobei noch nichts von ihr nach außen hin sichtbar war, ist unser Projekt jetzt ganz und gar ausgebaut und für alle wahrnehmbar. Im Tageslauf entspricht dieser Tag dem Mittag. Die Sonne steht auf ihrem höchsten Stand und scheint einfach vor sich hin. Entsprechend gering ist auch der Handlungsbedarf. Wir müssen *nichts* tun! Es geht nur darum, daß wir uns anschauen, was wir geleistet haben. Wenn wir in den vergangenen zwei Wochen richtig und angemessen gehandelt haben, dann läuft jetzt alles wie von alleine. Die Knospe entsteht und wird blühen. Die Kinder sind erwachsen und können alleine leben. Die Steinheilkundetage sind eröffnet und die Besucher strömen. Alles geschieht einfach so, wie es seinem innersten Wesen entspricht.

Das einzige, was wir heute zu tun haben, ist zu vergleichen, ob die Ausführung tatsächlich mit unseren ursprünglichen Absichten übereinstimmt, und daraus zu lernen. Wir sammeln Erfahrungen und lernen aus dem, was wir tun. Wir beginnen zu begreifen, wie sich Pläne in der Welt verwirklichen lassen und was nicht möglich ist. Wir schauen, ob das Haus so ist, wie wir es wollten, oder ob sich Fehler beim Bau eingeschlichen haben. So erkennen wir, wie wir es beim nächsten Mal besser machen können. Wir beobachten den Lebensweg unserer Kinder und schauen, ob sie noch hier und da unsere Unterstützung brauchen. Wir betrachten auch unser eigenes Leben daraufhin, ob wir tatsächlich mit dem, was wir tun, zufrieden sind und ob wir unser Leben so führen, wie es unseren Wünschen entspricht.

Am heutigen Tag sollten wir daher erkennen, was wir im Leben noch nicht verwirklicht haben. Die Zeit des Betrachtens ist die Zeit der Ehrlichkeit. Wer jetzt feststellt, daß er in die Irre gelaufen ist, sollte sich daran erinnern, daß es noch nicht zu spät ist, seine eigenen Wege zu gehen. Im Leben vieler Menschen entspricht diese Zeit der Midlife-Crisis, in der sie sich Gedanken über ihr – wie sie glauben – verpfuschtes Leben machen. Am Tag der Sonne im Betrachten sollten wir jedoch nicht nur unsere Fehler ansehen, sondern auch all das, was uns trotz vieler Schwierigkeiten gelungen ist. Es gibt kein Leben in dem nichts gut war.

Wenn wir mit unserem Leben nicht zufrieden sind, dann sollten wir uns dies jetzt eingestehen. Dabei haben wir auch die Freiheit, unsere früheren Wünsche aufzugeben und mit dem zufriedenzusein, wie es jetzt ist. Dies ist aber nur möglich, wenn wir dabei keine faulen Kompromisse eingehen. Wenn wir unser Leben lang auf den Mount Everest steigen wollten und jetzt aus der Angst heraus, daß wir zu alt dafür sein könnten, darauf verzichten, so werden wir damit kaum wirklich zufrieden sein. Wenn wir aber das Ziel Mount Everest erneut betrachten und es uns jetzt aber reicht, den Berg einmal von unten gesehen zu haben, dann haben wir unser ursprüngliches Ziel auf eine Art und Weise verändert, die für uns zufriedenstellend ist. Somit können wir wirklich verzichten!

Rückenwind für:
Reflexion der eigenen Wünsche und Ideen; »Sehen, was gut ist«; aus Fehlern lernen; sich die ursprünglichen Ideen und Vorhaben wieder in Erinnerung rufen, schauen ob das Geschaffene ihnen entspricht und was noch zu tun ist, falls das

ursprüngliche Ziel verfehlt wurde; Erkennen, was man beim nächsten Mal anders machen würde.

Die Sonne im Betrachten im Geburtshoroskop

Mit dieser Mondbetonung im Horoskop sind wir nicht so leicht zu erschüttern. Alles, was auf uns zukommt, schauen wir uns erst einmal in Ruhe an. Häufig strahlen wir sogar eine innere Sicherheit aus, die andere Menschen stark beeindruckt, selbst wenn wir uns selbst gar nicht so sicher fühlen. Es fällt uns leicht, uns selbst wahrzunehmen und unsere Situation realistisch einzuschätzen. Allerdings sind wir nicht so schnell dabei, Dinge zu verändern, die uns ins Auge stechen. Wir haben das Gefühl, daß wir aus allem etwas lernen können. Vielleicht verpassen wir so auch schon mal die eine oder andere Chance, weil wir nicht schnell genug zugreifen.

Der Mond im Betrachten ☽

Zugeordnete Steine

Aventurin	regt dazu an, die eigenen Träume zu verwirklichen, fördert Selbstbestimmung und Individualität
Dolomit	hilft, Ziele leicht und spielerisch zu erreichen und gestellte Aufgaben mit Elan zu verwirklichen
Rosenquarz	verdeutlicht die eigenen Bedürfnisse und verstärkt den Drang, sie zu erfüllen

Die Qualität des Tages: Erfüllung

Wie der Tag der Sonne, so dient auch der Tag des Mondes im Betrachten der Reflexion, dem Widerspiegeln dessen, was ist, und dem Vergleich, ob es mit unserem ursprünglichen Wunsch übereinstimmt. Im Gegensatz zum Sonnentag geht es heute jedoch – wie immer wenn der Mond das Thema angibt – um unsere Gefühlswelt. Es kann leicht geschehen, daß wir am Sonnentag feststellen, daß alles unserer Absicht entspricht, und uns am Mondtag dennoch nicht wohlfühlen, weil wir uns innerlich nicht erfüllt fühlen.

An diesem Punkt können sich die Meinungen zweier oder mehrerer Menschen, die dieselbe Absicht verfolgen, plötzlich sehr stark unterscheiden. Es ist ein häufiges Phänomen, daß Partner, die ein gemeinsames Ziel verfolgt und zusammen ein Projekt erfolgreich verwirklicht haben, sich zerstreiten, sobald alles wie geschmiert läuft. Dies ist häufig beim Übergang von der Sonne im Betrachten, wo sie noch beide einer Meinung waren, zum Mond im Betrachten der Fall, weil dann die persönlichen Gefühle und Erfahrungen wichtiger werden als die Absicht, die ursprünglich die beiden verband. In vielen Firmen beginnen jetzt gewaltige Machtkämpfe, die häufig damit enden, daß einer der Partner sich zum alleinigen Chef aufschwingt, während der oder die anderen entweder klein beigeben oder – viel häufiger – gehen und ein neues Projekt beginnen. Für jede Form eines gemeinsamen Projektes ist jetzt die kritischste Zeit. Dies gilt auch und ganz besonders für die Lebenspartnerschaft zwischen zwei Menschen, die sehr stark auf die Probe gestellt wird.

Das Thema des heutigen Tages ist die Erfüllung – oder die Enttäuschung. Beides kann auftreten, unabhängig davon, ob das Projekt erfolgreich verwirklicht wurde. Wenn wir einen Partner fürs Leben kennengelernt, »erobert« und schließlich vielleicht sogar geheiratet haben, dann können wir mit ihm/ihr Erfüllung finden. Wir können aber auch fürchterlich enttäuscht werden, besonders, wenn zwar alles so gelaufen ist, wie wir es uns vorgestellt haben, wir uns aber dennoch mit dem Partner oder der Situation nicht wohlfühlen. Dies erkennen wir am Tag des Mondes im Betrachten.

Im Beispiel der Steinheilkundetage könnte es jetzt vielleicht passieren, daß einer der Beteiligten vorne auf der Rednertribüne steht und voller Begeisterung von den Kräften der Steine und seinen Erfahrungen berichtet und sich hinterher völlig erfüllt fühlt, weil er gefühlt hat, daß Vorträge zu halten genau seinen Zielen im Leben entspricht – oder aber, daß er trotz einer zufriedenen Zuhörerschaft völlig enttäuscht nach Hause geht, weil er jetzt deutlich empfunden hat, daß es nicht »sein Ding« ist, große Vorträge zu halten.

Erfüllung finden wir im Leben immer dann, wenn wir uns im Einklang mit unserer ursprünglichen Absicht, mit unserem eigentlichen Lebensziel befinden. Dieses ist für viele von uns jedoch nicht klar wahrnehmbar. Eigentlich sollte alles, was wir tun, diesem Ziel dienen. Oft finden wir jedoch erst, wenn wir etwas bereits getan haben, heraus, ob wir damit tatsächlich unserem Lebensziel gerecht werden. Wenn dies nicht der Fall ist, dann tritt die Enttäuschung auf, selbst wenn alles genau so geklappt hat, wie wir es uns vorgestellt hatten.

Am heutigen Tag wird also deutlich, ob uns unser Vorhaben wahrhaftig unseren inneren Wünschen entsprechend gelungen ist, oder ob es nur dem äußeren Schein nach diesen Zielen entspricht (das wäre der Fall, wenn die Steinheilkundetage dazu mißbraucht würden, um für gefälschte Steine zu werben) oder ob wir gar völlig gescheitert sind. In all diesen Fällen können wir den folgenden Merkurtag dazu nutzen, das Geschehene zu analysieren.

Rückenwind für:

Vergleich der ursprünglichen Bilder/Gefühle mit der Realität; Stimmungen und Impulse der Außenwelt erkennen und berücksichtigen; Erfüllung in unserem täglichen Leben finden; Gefühle und Stimmungen als wichtige Hinweise für unseren Lebensweg erkennen; dem Gefühl nach entscheiden, ob wir mit dem, was wir tun, noch weitermachen wollen.

Der Mond im Betrachten im Geburtshoroskop

In unserem Leben gibt es nichts wichtigeres als unsere Gefühle: Es kann uns nur gutgehen, wenn wir aus dem Gefühl heraus handeln und wenn wir uns mit dem, was wir tun, wohlfühlen. Wir sind in der Lage, anhand unserer Stimmungen (= innerer Stimme) unseren Lebensweg zu verfolgen und ein erfülltes Leben zu führen. Genauso können wir jedoch alle unsere Gefühle wegzusperren versuchen, da uns ihr ewiges Auf und Ab immer wieder in die Irre zu führen scheint. Vielleicht ist es für uns hilfreich, uns an einen Satz aus Michael Endes »Die unendliche Geschichte« zu erinnern: »Der Weg der Wünsche ist niemals gerade.«

Der Mars im Betrachten ♂

Zugeordnete Steine

Achat	hilft, vergangene Erfahrungen zu verarbeiten, fördert geistige Reife
Ametrin	hilft, im Alltag alle Anforderungen zu bewältigen und dabei offen, wach und entspannt zu bleiben

Citrin	stärkt die Selbstsicherheit und den Lebensmut, macht extrovertiert, aktiv und dynamisch
Karneol	fördert Mut, Tatkraft, Standfestigkeit, Idealismus und Gemeinschaftssinn
Sugilith	hilft, Konflikte kompromißlos zu lösen, und verbessert die Fähigkeit, Unangenehmes zu ertragen

Die Qualität des Tages: Konsequenzen ziehen

Heute ist der Tag des Mars im Betrachten. Die Zielstrebigkeit des Mars und sein Wunsch, uns Raum zum Leben zu verschaffen, zeigt sich darin, daß – wie für Mars üblich – nicht lange überlegt, sondern gleich gehandelt wird. Heute ist der Tag, aus dem, was wir am Sonnen- und am Mondtag erkannt haben, Konsequenzen zu ziehen.

Dem Wesen des Mars entsprechend, kämpfen wir heute darum, unsere eigentlichen Ziele doch noch verwirklichen zu können. Dabei lassen wir uns auf keinerlei Kompromisse ein, geht es doch – aus der Sicht des Mars betrachtet – um alles oder nichts. Heute scheint häufig die letzte Chance zu sein, das Steuer herumzureißen und das zu verwirklichen, was wir gemeint haben. Tatsächlich ist das ein Irrtum. Es gibt noch weitere Gelegenheiten, unser ursprüngliches Ziel (wieder) zu erreichen, besonders am Merkur- und am Jupitertag, aber am Marstag neigen wir eben sehr dazu, andere Möglichkeiten einfach nicht wahrzunehmen. Daher ist es jetzt für uns besonders wichtig, über die Verhältnismäßigkeit unserer Mittel nachzudenken.

Wenn wir alle anderen Möglichkeiten betrachtet haben und erkennen, daß wir wirklich kämpfen und uns durchsetzen müssen, dann ist der heutige Tag dafür bestens geeignet. Dies gilt besonders dann, wenn wir mit unserem Leben nicht zufrieden sind. Häufig haben wir alles erreicht, was wir uns vorgenommen hatten, und erst jetzt – in der Regel im schon etwas fortgeschrittenem Alter – erkennen wir, daß dies noch lange nicht alles sein kann. Um aus den eingefahrenen Bahnen auszubrechen, vielleicht die Karriere aufzugeben und unsere ursprünglichen Ziele wieder neu zu entdecken, kann uns der Mars den Antrieb, die Kraft und den nötigen Mut geben.

Wenn wir in der Situation sind, daß sich zwischen uns und unseren Partnern unüberbrückbar erscheinende Klüfte auftun, so sollten wir es uns jetzt lieber dreimal überlegen, ob wir uns nach der Methode des Mars – nur einer wird gewinnen – in den Kampf bis zum bitteren Ende stürzen oder ob wir die intensive

Marsenergie dazu nutzen, unsere eigenen Fehler bis in die letzte Einzelheit zu untersuchen und zu durchschauen, um, mit diesem Wissen gewappnet, am Merkurtag eine Einigung zu erreichen oder gar am Jupitertag über das ganze Problem schlicht und ergreifend hinauszuwachsen.

Der Marstag im Betrachten ist ein sehr unfallträchtiger Tag. Es sei hier noch einmal betont, daß wir auf unsere Handlungen und alles, was wir tun, aber auch auf die Art und Weise, wie wir uns nach außen geben, sehr genau achten sollten. Sonst geraten wir schnell in Konflikte hinein, die wir gar nicht führen wollten.

Falls alles nach Plan gelaufen ist und wir uns zufrieden und erfüllt zurücklehnen konnten, dann bleibt natürlich nicht viel zu tun. Die notwendigen Konsequenzen, die wir ziehen müssen, sind lediglich die, daß wir weiterhin alles laufen lassen wie bisher. Wenn also bei den Steinheilkundetagen alles wie geschmiert läuft, dann lassen wir es eben laufen. Konsequenzen aus dem Erfolg zu ziehen, bedeutet vor allem, zu erkennen, was zum Erfolg geführt hat und genau das weiter zu verbessern, also ein Erfolgsrezept zu entwickeln. Das ist aber die Aufgabe des morgigen Merkurtages.

Rückenwind für:

notwendige Veränderungen bzw. Verbesserungen bei offensichtlichen Fehlern vornehmen; das tun, was auf der Hand liegt; Auseinandersetzungen führen, die nötig sind, um das ursprüngliche Projekt weiterhin durchführen zu können (z. B. bei den Steinheilkundetagen diejenigen rausschmeißen, die falsche Steine verkaufen); sich – falls nötig – von Partnern trennen.

Der Mars im Betrachten im Geburtshoroskop

Wir fühlen uns normalerweise sehr durchsetzungsfähig. Für uns liegen die notwendigen Schlußfolgerungen normalerweise direkt auf der Hand, und wir handeln auch gleich danach. Wenn wir etwas als richtig erkannt haben, setzen wir es gleich um. Wir zögern nicht lange damit, eine neue Verbindung einzugehen oder eine alte aufzulösen. Meist fällt es uns leicht, konsequent zu handeln und das, was wir als richtig ansehen, auch zu verwirklichen. Allerdings neigen wir auch sehr dazu, etwas vorschnell zu ändern, noch bevor wir uns die Zeit genommen haben, die Situation von allen Seiten eingehend zu durchleuchten. So kann es passieren, daß wir etwas wegwerfen, das wir noch brauchen könnten, oder Bindungen auflösen, bevor dafür die richtige Zeit gekommen ist.

Der Merkur im Betrachten ☿

Zugeordnete Steine

Aktinolith	hilft, frühere Fehler, Irrtümer und Mißverständnisse zu erkennen und daraus zu lernen
Azurit	fördert das Streben nach Erkenntnis, Nachdenken, Kritikfähigkeit und überlegtes Handeln
Falkenauge	ermöglicht, einen geistigen Überblick zu gewinnen und dadurch die eigene Absicht zu entdecken und zu bewahren

Die Qualität des Tages: Analysieren

Der heutige Tag ist ein Tag für Kompromisse. Die Unstimmigkeiten, die möglicherweise am »Mondtag« aufgetreten sind, lassen sich heute häufig durch Gespräche und Übereinkünfte beilegen. Allerdings handelt es sich bei der Kompromißbereitschaft nur um einen Teilaspekt dieses Merkurtages.

Die Hauptaufgabe des heutigen Tages ist das *Verstehen*. Dem Merkur wird der Intellekt zugeordnet, und so ermöglicht er uns ein umfassendes und tiefgreifendes Verstehen dessen, was geschieht. Zwar können wir jetzt noch nicht die allumfassende Weitsicht des Jupiter erlangen, die erst mit dem morgigen Tag einhergeht. Aber der heutige Tag unterstützt unsere Fähigkeit des Analysierens. Dadurch kann es uns gelingen, anhand dessen, was wir in den letzten Tagen wahrgenommen haben, zu erkennen, welche unserer Entscheidungen zu Erfolg oder Mißerfolg geführt haben. Heute können wir unser eigenes Handeln und alle äußeren Einflüsse in voller Konsequenz verstehen und so ein Erfolgsrezept entwickeln, das uns und anderen Anleitungen dazu gibt, wie man ein Projekt mit einer bestimmten Zielrichtung erfolgreich verwirklicht und wie Fehler, Probleme und Fallstricke vermieden werden können.

Der Merkur im Betrachten sieht – fast der Sonne gleich – alles. Er besieht sich die verschiedensten Aspekte unseres Tuns und hilft uns, das zu erkennen, was wirklich vorgeht. Daher beraubt er uns auch aller Illusionen, die wir bis jetzt aufrechterhalten konnten. Am heutigen Tag können wir nicht mehr vor uns selbst verstecken, was wir nicht wahrhaben wollen, es sei denn, wir schalten unseren Verstand vollständig ab – was leider viele Menschen auch tun. Was immer unser Ziel war, der Merkur mit seinem leidenschaftslosen Betrachten aller Aspekte deckt gnadenlos auf, ob wir es tatsächlich verwirklicht haben.

Auf der anderen Seiten hilft uns der Merkur aber auch dabei, zu erkennen, daß unsere ursprüngliche Absicht in dem von uns geschaffenen Projekt sehr wohl noch vorhanden sein kann, selbst wenn wir glauben, wir hätten sie aus den Augen verloren. Gerade im Fall eines vermeintlichen Fehlschlages, ermöglicht der heutige Tag es uns, Kompromisse einzugehen, die es uns ermöglichen, unsere Ziele doch noch zu erreichen.

Im Falle eines Buches oder eines Filmes ist heute der Tag, an dem es die Kritiken hagelt. Und gerade dieser Tag unterstützt unsere Fähigkeit, selbst aus dem tiefsten Mißerfolg und der härtesten Kritik noch das herauszuholen, was wir brauchen, um das ganze wieder ins Lot zu bringen. Sollten zum Beispiel alle Buchkritiker das hier vorliegende Mondbuch als völligen Unfug abzukanzeln, so könnte man sich immer noch überlegen, es statt dessen als Handbuch zur Lebenshilfe zu vermarkten. Vor allem aber können wir aus der Kritik, die uns am heutigen Tage entweder von Außenstehenden oder von uns selbst entgegenschlägt, lernen, unsere Fehler oder falschen Voraussetzungen besser zu erkennen und künftig zu vermeiden. Schließlich ist dieses Projekt sicher nicht das letzte unseres Lebens.

Auf unser Leben bezogen ist jetzt der richtige Zeitpunkt, um einen neuen Job zu suchen, wenn wir festgestellt haben, daß unser bisheriger nicht all das beinhaltete, was wir von ihm erwartet haben. Oder wir nutzen die Kommunikationsfähigkeit des Merkur, um mit unserem Vorgesetzten zu reden und so die von uns vermißten Entfaltungsmöglichkeiten doch noch innerhalb unserer bisherigen Firma zu erhalten. Dies gilt natürlich analog auch für alle anderen Lebensbereiche, wie zum Beispiel in der Partnerschaft.

Rückenwind für:

Ergebnis, laufende Produktion analysieren; Feinabstimmung; Auffinden und Korrektur der verborgenen Schwierigkeiten; Erfolgsrezepte erstellen; Arbeitsgruppen zur Fehlersuche oder Verbesserung gründen; alle analytischen Tätigkeiten.

Der Merkur im Betrachten im Geburtshoroskop

Wir haben die Fähigkeit, Vorgänge leicht zu durchschauen und ihre Schwachstellen und Probleme wahrzunehmen. Daher fühlen wir uns auch oft dazu berufen, Kritik daran zu üben, wie andere etwas in Angriff nehmen, da wir zu recht der Meinung sind, daß wir die darin enthaltenen Fehler sehen. Leider ist diese Fähigkeit noch keine Garantie dafür, daß wir unsere eigenen Schwachstellen genau so leicht erkennen. Wenn wir gelernt haben, Kritik nicht nur zu üben, sondern auch anzunehmen, dann werden wir bei jeder Art von gemeinsamen Vorhaben eine große Hilfe sein.

Der Jupiter im Betrachten ♃

Zugeordnete Steine

Pietersit	gibt innere Stabilität bei stürmischen Veränderungen und hilft so, Krisensituationen gelassen zu meistern
Chrysopras	schenkt Vertrauen und Geborgenheit in sich selbst und hilft, die Welt mit staunenden Augen zu betrachten
Opal, grün	hilft bei seelischer Erschöpfung, befreit von Angst und Schuldgefühlen, stärkt die Lebensfreude
Purpurit	stärkt das Einfühlungsvermögen und bringt ein tiefes Verständnis für die eigene Situation, die Mitmenschen und die Umwelt
Sardonyx	regt das Streben nach einem sinnerfüllten Dasein an, hilft, Trauer zu überwinden, und bringt Freude und Zuversicht

Die Qualität des Tages: Den Sinn erkennen

Heute ist der Tag, an dem wir den Fehler unseres Lebens begehen können! Am heutigen Tag haben wir die Aufgabe, all unsere engstirnigen Vorurteile zu überwinden und wahre innere Größe zu erlangen. Die größte Gefahr ist, daß wir, anstatt uns dem Betrachten zu widmen, erneut zu handeln beginnen. Das, was wir erreicht haben, war gut und erfolgreich. Daher sollten wir es so stehen lassen und höchstens noch die Fehler korrigieren, die entstanden sind, weil unser eigener Horizont noch nicht weit genug war und wir andere Sichtweisen nicht gut genug verstanden haben. Wir sollten uns über alle Kleinlichkeit hinwegentwickeln und aus dem, was wir wahrnehmen, auch wahrhaftig lernen. Es ist jetzt an der Zeit, die anderen zu Wort kommen zu lassen, ihren inneren Reichtum anzunehmen und ihr Wissen zu unserer Weltanschauung hinzuzufügen.

Statt dessen ist es ein immer häufigeres Phänomen, daß Menschen ihren früheren Erfolg nutzen, um wieder zu handeln, also den dritten mit dem zweiten Jupitertag verwechseln. Anstatt zu betrachten, sich auf inneres Wachstum einzulassen und von dem außen Geschaffenen Abschied zu nehmen, fangen sie eine zweite Karriere an, in der sie ihre bereits erprobten Erfolgsrezepte wieder und wieder anwenden, wie es am Beispiel des Dauerkanzlers Helmut Kohl am besten zu sehen war. Anstatt sich zum Handeln aufzuraffen oder wenigstens seinen Posten an einen jüngeren Menschen abzutreten, hat er über Jahre hinweg immer wieder sein Erfolgsrezept des Abwartens wiederholt, mit dem Effekt, daß wir über Jahrzehnte hinweg seine Versäumnisse werden ausbügeln müssen. Aber auch die gesamte Gesellschaft, also jeder einzelne von uns, hängt immer noch an den ehemals erfolgreichen Verhaltensmustern des Wirtschaftswunders und weigert sich stur und ängstlich, endlich loszulassen und neue Wege zu ermöglichen. Nur so läßt es sich erklären, daß die BRD als drittstärkste Wirtschaftsmacht der Erde auf dem besten Wege dazu ist, große Bevölkerungsteile verarmen zu lassen. All dies ist ein Problem des Jupiters, ein Problem der Maßlosigkeit und der Tatsache, daß der Wechsel von der materiellen zu geistigen Sicht der Welt nicht oder doch nur sehr langsam stattfindet.

Entsprechend sollten auch wir nicht den Fehler begehen, ein bisher erfolgreiches Konzept über den Punkt hinaus zu nutzen, für den es gedacht war. Statt dessen können wir unser Wissen und unsere Erfahrung anderen lehren, was eine der Lieblingsbeschäftigungen Jupiters ist.

Der heutige Tag ist besonders gut dazu geeignet, uns unsere eigene Größe und Fähigkeiten anzusehen und deren Sinn zu erkennen. Wir können sowohl in unseren Erfolgen als auch in unseren Mißerfolgen wahrnehmen, wofür das ganze gut war. Wir wollen an dieser Stellen an die Geschichte auf Seite 43 erinnern: Häufig führen uns Mißerfolge im Leben weiter als Erfolge.

Heute ist der Tag, an dem wir eine Weltreise beginnen sollten, die uns in völlig fremde Länder und unerforschte Gegenden führt. Heute sollten wir alles ansehen, das uns über unsere bisherigen Grenzen und Betrachtungsweisen hinausführen und unseren Horizont erweitern kann. Jetzt sollten wir uns mit fremden Philosophien und Religionen beschäftigen und vielleicht sogar die ihnen allen innenwohnenden gemeinsamen Wahrheiten entdecken.

Rückenwind für:

größere Zusammenhänge (Lebensbereiche, Wirtschaft, Politik, Geistige Welt) in Bezug zur eigenen Tätigkeit sehen; Sinnesfrage; Verstehen fremder Weltanschauungen.

Der Jupiter im Betrachten im Geburtshoroskop

Das Thema: »Welchen Sinn hat mein Leben?« verfolgt uns schon, so lange wir denken können. Es begegnet uns in allen ungewöhnlichen Situationen wieder. Immer, wenn uns etwas Unerwartetes passiert, stellen wir uns diese Frage. Wir haben ein gutes Gespür für Größe und die Fähigkeit, über die derzeitige Situation hinauszublicken. Worauf wir achten müssen, ist, Situationen zu erkennen, in denen es nichts weiter zu tun gibt, als sich die Dinge anzuschauen und aus dem, wie es ist, zu lernen. Wenn wir lernen, zu beobachten, dann erschließt sich uns der Sinn ganz von alleine.

Die Venus im Betrachten ♀

Zugeordnete Steine

Chrysokoll	hilft, selbst bei heftigsten emotionalen Wallungen einen klaren Kopf zu bewahren
Heliotrop	hilft, in allen Situationen die Kontrolle zu bewahren, sich abzugrenzen und unerwünschte Einflüsse abzuwehren
Jadeit	fördert spielerische Selbstverwirklichung

Die Qualität des Tages: Ausgleich schaffen

Der Tag der Venus ist wie immer ein Tag der Harmonie und der Schönheit. Während der Merkur versucht, Gegensätze zu überwinden, indem er ein gegenseitiges Verstehen herbeiführt, und der Jupiter über die Gegensätzlichkeit hinauswächst, vereinigt Venus die Gegensätze zu einem Ganzen, welches oft mehr als die Summe seiner Teile ist.

Wir sollten den heutigen Tag nutzen, um die innere Harmonie in dem zu entdecken, was wir geschaffen haben. Die Venus sieht alles unter dem Gesichtspunkt der Ausgewogenheit und der Harmonie, sie beachtet niemals den Zweck. Es interessiert sie nicht, ob unser Projekt großartig ist oder andere beeindruckt. Es ist ihr egal, ob sich hinter unserem Tun ein Sinn und Zweck verbirgt, und letztendlich sogar, ob das nicht alles völlig unnötig war. Die Venus interessiert sich nur für die in einer Sache enthaltene Ästhetik, die Harmonie der Verbindung und auch für die Erotik, die aus ihrer Sicht nie fehlen darf.

Auf unser Leben bezogen, stellt die Venus heute die Frage nach der Schönheit, nach dem sinnlosen aber genußvollen Handeln. Sie fragt uns, ob wir in unserem Leben den Raum gelassen haben, um all dies zu leben und zu lernen, und sie fordert uns jetzt dringend dazu auf, es nachzuholen, wenn es fehlen sollte. Aus der Sicht der Venus ist jetzt die letzte Gelegenheit, eine Beziehung, der es an Liebe und Sinnlichkeit fehlt, zu beenden. Und es ist auch jetzt das Lebensalter – meist über fünfzig –, in dem viele Männer aus ihren Zweckehen ausbrechen und damit beginnen, regelmäßig Prostituierte aufzusuchen, die ja im klassischen Sinne die Dienerinnen der Venus sind. Daß Frauen dieser einfache Weg in unserer Gesellschaft meist verwehrt wird, ist einerseits ungerecht, kann für die betreffenden Frauen jedoch andererseits eine Aufforderung sein, dieses verlogene Spiel nicht mitzumachen, sondern in ihrem Leben wirklich etwas zu ändern. Schließlich ist es im Normalfall nicht so, daß ein Mann beim Prostituiertenbesuch wirklich etwas gewinnt, am wenigsten wächst dadurch seine Persönlichkeit.

In Bezug auf unser ursprüngliches Vorhaben ist jetzt die letzte Überprüfung nötig – die Prüfung, ob es uns wirklich gefällt; ob wir etwas geschaffen haben, was uns wahrhaftig Freude bereitet, und ob es auch ohne Sinn, Zweck und Nutzen vor uns bestehen kann. Die Prüfung der Venus ist in unserem Leben die am schwierigsten zu bestehende, da wir dem Venusaspekt häufig gar keine Beachtung schenken. Wann immer wir ihn jedoch nicht in unser Leben integriert haben, wird uns immer das Gefühl einer unerklärlichen Unzufriedenheit verfolgen. Bei diesem Venusaspekt handelt es sich um die Lebensfreude.

Der heutige Venustag gibt uns die Möglichkeit, das Leben an sich zu beobachten und kennenzulernen. Ein noch tieferes Verstehen der Lebendigkeit, als wir heute erlangen können, ist kaum möglich. Und so sollten wir den Tag damit verbringen, uns mit allem zu beschäftigen, was wir lieben und genießen. Besonders geeignet wäre er aber für intensive Erotik zwischen zwei Partnern, die sich schon lange kennen und einander ganz und gar vertrauen. Der heutige Tag ist der Tag des vollendeten Genusses.

Ein weiterer wichtiger Aspekt der Venus ist der des Ausgleiches. So ist heute der Tag dafür, Ungerechtigkeiten zu erkennen und – soweit es in unseren Möglichkeiten liegt – zu beenden. Dabei geht es nicht nur um Ungerechtigkeiten, die wir selber verübt haben, sondern wir sollten nach Möglichkeit danach trachten, Wiedergutmachung für Dinge zu leisten, die wir nicht selber verursacht haben. Schließlich ist die Venus auch die Göttin der Barmherzigkeit.

Wenn wir Ungerechtigkeiten ausgleichen, dann erreichen wir damit Harmonie, das Hauptanliegen der Venus. Und Genuß, besonders der Genuß einer funktionierenden zwischenmenschlichen Beziehung, kann nur aus der Harmonie entstehen.

Rückenwind für:
Erfolge feiern oder »alles in Ordnung bringen«; Versöhnung nach Streitigkeiten; Überwinden von persönlichen Gegensätzen; Wiedergutmachung für vergangenes Unrecht.

Die Venus im Betrachten im Geburtshoroskop
Wir haben ein empfindliches Gespür für jede Form von Disharmonie. Es gibt kaum etwas, das wir mehr verabscheuen, als wenn Menschen nicht dazu bereit sind, ihre Fehler einzugestehen und auch mal auf andere zuzugehen. Wichtiger als aller Besitz ist für uns, daß wir ein gutes Gefühl zu allen Leuten haben können. Leider neigen wir daher dazu, uns für andere aufzuopfern, selbst wenn diese es gar nicht wollen.

Der Saturn im Betrachten ♄

Zugeordnete Steine

Peridot	löst Trauer, Ärger und Wut und räumt mit Belastungen durch Selbstvorwürfe und Schuldgefühle auf
Saphir	bringt Konzentration und Geradlinigkeit, mobilisiert die Geisteskraft
Turmalinquarz	hilft, innere Kämpfe und Konflikte zu lösen, besonders, wenn in einigen Lebensbereichen immer wieder dieselben Mißgeschicke passieren

Die Qualität des Tages: Bilanz ziehen
Der Saturn zeigt wieder einmal das Ende auf. Heute ist der Tag, an dem wir ein letztes Mal unser Werk betrachten. Die Knospe ist nun zur Blüte geworden, und unser Haus ist seit langer Zeit unser gemütliches Heim. Unsere Enkelkinder können nun schon groß sein, zumindest sind sie als eigenständige Persönlichkeiten

klar zu erkennen. Und das Buch hat seinen Siegeszug durch sämtliche Buchläden vollendet und ist in allen Verkaufscharts an erster Stelle gewesen. Wir können nun wirklich sehen, was gut war und immer noch gut ist und was demnächst dem Wandel unterliegen wird.

Das ganze Viertel des Betrachtens dient uns in erster Linie dazu, zu erkennen, was wir getan haben. Welche Aktionen zu welchen Konsequenzen geführt haben. Wie es uns selbst und den Menschen, die in irgendeiner Weise mit unserem Leben oder unserem Vorhaben zu tun hatten, mit dem Ergebnis geht und was noch offen ist und getan oder verbessert werden muß. So ist dieses Viertel bei einem Produktionsprozeß die Zeit, in der das Produkt zwar verkauft wird, aber auch der »Produktbeobachtungspflicht« des Herstellers unterliegt. Es wird immer noch weiter verbessert. Daher sollte man kein Auto einer neuen Baureihe oder die neueste Version eines Computerprogrammes kaufen. Erst im Laufe des Betrachtens, im Laufe der Zeit also, in der das Produkt tatsächlich genutzt wird, können alle wichtigen Fehler erkannt und verbessert werden.

Bei einem Projekt, wie zum Beispiel den Steinheilkundetagen, lernen wir vieles erst dadurch, daß wir etwas tun, dadurch, daß das Projekt verwirklicht wird. Wirkliche Erfahrungen lassen sich eben nur durch Taten sammeln, und das gute Gefühl, einen Berg erfolgreich bestiegen zu haben, kommt erst dann, wenn wir wieder unten sind.

Der heutige Saturntag dient uns dazu, die Bilanz aus dem zu ziehen, was wir geleistet oder verbessert haben. Die Produktserie ist jetzt ausgereift und muß nicht weiter verbessert werden. Jedoch werden wir alle Erfahrungen, die wir in Laufe der Herstellung und des Betriebes gewonnen haben, dazu nutzen, daß nächste Produkt gleich von Anfang an besser zu machen. Daher folgt auf jedes Fabrikat von Autos eine neue, verbesserte Generation. Im Falle der Steinheilkundetage können wir jetzt all das erkennen, was wir getan haben, und diese Erfahrungen konzentriert dazu nutzen, es beim nächsten Mal besser zu machen. Im Gegensatz zum Merkurtag schließen wir jetzt jedoch auch die Erfahrungen des Jupiter- und des Venustages ein. Und wir ziehen Bilanz, das heißt, wir beenden die Zeit des Betrachtens. Wir ziehen uns vom Tun zurück und verbringen die Zeit nur noch damit, zu erkennen, was nötig war und was wir beim nächsten Mal auch weglassen könnten.

Da das Wesen des Saturns die Konzentration beinhaltet, gibt es keinen Tag im Mondzyklus, an dem unsere Wahrnehmung, unsere Konzentration und letztendlich unser Bewußtsein für das, was nötig ist, schärfer ist als heute. Heute ist der Tag des Beobachtens schlechthin. Einen besseren gibt es nicht.

So können wir den heutigen Tag dazu nutzen, um wunderbar genaue Fotos zu machen oder langgehegte Gedanken in vollendeter Perfektion zu Papier zu bringen. Heute sollten wir die Wohnung putzen oder all das aussortieren, was wir nicht mehr haben wollen. Heute sollten wir uns ansehen, was wir an Plänen in unserem Leben nie verwirklicht haben, und ein letztes Mal entscheiden, ob wir sie in unserem Leben noch brauchen. Und heute sollten wir all das, was wir behalten wollen, konzentrieren, bis wir wirklich nur noch das Wesentliche in unserem Herzen tragen. Damit sind wir bereit, den nächsten Schritt zu gehen und alles nicht mehr benötigte loszulassen. Heute ist der Tag, an dem wir mit uns und unserem Leben abrechnen können, um zu sehen was aus uns geworden ist. Und heute haben wir die letzte Chance in diesem Zyklus, alles, was schlecht war, zu korrigieren.

Rückenwind für:

Abschlußberichte abfassen; Bewertung; Lernerfahrung für die Zukunft und andere Projekte; Aufräumen.

Der Saturn im Betrachten im Geburtshoroskop

Mit dieser Mondbetonung zum Zeitpunkt unserer Geburt neigen wir dazu, sehr nüchterne Menschen zu sein. Wir sind meist ruhig, manchmal zurückgezogen. Dafür sehen und beobachten wir alles um uns herum. Auch fällt es uns leicht, aus den Fehlern anderer Menschen zu lernen, ohne sie selber machen zu müssen. Damit wir uns an dem Geschehen um uns herum beteiligen, brauchen wir oft einen starken Antrieb. So schreiten wir gerne ein, um andere vor schlimmen Fehlern zu bewahren, ziehen uns jedoch auch schnell wieder zurück, wenn sie nicht auf uns hören.

Viertes Viertel: Loslassen

(Beenden, Zyklenschließen, Abwenden)

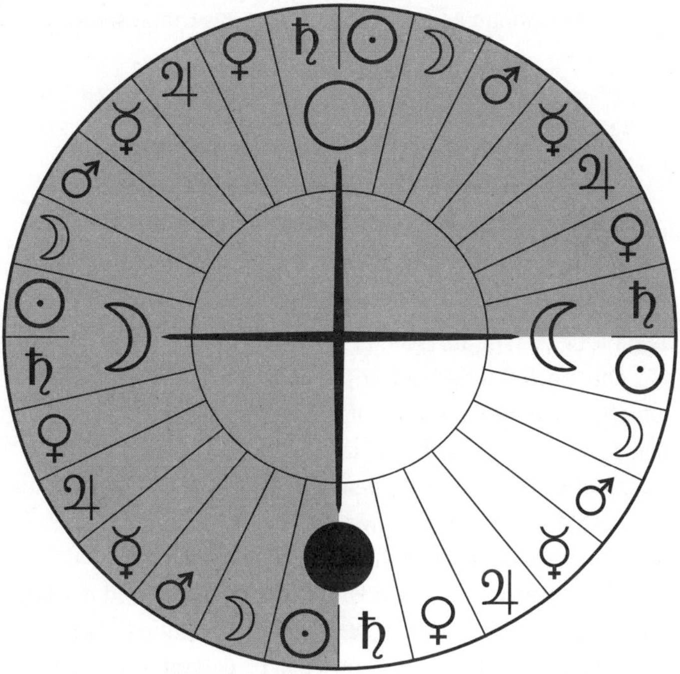

Die Sonne im Loslassen ☉

Zugeordnete Steine

Bernstein	fördert ein sonniges und sorgloses Leben und hilft gleichzeitig, alte Werte in eine neue Zeit zu transportieren
Epidot	stärkt die geistige, seelische und körperliche Regeneration
Zoisit	hilft, Resignation zu überwinden und das Leben selbst in die Hand zu nehmen
Verdelith	hilft, sich in langweiligen Lebenssituationen neu zu orientieren und vergessene Ziele und Ideen wiederzufinden
Grossular	Entspannung, Erholung und Regeneration

Die Qualität des Tages: Feierabend

Jetzt ist Sonnenuntergang. Die Dämmerung hat begonnen, und die Sonne versinkt rotglühend hinter dem Horizont. Es ist an der Zeit, selbst die Sonne loszulassen und den Beginn der Nacht anzunehmen. Die Nacht ist die Zeit der Ruhe und der Regenration, aber auch des Endes. Der Tag endet, unsere Projekte enden und alles, was wir aufgebaut haben, wird nun aufgelöst und wieder in seine ursprünglichen Bestandteile zerlegt. Was bleibt, ist das, was wir daraus gelernt und erfahren haben. Das ist unser Gewinn aus jedem Zyklus, aus allem, was wir tun. Was wir erfahren und erlebt haben, können wir nie wieder verlieren, weil es Teil unseres Wesens und unserer persönlichen Geschichte geworden ist.

Der Tag der Sonne im Loslassen ist ein Tag der Ruhe und der Entspannung. Unser Werk ist getan: Wir haben geplant, aufgebaut, durchgeführt, verstanden, was wir getan haben, und aus unseren Fehlern gelernt. Was jetzt noch zu tun bleibt, ist, daß wir uns zurücklehnen und die »Feierabendzigarette« rauchen. Bei den Steinheilkundetagen wäre jetzt der Zeitpunkt, an dem die letzten Besucher gegangen sind, die Veranstalter die Türen abschließen und endlich Ruhe haben. Natürlich gibt es noch ein paar Sachen wegzuräumen, und es muß vielleicht noch sauber gemacht werden. Aber jetzt ist Feierabend. Es gibt nichts mehr zu tun im Sinne von etwas aufbauen oder durchführen.

Wie es dem Wesen der Sonne entspricht, verbringen wir den heutigen Tag damit, unseren inneren Impulsen nachzugeben, anstatt uns von äußeren Zwängen leiten zu lassen. Das aktive Aufräumen findet erst am kommenden Marstag statt. Jetzt verbringen wir unsere Zeit damit, da zu sein und das Vollbrachte zu genießen. So wäre heute der ideale Tag dafür, einen langen, erholsamen Urlaub zu beginnen oder zur Kur zu fahren. Für jede Form von Rekonvaleszenz herrscht heute die bestmögliche Tagesqualität vor. Wenn wir den heutigen Tag nur dafür nutzen, uns voll und ganz zu erholen und nichts zu machen, was wir nicht wirklich tun möchten, so verkürzen wir unter Umständen die normale Genesungszeit enorm. Oder wir werden gar nicht erst krank!

Die Sonnentage sind Tage, die seit altersher von Menschen dazu genutzt wurden, sie den eigenen Wünschen gemäß zu verbringen. Sie sind dafür gedacht, nicht für andere tätig zu sein, sondern nur aus uns selbst heraus zu handeln. Aufgrund dieses Wissens wurden die Sonnentage schließlich zu Feiertagen erklärt. Wann immer wir wahrhaftig feiern, kommt unser wahres Wesen zum Vorschein, da wirkliches Feiern nur aus uns selbst heraus geschieht. Der derzeitige Kampf um die Ladenschlußgesetze wird hauptsächlich darum ausgefochten, den Sonntag von der Arbeit freizuhalten. Wäre der Sonntag noch mit dem Sonnentag des Mondkalenders identisch, so wäre das ein sehr gutes Ziel, weil ein freier Sonnentag uns allen dabei helfen könnte, unsere inneren Impulse, besonders den Impuls zu Ruhe und Entspannung, besser wahrzunehmen.

Nun beginnt auch die Zeit in unserem Leben, in der unsere Leistungen und das, was wir (er-) schaffen, nicht mehr so wichtig sind wie früher. In Viertel des Loslassens sollten wir von dem Abschied nehmen, was in der äußeren Welt wichtig war, und uns jetzt um so mehr mit unserer Innenwelt beschäftigen. Auf unser gesamtes Leben bezogen, beginnt jetzt das Pensionsalter.

Rückenwind für:

Verkauf des Produktes oder gar der Firma (= Umwandlung des Produktes in Geld/Energie); Urlaub (nur wenn zuvor tatsächlich alles erledigt ist); Kuren, die der Entschlackung und der Regeneration dienen; auf unsere körperlichen Bedürfnisse hören und danach handeln (vermeidet Krankheiten und bringt tiefe Erholung).

Die Sonne im Loslassen im Geburtshoroskop

Mit dieser Mondbetonung haben wir im wahrsten Sinne des Wortes innerlich die Ruhe weg. Unser Hauptmotto ist »Eile mit Weile«, und nichts ist uns wichtiger im

Leben als Ruhe und Entspannung. Ob wir das dann tatsächlich so verwirklichen können, hängt sehr stark damit zusammen, wie gut unser Kontakt zu unserer Gefühlswelt ist. Je leichter es uns fällt, auf unsere Gefühle zu hören, desto ausgeglichener und entspannter bleiben wir im allgemeinen.

Der Mond im Loslassen ☽

Zugeordnete Steine

Amethyst	fördert inneren Frieden, hilft, nächtliche Träume zu verstehen
Dumortierit	hilft, das Leben leichter zu nehmen
Magnesit	vermittelt Gelassenheit und Entspannung
Rhodonit	hilft, zu verzeihen und seelische Verletzungen zu heilen
Prasem	verhilft nachtragenden Menschen, sich wieder zu versöhnen
Serpentin	vermindert Aggressivität und Streitlust
Türkis	schützt vor Belastungen, Fremdeinflüssen und Angriffen von außen

Die Qualität des Tages: Verzeihen

Der Tag des Mondes im Loslassen ist der Tag, an dem wir dem Loslassen und dem Abschied in unserer Gefühlswelt Raum geben. Heute ist der beste Tag zum Trauern. Gerade wenn wir einen alten Kummer nicht loswerden können, ist der heutige Tag dafür sehr gut geeignet, weil wir diesem Gefühl des Verlustes und des Beendens heute so nahe sind wie sonst nie. Daher können wir auch umgekehrt darauf schließen, daß wir, wenn es uns an diesem Tag immer sehr schlecht geht, noch tiefen Schmerz und tiefe Trauer in uns haben, die gelöst werden wollen.

Am heutigen Tag fühlen wir, was der gestern beschlossene Abschied wirklich für uns und unser Leben bedeutet. Wie fühlt es sich an, nach all den Jahren in Pension zu gehen. Wie »schmeckt« uns die Vorstellung, unsere in dreißig Jahren aufgebaute Firma an einen Nachfolger weiterzugeben oder, schlimmer noch, zu verkaufen. Was fühlen wir wirklich, wenn wir unser geliebtes Haus verkaufen oder gar abreißen müssen, weil wir zu alt geworden sind, um uns noch darum zu kümmern. Und wie sehr schmerzt die Trennung von einem lange Jahre geliebten Partner, wenn wir nun wieder alleine unsere eigenen Wege gehen müssen. Das sind die Themen des Mondes im Loslassen, sehr schwierige Themen, die noch dadurch verkompliziert werden, daß wir in unserer Gesellschaft keinen wirklichen Platz mehr für die Trauer haben.

Wie alles, hat aber auch der heutige Tag seine angenehmen Seiten. Wir können heute Lasten ablegen, die wir über lange Zeit mit uns herumgetragen haben, und oft genug empfinden wir tatsächlich Erleichterung, wenn wir den schweren Schritt einmal gegangen sind und unsere Firma an einen jüngeren Menschen abgegeben haben. Oft spüren wir erst, wie schwer unsere Verantwortung wog, nachdem wir sie von unseren Schultern genommen haben. Im letzten Viertel, im Viertel des Loslassens, sollten wir uns von all unseren Bürden befreien, um leicht zu werden und offen für Neues zu sein.

So ist es heute an der Zeit, alle alten, oft noch schmerzenden Gefühle loszulassen und endlich Frieden mit uns selbst zu finden. Der wichtigste Schritt auf diesem Weg ist es, anderen das Unrecht, das sie uns unserer Meinung nach angetan haben, zu verzeihen. Und – noch wichtiger – uns selbst all das zu verzeihen, was uns nicht gelungen ist und was wir unserer Meinung nach an Fehlern begangen haben. Nur durch das Verzeihen ist es möglich, Frieden zu finden, und all das, was noch an Rechnungen offen war, endlich abzuschließen.

Im Beispiel der Steinheilkundetage wäre es nun an der Zeit, daß jeder der daran Beteiligten sich noch einmal die eigenen und die Fehler der anderen vor Augen führt und schaut, wie er/sie sich damit fühlt. Wie war noch einmal die peinliche Situation, als der Kollege plötzlich sagte, daß der Stein, über den man gerade geredet hat, nur blau gefärbtes Glas sei? Oder wie fühlte man sich, als der großangekündigte Diavortrag im Stromausfall unterging? Wenn es uns gelingt, diese Situationen anzusehen und vielleicht sogar darüber zu lachen, dann haben wir das Wesen des heutigen Tages verstanden und können auch auf der Gefühlsebene die Veranstaltung beenden.

So haben wir heute die Aufgabe, an unseren Gefühlen zu wachsen und anderen Menschen Raum für ihr eigenes Leben zu gewähren. Auch im alltäglichen Leben ist es am heutigen Tag angesagt, daß wir Duldsamkeit, Offenheit und Mitgefühl gegenüber anderen lernen; daß wir damit beginnen, andere mit unserem Gefühl und somit unserem Herzen zu betrachten; und daß wir in dem, was wir geschaffen haben, vielleicht auch kleine oder sogar große Fehlern ansehen und verzeihen.

Rückenwind für:
das Befrieden der Gefühle; Annehmen, was ist; evtl. Menschen suchen, die einem helfen können, sich selbst anzunehmen und zu verstehen, Familienaufstellungen nach Bert Hellinger; den inneren Frieden finden.

Der Mond im Loslassen im Geburtshoroskop
Je nach dem, wie unser Kontakt zu unseren Gefühlen im Augenblick ist, sind wir entweder sehr friedliche und ausgeglichene Menschen oder wir klammern uns mit aller Gewalt an die Vergangenheit und können alte Schmerzen, Verletzungen und Enttäuschungen nicht loslassen. Wenn wir es schaffen, mit unseren Gefühlen ins reine zu kommen, dann können wir mit unserer inneren Weisheit und Gelassenheit anderen Menschen helfen, inneren Halt und Ruhe zu finden.

Der Mars im Loslassen ♂

Zugeordnete Steine

Charoit	hilft dabei, ruhig und sicher eine Angelegenheit nach der anderen zu regeln
Halit	hilft, Gedanken und Verhaltensmuster aufzulösen
Marmor	gibt Kraft, unglückliche Lebensumstände zu wandeln
Schwefel	bringt die grundlegenden Motivationen unseres Lebens ans Licht
Zirkon	lehrt Wesentliches von Unwesentlichem zu unterscheiden, erinnert an die Vergänglichkeit aller Ideen

Die Qualität des Tages: Reste beseitigen
Nachdem wir den Impuls zum Beenden gehabt haben und auch den Abschiedsschmerz fühlen durften, ist es nun mal wieder an der Zeit, etwas zu tun.

Wie immer ist der Mars sehr tatkräftig, und da wir – im Idealfall – jetzt schon nicht mehr von Trauer und Schmerzen gehemmt sind, können wir nun erleichtert und vielleicht sogar unbeschwert all das tun, was nötig ist, um uns von dem Alten zu lösen. Heute ist der Tag, an dem wir unseren letzten Arbeitstag begehen und am besten mit einer Abschiedsfeier aus der Firma austreten.

Im Falle einer getrennten Beziehung zahlen wir jetzt dem ehemaligen Partner die letzten noch verbliebenen Schulden zurück und stellen ihm/ihr die Sachen vor die Tür. Danach erst können wir damit beginnen, die Wohnung nach unseren eigenen Wünschen einzurichten. Dies ist letztlich aber schon die Aufgabe des nächsten Zyklus.

Der Mars im Loslassen schafft die Reste weg. Er erledigt all das, was noch zu tun ist, um einen Zyklus wirklich zu beenden. Daher ist heute der Tag, aktiv zu werden und alles, was uns beengt, im wahrsten Sinne des Wortes hinauszuwerfen. Heute ist der beste vorstellbare Tag für eine richtige Sperrmüllaktion oder dafür, unsere Garderobe auszumisten. Alles was alt ist und nicht mehr gut für uns, sollte weg. Ob es nun Lebensumstände oder Gegenstände sind.

Wenn wir eine Arbeitsstelle aufgegeben haben, dann ist heute der Tag, an dem wir alles aus unserem Leben verbannen, was uns noch an diese Arbeit bindet. Damit ist natürlich nicht gemeint, daß wir unsere eigenen Patente wegwerfen sollen, die wir in der Zeit bei unserer alten Firma entwickelt haben und die uns nun ein sorgloses Leben ermöglichen könnten. Auch das Erinnerungsfoto mit den Kollegen können wir ruhig behalten, solange es nicht dazu führt, daß wir der alten Arbeit immer wieder nachtrauern. Doch wenn wir als Lehrer gearbeitet haben und uns nun als Schriftsteller selbständig machen wollen, so haben die alten Bögen zur Unterrichtsvorbereitung in unserem Leben einfach nichts mehr zu suchen. Also weg damit.

Der heutige Tag kann auch dazu dienen, sich von unerfüllten Träumen zu verabschieden. Wann immer wir einem Traum ein Leben lang nachgerannt sind und schließlich einsehen mußten (Mond im Loslassen), daß wir ihn nie werden verwirklichen können, ist es sehr hilfreich, ihn würdevoll zu verabschieden. Dazu gehört einerseits, um den Traum zu trauern, was die Aufgabe des gestrigen Tages war. Dann sollten wir ihn aber auch aktiv verabschieden, indem wir alle Gegenstände, die uns mit ihm verbinden, aus unserem Leben entfernen. Wenn es unser Traum war, auf dem Mount Everest zu steigen, so kann es beim Verabschieden hilfreich sein, alle Bücher über diesen Berg zu verschenken und das große Everest-Poster von der Wand zu nehmen.

Bei der Neigung des Mars zu Auseinandersetzungen kann es vorkommen, daß wir heute auch noch einen Abschiedsstreit vom Zaun brechen, um uns das Beenden zu erleichtern. Hierbei stellt sich natürlich die Frage, ob uns diese

Herangehensweise wirklich hilft oder ob wir damit nicht eine neue Last auf uns nehmen. Wenn wir unserem Ex-Partner seine Sachen zurückgeben, können wir ihn damit beleidigen (»Hier hast du deinen Mist wieder.«) oder ehren (»Ich gebe dir zurück, was dir gehört.«). Der Unterschied zwischen diesen beiden Extremen ist sehr groß, und es ist wichtig, daß wir das tun, was uns am ehesten zu einer wirklichen Trennung verhilft. Dem Wesen des Marsarchetypus entsprechen beide Arten, Hauptsache, es wird etwas zielstrebig getan.

Rückenwind für:
das Aufräumen; aktives Zerstören alter Strukturen und gegebenenfalls auch von Gegenständen, die uns emotional an die Vergangenheit binden; Reste beseitigen; Schulden bezahlen; Rechnungen begleichen

Der Mars im Loslassen im Geburtshoroskop
Wie immer mit einer Marsbetonung im Mondhoroskop, sind wir im Leben tatkräftig dabei und fühlen uns im Handeln wohler als im Debattieren. Dies prädestiniert uns für eine Stellung bei der Müllabfuhr oder im Klärwerk oder als Möbelpacker. Unsere Stärken sind eindeutig das »Anpacken und Wegschaffen«. Diese Fähigkeit besitzen wir jedoch nicht nur auf der materiellen, sondern auch auf dem emotionalen Ebene, so daß wir uns – nach einer entsprechenden Ausbildung – hervorragend dazu eignen würden, anderen Menschen dabei zu helfen, ihr eigenes Gefühlsleben aufzuräumen.

Der Merkur im Loslassen ☿

Zugeordnete Steine

Bergkristall	für klare Wahrnehmung und Selbsterkenntnis
Disthen	löst Opferhaltung und Schicksalsgläubigkeit und verdeutlicht, wie man sein Glück oder Unglück selbst verursacht
Lapis Lazuli	löst einengende Verhaltensmuster und die Neigung zu Zurückhaltung und Kompromissen
Rhyolith	hilft dabei, sich selbst genau so zu sehen und anzunehmen, wie man ist

Die Qualität des Tages: Verstehen des gesamten Zyklus

Während des Merkurs im Betrachten haben wir uns mit der Analyse unseres Handels beschäftigt und so verstehen können, was verbessert werden muß und welche Entscheidungen zu welchen Ergebnissen geführt haben. Der Tag des Merkurs im Loslassen dient wieder dem Verstehen. Allerdings handelt es sich hierbei um ein umfassenderes und nicht so analytisches Verstehen.

Im Falle einer Partnerschaft beschäftigen wir uns am Merkurtag im Betrachten damit, wie wir mit unserem Partner besser leben können und ob wir das überhaupt noch so wollen. Wir sehen, was wir tun, was der Partner tut und welches Handeln dazu führt, daß wir uns besser verstehen oder was uns entzweit. Am Tag des Merkurs im Loslassen hingegen ist unsere Partnerschaft unwiderruflich beendet. Wir haben sie angeschaut und uns zu einer Trennung entschlossen. Wir haben uns mit unseren Gefühlen auseinandergesetzt und um alles, was wir verloren haben, getrauert. Nun geht es uns darum, alleine oder in Kommunikation mit anderen, zu verstehen, was die Partnerschaft als ganzes in unserem Leben bedeutete. Warum wir sie eingegangen sind, was sie uns gebracht hat, was wir aus dem Leben mit dem Partner gelernt haben und warum es nicht mehr ging. Wir besehen uns die Partnerschaft abermals mit dem Verstand, aber heute nicht mehr, um ein Erfolgsrezept für eine funktionierende Partnerschaft zu entwickeln, sondern um alle noch unklaren Punkte in Zusammenhang mit diesem Teil unseres Lebens zu klären. Erst wenn wir alles, was in diesem Zyklus passiert ist, voll und ganz verstanden haben, können wir mit dem, was war, zufrieden sein und somit das Geschehen abschließen.

Im Falle der Steinheilkundetage würden sich die Organisatoren am heutigen Tag zusammensetzen und darüber sprechen, wie es für jeden einzelnen war und was es ihm/ihr gebracht hat. Je länger sie darüber reden, desto klarer wird für jeden von ihnen, was sie aus dieser Erfahrung gelernt haben und ob sie so etwas vielleicht noch einmal machen wollen. Jeder versteht seine Rolle in der gemeinsamen Veranstaltung und kann so beurteilen, wofür das ganze aus seiner Sicht gut war.

Heute ist aber auch der richtige Tag, sich einen völligen Fehlschlag einzugestehen. Denn wenn alles schiefgelaufen ist und nichts so wurde, wie es hätte werden sollen, dann ist es besonders wichtig, daß wir uns damit ehrlich auseinandersetzen. Gerade wenn unser Auftritt oder Vortrag ein völliger Mißerfolg war, können wir daraus nur lernen, wenn wir uns das Geschehen genau und bis in alle Einzelheiten betrachten. Nur wenn wir unsere Fehler verstanden haben, können wir sie künftig vermeiden. Ansonsten trauen wir uns nie wieder eine vergleichbare Aktion zu und verbringen unser Leben damit, Situationen zu vermeiden, die dieser ähnlich sind. Dieses Phänomen wird »Versagensangst« genannt und tritt nur dann auf, wenn wir einen Mißerfolg nicht wirklich verstanden haben.

Der heutige Tag ist auch die Zeit des Abschieds. Erneut reden wir mit allen Menschen die wir kennen, aber nicht mehr um etwas aufzubauen, sondern um es abzuschließen. Heute können wir alle noch verbliebenen Mißverständnisse und Unstimmigkeiten zwischen uns und anderen Menschen klären und lösen. Den heutigen Tag können wir dazu nutzen, mit uns und anderen ins reine zu kommen, um so selbst den Abschied und das Loslassen einvernehmlich zu gestalten. Und indem wir über das Vergangene reden, können wir vielleicht neues Verstehen und eine neue Gemeinsamkeit erschaffen und so möglicherweise aus einer gescheiterten Beziehung eine funktionierende Freundschaft machen.

Rückenwind für:

Steuererklärung; abschließende Formalitäten; Klärungsgespräche; Supervision; ein guter Tag, um nach einer Trennung wieder ein gegenseitiges Einvernehmen zu erlangen; Gespräche über Unterhalt, Aufenthaltsort der Kinder usw.; Versagensängste auflösen, indem wir verstehen lernen, woher sie kommen.

Der Merkur im Loslassen im Geburtshoroskop

Mit dieser Mondbetonung haben wir ein Gefühl für Klarheit und für das Verstehen von Hintergründen. Wir begreifen sehr schnell, wie es dazu kam, daß die Situation so ist, wie sie sich uns jetzt darstellt. Wir haben die Fähigkeit, uns in viele Situationen einzufühlen und ihre Ursachen zu verstehen. Wenn uns z. B. Menschen mit einer völlig zerstrittenen Partnerschaft begegnen, so finden wir intuitiv die Anfänge ihrer Probleme und können sie ihnen vielleicht sogar verständlich machen. Für uns selber müssen wir sehr darauf achten, uns gegenüber ehrlich zu sein und unangenehme Erlebnisse offen zu betrachten, da wir sonst unsere Fähigkeiten selbst blockieren.

Der Jupiter im Loslassen ♃

Zugeordnete Steine

Apophyllit	macht bewußt, was uns dazu verleitet, uns hinter Masken zu verstecken
Indigolith	stärkt das Streben nach geistiger Freiheit und fördert Treue, Ethik und Verantwortungsbewußtsein
Moldavit	löst die Aufmerksamkeit von materiellen Sorgen und bringt spontane, unkonventionelle Ideen und Problemlösungen
Moosachat	bringt Inspiration und neue Ideen, stärkt bei Erschöpfung und Mutlosigkeit
Peridot	»reinigt das Herz«, räumt Belastungen durch Selbstvorwürfe und Schuldgefühle beiseite
Prehnit	bringt Stimmungen und Empfindungen ins Bewußtsein, die unser Denken und Handeln beeinflussen

Die Qualität des Tages: Der Sinn des Lebens

Im Loslassen offenbart der Jupiter seine wahre Größe. Da wir uns jetzt im vierten Viertel vor allem mit den geistig/spirituellen Aspekten unseren Tuns befassen sollten, hat der Jupiter sozusagen Heimspiel, entspricht genau das doch seinem wahren inneren Wesen.

Der Jupiter zielt immer auf Größe und Ausdehnung ab. Aber sein wahres Interesse ist die innere Größe, die wir gewinnen können, indem wir unsere Weltanschauung erweitern und Religion und Spiritualität in unser Leben lassen (mit Spiritualität ist hier gemeint, daß wir bereit sind, zu sehen, daß es eine geistige Welt gibt, daß mit dem Tod unseres Körpers nicht zwangsläufig alles aufhört und daß es mehr Dinge zwischen Himmel und Erden gibt, als die Naturwissenschaften erklären können).

Heute kann es uns gelingen, den Sinn hinter all dem zu entdecken, was wir getan haben. Gerade im Fall einer beendeten Partnerschaft ist dies eine Frage, die uns immer wieder beschäftigt: »Was sollte das alles?« »Warum haben ich mich gerade in denjenigen/diejenige verliebt?« »Was hat das ganze in meinem Leben überhaupt zu bedeuten?«

Im Falle eines erfolgreichen Produktes neigen wir weniger dazu, uns die Frage nach dem Sinn zu stellen. Nichtsdestotrotz können wir aus allem, was wir im

Leben tun, etwas lernen, um die Welt besser zu verstehen. Besonders drängend wird die Frage nach dem Sinn oft, wenn es darum geht, unerfüllte Träume zu verabschieden. Am heutigen Jupitertag kann es uns gelingen zu verstehen, welchen Sinn diese in unserem Leben hatten. Oft haben sie uns erst in die Richtung geführt, die wir eingeschlagen haben, so daß ohne sie unser Leben eine ganz andere Wendung bekommen hätte. Oder wir waren so auf unseren Traum fixiert, daß wir viele andere Möglichkeiten, die wir gehabt hätten, einfach nicht wahrnehmen konnten. Dies hat uns aber auch möglicherweise vor schlimmen Fehlern bewahrt. Wenn wir den diesen Träumen zugrundeliegenden Sinn aufdecken können, dann können wir uns mit ihnen versöhnen (die Aufgabe des morgigen Venustages) und schließlich von ihnen Abschied nehmen (Saturn im Loslassen).

Eine andere Qualität des heutigen Tages ist es, uns von Verhaftungen zu lösen. So mag es sein, daß wir unser Leben lang der Meinung waren, zu wissen, was Recht und was Unrecht ist. Am heutigen Jupitertag kann es uns gelingen, über dieses alte Schema hinauszuwachsen und zu erkennen, daß Recht und Unrecht für jeden Menschen etwas anderes bedeuten. Wir können sogar noch darüber hinausgehen und den Sinn von Recht und Unrecht zu verstehen beginnen – das, wofür diese beiden Begriffe überhaupt gut sind. Je mehr unserer alten Verhaftungen und Muster wir lösen können, desto mehr Freiraum gewinnen wir innerlich – und desto leichter fällt es uns, uns von dem, was wir in diesem Zyklus geschaffen haben, zu lösen und ihn so wirklich zu beenden.

Heute ist der richtige Tag um das Buch zur Hand zu nehmen, das wir schon seit langem lesen wollten, das uns aber immer zu schwierig war. Heute ist ein guter Tag, um draußen unter freiem Himmel zu sein, den Boden unter unseren Füßen und den Himmel über uns zu spüren, den Wind im Gesicht und den Regen oder die Sonne auf der Haut. Und heute ist ein guter Tag, uns hinzusetzen und alles, was wir zu wissen glauben, anzusehen und dann herzhaft darüber zu lachen. Weil es immer viel mehr gibt, was wir nicht wissen, als was wir schon kennen. Und es gibt immer etwas, das größer ist als wir selbst, egal ob wir es als Gott, Tao oder Universum bezeichnen.

Rückenwind für:

das Lösen von allen noch unerreichten Zielen; Verstehen eines tiefen Lebenssinnes in der Welt; draußen sein und die Natur spüren; Meditationen; schamanische Reisen; alle Erfahrungen, die über das Alltägliche hinausgehen.

Der Jupiter im Loslassen im Geburtshoroskop

Wir fühlen uns oft sehr groß, so als wären wir mit der ganzen Welt verbunden. Meist betrachten wir die Geschehnisse um uns herum, als wären sie Teil eines gewaltigen, großartigen Planes, den wir in seinen ganzen Auswirkungen zwar nicht zu begreifen aber doch zu *erfühlen* vermögen. Eine mechanische Welt ohne eine dahinterliegende Absicht ist uns im Grunde unvorstellbar, so daß wir dem Sinn des Lebens eigentlich immer auf der Spur bleiben.

Die Venus im Loslassen ♀

Zugeordnete Steine

Covellin	fördert Selbsterkenntnis und Selbstliebe
Diamant	für Treue zu sich selbst, klare Erkenntnis und geistige Freiheit
Schörl	vermindert negative Gedanken und ermöglicht es, eine gelassene, neutrale Haltung anzunehmen
Smaragd	bringt Wachheit, Klarheit und Weitblick, fördert den Sinn für Ästhetik, Schönheit, Harmonie und Gerechtigkeit

Die Qualität des Tages: Innere Harmonie finden

Die Qualität des heutigen Tages ermöglicht es uns, über Begriffe und Wertungen wie »gut« oder »schlecht« hinausgehen. Nachdem wir am gestrigen Jupitertag den Sinn dessen Verstanden haben, was uns im Laufe unseres Vorhabens begegnet und zugestoßen ist, geht es heute darum, daß wir uns mit dem, was geschehen ist, endgültig aussöhnen. Hier wollen wir abermals auf die Geschichte auf Seite 43 verweisen, in der es darum ging, daß Wertungen wie »gut« und »schlecht« nur relativ sind und sich schnell ändern können. Die Aufgabe des heutigen Tages ist nun, daß wir sowohl die »guten« als auch die »schlechten« Ereignissen annehmen und ihren Wert für unser Leben oder zumindest für unser am Neumond begonnenes Vorhaben erkennen. Wenn uns das gelingt, dann sind wir wirklich im harmonischen Einklang mit dem, was wir getan und erlebt haben. Dann können wir alles akzeptieren so wie es ist und unser Projekt wirklich voll und ganz loslassen.

Die Venus zielt auch im Loslassen auf Harmonie. Nachdem wir uns nun aus unserem Projekt und seinen Anforderungen herausgezogen oder es beendet haben, ist es der Wunsch der Venus, daß wir damit glücklich sind. Sie sucht die letzten Gedanken des Bedauerns und Gefühle des Verlustes in unserer Seele und verbindet sie mit der Erleichterung, die Last los zu sein, und dem Verstehen des Sinnes (Jupiter) zu einem harmonischen Ganzen, in dem weder Freude noch Leid überwiegen. Hier, an ihrem letzten Tag, zeigt die Göttin der Liebe ihre wahre Weisheit. Jetzt wird alles ausgeglichen und harmonisiert. Wenn das Haus abgerissen und der Schutt weggeräumt ist, kommt die Venus und pflanzt wieder Gras und Blumen, um das Grundstück in den Zustand ursprünglicher Harmonie zurückzuversetzen.

Heute können wir mit allem um uns herum einen Ausgleich erlangen und dadurch wirklich frei von unseren Wünschen und unseren ursprünglichen Vorhaben werden. Wenn alles in Harmonie ist, bleibt nichts mehr zu tun. Alles ist gut, so wie es ist. Das ist die Erkenntnis, die wir heute gewinnen können.

Der heutige Tag ist – wie alle Venustage – ein Tag des Genusses. Allerdings ist die Form dieses Genusses für uns ungewohnt, ist doch heute ein Tag, an dem wir den *Verzicht* genießen sollen. Dies zu verwirklichen ist für uns alle schwierig. Eine leicht nachvollziehbare Form eines genußvollen Verzichtes ist das Fasten, bei dem unser Körper wieder in Harmonie mit unserer Seele kommen kann.

Auch wenn wir auf etwas verzichten, das wir schon lange haben wollten, von dem wir aber in Laufe dieser Woche festgestellt haben, daß es sich dabei um einen unerreichbaren Traum handelt, ist es die Aufgabe des heutigen Tages, uns endgültig damit auszusöhnen.

Ein Beispiel, das sich vielleicht leicht nachvollziehen läßt, ist die Jagd nach einem ganz bestimmten Partner. Wenn wir Wochen und Monate hinter jemanden hergelaufen sind, weil wir uns in den Kopf gesetzt haben, der- oder diejenige wäre unser Partner fürs Leben und dann – nicht aus Verbitterung oder Resignation, sondern aus einem tiefen Verständnis heraus, daß wir uns geirrt haben – auf diese Verbindung verzichten, dann genießen wir diesen Verzicht und empfinden wirkliche Erleichterung. Wir sind wieder in Harmonie mit uns selbst. Dies ist das Wesen des heutigen Tages.

Entsprechend dem eben Gesagten können wir den heutigen Tag dazu nutzen, alle Disharmonien und Unstimmigkeiten, die noch in uns sind, aufzuspüren und aufzulösen. Am Ende des heutigen Tages sind wir in Harmonie mit uns und der Welt, mit unseren Wünschen und Zielen, mit dem, was geschehen ist und geschehen wird. Jetzt sind wir bereit, uns dem Saturn zu stellen und diesen Zyklus vollends abzuschließen.

Rückenwind:
für das Genießen, daß es »vorüber« ist; aktiv und bewußt verzichten, um mit sich selbst ins Gleichgewicht zu kommen; über die Polarität, den Gegensatz von »gut« und »schlecht« hinausgehen und die Gegensätze vereinen.

Die Venus im Loslassen im Geburtshoroskop
Noch mehr als die an den anderen Venustagen geborenen Menschen fühlen wir in uns den Drang, Gegensätze zu überwinden und Grenzen aufzuheben. Da wir ein intuitives Verständnis dafür haben, daß letztendlich doch alles eins ist, fällt es uns oft schwer, die Kleinlichkeit und das Gezänk der meisten anderen Menschen nachzuvollziehen. Allerdings müssen wir sehr darauf aufpassen, daß wir in unserem Wunsch nach Harmonie die vorhandenen Gegensätze nicht einfach unter den Tisch kehren, sondern sie wirklich ausgleichen.

Der Saturn im Loslassen ♄

Zugeordnete Steine

Galenit	beendet jeden angefangenen Prozeß und jedes nicht abgeschlossene Vorhaben
Schalenblende	hilft, veraltete Strukturen zu erneuern und dramatische Veränderungen im Leben sinnvoll zu meistern
Vesuvian	ermöglicht, starke Verhaftungen, Gewohnheiten und Verhaltensmuster loszulassen und sich offen und ehrlich zu zeigen

Die Qualität des Tages: Vollendung
Heute ist der letzte Tag des Zyklus, der Tag an dem das vierte Viertel und damit das ganze endet. Heute ist der Saturn in seiner Eigenschaft, zu beenden und Dinge auf das Wesentliche zu konzentrieren, am stärksten. Wann immer wir etwas beenden, anhalten oder lösen müssen, heute ist der richtige Tag dafür.

Der heutige Tag dient einer letzten Rückschau. Noch einmal betrachten wir das gesamte Viertel des Loslassens und schauen, ob wirklich alles, was noch an Verhaftungen und Wünschen, Träumen und Zielen vorhanden war, vollständig aufgelöst worden ist. Wenn wir irgend etwas übersehen haben oder nicht wahrhaben wollten, so wird dies heute beendet. Allerdings nicht so harmonisch und angenehm, wie wenn wir es am richtigen Tag angegangen wären.

Der Saturn herrscht über die materielle Welt. Alles, was hart, fest und körperlich ist, gehört zum Reich des Saturns. Den Gegensatz hierzu bildet die geistige Welt, die nicht dem Saturn unterliegt und von ihm nicht beeinflußt werden kann. Entsprechend diesen Gesetzmäßigkeiten bleibt im Tod unser Körper in der materiellen Welt zurück und wird hart und kalt, ganz und gar saturnisch also. Unser geistiger Teil, unser eigentliches Wesen hingegen, verläßt die Welt und überschreitet damit die Grenze, die der Saturn bewacht.

Daher ist der Saturn der Hüter der Schwelle, der nichts entläßt, was zu seinem Reich gehört. Der Saturn reduziert unsere körperliche Existenz auf das Wesen-tliche, auf unser eigentliches Wesen. Dies bleibt, während alles andere dem Zerfall und dem Vergessen anheimfällt. Der Saturn lehrt uns, daß nichts, was körperlich ist, überdauern kann, so wie dereinst selbst das Universum enden wird. Dadurch schenkt er uns die Weisheit, die wir nutzen können, um unsere wahren Werte – Erfahrungen und Fähigkeiten – zu erlangen, die selbst den Tod überdauern. Der Saturn ist das Ende. Und heute ist der Tag an dem alles endet – um Raum für Neues zu schaffen.

Den heutigen Tag sollten wir dazu nutzen, nach innen zu schauen und zu erkennen, wer oder was wir selber sind. In den letzten Tagen haben wir uns Stück für Stück von unseren Projekten gelöst und so eine große innere Freiheit erlangt. Am heutigen Tag, dem Tag des Beendens, bleibt nichts mehr zu tun, als den Schlußstrich zu ziehen und den Blick auf uns selber – auf denjenigen, der das alles in die Wege geleitet hat – zu richten, um so wenigstens einmal mit völliger Klarheit erkennen zu können, daß wir auch dann noch da sind, wenn wir nichts mehr zu tun haben. Dadurch gewinnen wir das Verständnis und die Leichtigkeit, die es uns letztendlich ermöglichen, unbeschwert zu gehen und alle Lasten zurückzulassen.

Heute ist der Tag, die allerletzten offenen Fragen zu stellen. Der Saturn versinnbildlicht das Körperliche, und am Tag des Saturns im Loslassen ist es unsere Aufgabe, alles Körperliche und Materielle, was uns noch geblieben ist, loszulassen und herzugeben – an unserem Todestag selbst die Materie, aus der unser Körper besteht. Der Saturn lehrt uns, daß wir nichts mitnehmen können, was nicht wirklich Teil von uns ist, und daß dieser Zyklus, dieses Spiel, die jetzige Aufgabe wirklich und wahrhaftig vorbei sind.

Am heutigen Tag empfangen wir das Geschenk der Leichtigkeit. Wir erhalten die Lebensenergie zurück, die wir in diese Idee oder Aufgabe gesteckt haben, und dürfen jetzt alles zurücklassen, was damit zusammenhing. Dieser Zyklus ist endgültig aus und vorbei. Nichts aus ihm belastet uns mehr. Wir haben all unsere Vorhaben erfüllt, unsere Versprechen eingelöst und alle Fragen verstanden. Jetzt sind wir wieder frei. Die Nächte sind wieder dunkel geworden, und wenn dieser Tag endet, ist wieder Neumond – die Verbindung von Sonne und Mond, von Ausstrahlen und Empfangen, von Sein und Fühlen – in vollendeter Harmonie.

Rückenwind für:
Ablage; Schließen der Akte; Feierabend; Abschließen; Beenden; Stillegen; es gibt nichts mehr zu tun; der ideale Tag, um der Frage »Wer bin ich wirklich?« nachzugehen

Der Saturn im Loslassen im Geburtshoroskop
Unsere größte Stärke im Leben ist das Beenden. Wir haben es einfach im Gefühl, wie man Dinge und Projekte fertigstellt und zu Ende bringt, wie man Sachen auf einen Punkt bringt, der alles Wichtige beinhaltet. Wenn die meisten anderen Menschen noch diskutieren oder mehr oder weniger planlos handeln, haben wir schon alles in Ordnung gebracht und den Schlüssel umgedreht. Leider fällt es uns oft schwer, Dinge einfach liegenzulassen und spontan das zu genießen, was gerade auf uns zukommt.

Die Reise des Neumondes durch die Zeichen

Im Laufe des Jahres bewegt sich der Neumond durch die Tierkreiszeichen. Jeden Monat beginnt der Sonne-Mond-Zyklus in einem anderen Zeichen. Dabei werden die Themen des jeweiligen Mondzyklus durch die Zeichenstellung des Neumondes, mit dem der Zyklus beginnt, vorgegeben.

Der Neumond im Widder steht für eine Zeit der Dynamik und des Aufbaus. Das Thema dieser Zeit ist der Beginn. Es gibt keine bessere Zeit im Jahr, um neue Ideen und Vorhaben zu beginnen als diese Frühlingszeit. Da der Widder vom Mars regiert wird, eignen sich besonders die Marstage dieses Zyklus dazu, unsere Vorhaben zu verwirklichen. Auf der anderen Seite spüren wir es gerade jetzt besonders stark, wenn unsere Kraft zur Durchsetzung und unsere Fähigkeit, Ziele zu erreichen, gehemmt ist. Gerade im Frühling kommt es sehr häufig zu depressionsbedingten Selbstmorden. Viele dieser Depressionen entstehen in erster Linie durch eine Blockade der Marsenergie.

Der Neumond im Stier hat als Thema die Beständigkeit des Wachstums. In diesem Zyklus gehen wir stetig unseren Weg durchs Leben. Dabei nehmen wir wahr, ob wir überhaupt Beständigkeit in unserem Leben besitzen, oder wir erfahren, was wir tun können bzw. tun müssen, um sie zu erlernen. Das Tierkreiszeichen Stier wird von der Venus regiert, so daß wir in diesem Zyklus besonders auf die Geschehenisse an den Venustagen achten sollten. Diese können uns Hinweise darauf geben, was jetzt unsere Lernaufgabe ist und wie wir sie bewältigen können. Wie immer finden sich die Anliegen der Venus in den Bereichen der Harmonie und des Miteinanders. Im Zeichen des Stiers geht es also um einen beständigen und zuverlässigen Umgang mit anderen Menschen und darum, Harmonie und Schönheit auch in Lebensbereichen zu verwirklichen, die uns nur eine lästige Pflicht sind. Dies ist besonders deshalb wichtig, weil es im vorherigen Zyklus ausschließlich um die individuelle Durchsetzung ging.

Der Neumond in den Zwillingen wird vom Merkur beherrscht, welcher das Zwillingzeichen regiert. In diesem Zyklus ist das Hauptthema die Kommunikation und die Kontaktaufnahme zu anderen. Wir können jetzt lernen, auf andere zuzugehen oder zu erkennen, welche Schwierigkeiten wir dabei haben. Auch sollten wir uns in diesem Zyklus damit beschäftigen, was wir in unserem Leben nicht mit anderen teilen wollen, sondern ganz alleine für uns selbst benötigen.

Der Neumond im Krebs zeigt allgemein eher schwierige Aufgaben an. Der Krebs wird vom Mond regiert, und entsprechend ist das Thema dieses Zyklus unsere persönliche Geschichte, unsere privaten Angelegenheiten, unsere Stimmungen und Gefühle. In dieser Zeit fällt es uns oft schwer, rational und logisch zu handeln, da dies dem Wesen des Mondes widerspricht. Für uns stehen jetzt unsere Gefühle und Stimmungen im Vordergrund, mit denen wir uns auseinanderzusetzen und von denen wir zu lernen haben. Auf der anderen Seite ist dies die »familiärste« Zeit des Jahres. Dem Wesen des Krebs entsprechend fühlen wir uns im Kreis unserer Familie und engen Vertrauten am wohlsten und sollten mit diesen Menschen auch möglichst viel Zeit verbringen.

Der Neumond im Löwen steht für eine Zeit der Kreativität und des Seins. Der Löwe ist das Zeichen der Sonne, und die Aufgabe dieses Zyklus ist es, unser Wesen zu entwickeln und zu verstärken. Jetzt sollten wir all die Projekte in Angriff nehmen, die unserem Selbst entsprechen und die keiner anderen Begründung bedürfen, als daß wir sie aus unserem vollsten Herzen heraus verwirklichen möchten. Es ist die Zeit für unsere ureigensten Anliegen und für reine, sprudelnde Kreativität. Dem Sonnenzeichen Löwe entsprechend ist dies der Zyklus, in dem wir am stärksten auf die Sonnentage achten sollten. An diesen Tagen finden wir am leichtesten wieder Zugang zu unseren eigenen Ideen und Impulsen und zu unseren ureigensten Wünschen und Absichten.

Der Neumond in der Jungfrau wird vom Merkur bestimmt, wobei die Themen der jetzigen Zeit das Denken und das Planen sind. Die Jungfrau macht, plant und analysiert. Sie beobachtet jedes Detail. Sie achtet auf die Feinheiten und das Alltägliche. Wir können jetzt lernen, uns gut und vorausschauend um unsere eigenen Angelegenheiten zu kümmern und die alltäglichen Aufgaben wichtig zu nehmen, zu achten und zu ehren. Erfahrungsgemäß fällt dieser Zyklus sehr vielen Menschen schwer, da wir heutzutage eher darauf eingestimmt sind, oberflächlich zu handeln.

Der Neumond in der Waage steht abermals in einem Zeichen der Venus. In diesem Zyklus ist unser Thema jedoch nicht die Beständigkeit und die Schönheit der Welt, sondern der Ausgleich und die Harmonie, die sich aus der Verbindung zweier Gegenpole ergibt. Von daher sollten wir jetzt Projekte mit anderen gemeinsam verwirklichen oder aber lernen, Harmonie und Ausgleich in unser Leben zu bringen. Wenn wir unsere Wünsche, Vorstellungen und Ziele in einen größeren

Rahmen einbringen, in dem sie Teil des Ganzen sind, dann haben wir das Anliegen der Venus und des Waagezeichens erfüllt.

Der Neumond im Skorpion ist eine Zeit der Abgründe und Tiefen. Der Skorpion wurde in der Antike dem Mars zugeordnet, heutzutage wird er von Pluto, dem Gott – oder vielmehr der Göttin – der Unterwelt beherrscht. In diesem Zyklus sollten wir uns mit unseren Trieben und unserer Leidenschaft beschäftigen, mit unserem Verlangen und unseren wirklichen, verborgenen Antrieben. Aber auch der Wissensdurst und der Forscherdrang und alles, was uns in die Tiefen der Seele und in die Höhen des Geistes führt, ist jetzt wichtig und sollte begonnen werden. Das Ausloten der ganzen Möglichkeiten und Fähigkeiten des Menschen ist das Thema des Pluto und damit dieses Zyklus.

Der Neumond im Schützen ist eine Zeit der Größe. Es ist die Zeit des Jupiters, und alle Vorhaben, die dem Wunsch des Jupiters nach Größe und Gerechtigkeit entsprechen, werden gelingen. Wir sollten in diesem Zyklus ganz besonders auf unsere Handlungen und auf die Geschehnisse an den Jupitertagen achten, besonders, wenn wir etwas erschaffen wollen, das groß und dauerhaft ist. Auch wenn wir Schwierigkeiten mit unserer eigenen (inneren) Größe und unserem Wunsch nach Ausdehnung haben, sollten wir in diesem Zyklus ganz besonders achtsam sein, weil uns jetzt sicher Hinweise begegnen, wo diese Schwierigkeiten herrühren.

Der Neumond im Steinbock ist die Zeit des Saturns. Jetzt geht es darum, daß wir lernen, unsere Grenzen zu finden und zu bewahren und uns auf das Wesentliche zu beschränken. Wir sollten uns mit dem beschäftigen, was wir beenden wollen, und erkennen, was in unserem Leben überflüssig geworden ist. Auch hilft der Saturn uns, uns an unsere ursprüngliche Absicht in diesem Leben zu erinnern, unsere Resourcen und Besitztümer zu konzentrieren und dadurch besser zu nutzen und unsere Energie nur auf die Ziele zu richten, die wir auch wirklich erreichen wollen. All dies ist Aufgabe in diesem Zyklus, die – wie alles, was dem Saturn unterliegt – viele Einschränkungen und Disziplin erfordert.

Der Neumond im Wassermann ist wiederum eine Zeit der Öffnung für neue Ideen und Impulse. Der Wassermann wird heutzutage dem Uranus zugeordnet, früher wurde er vom Saturn regiert. Jetzt ist die Zeit, in der wir lernen können, Grenzen zu überwinden und neue Wege zu gehen. Der Wassermann zeigt Wege der Gemeinschaft und auch der Revolution, der Umwälzung des Bestehenden. So gehört es zu den Lernaufgaben dieses Zyklus, neue Ideen zu entwickeln und durchzuführen, aber auch, ihre Konsequenzen zu überschauen und ihre Auswirkung auf andere zu überprüfen. Jetzt ist eine hervorragende Zeit, Forschungsprojekte ins Leben zu rufen oder durchzuführen. Zur Überprüfung der in diesem Zyklus neu entstehenden Ideen sollten wir besonders die Eigenschaften der Saturntage nutzen. Während der Uranus als Zeichenherrscher des Wassermanns sich für jede neue Idee begeistern läßt, hilft der Saturn uns dabei, aus dem Wust der brillianten Ideen nur diejenigen zu verwirklichen, die uns weiterhelfen.

Der Neumond in den Fischen schließlich ist der Öffnung nach außen und zur Spiritualität gewidmet. Ursprünglich vom Jupiter regiert, enthält dieser Zyklus – jetzt unter Neptuns Herrschaft – die Aufgabe, uns über unsere bisher begrenzte Weltsicht hinauszuentwickeln. So ist es jetzt unsere Aufgabe zu lernen, daß wir ein Teil der Welt sind und daß alles, was wir tun, auf alles, was ist, Auswirkungen hat. Jetzt ist die Zeit für uns zu sehen, daß es eine geistige Welt gibt und daß sie für uns Menschen genauso wichtig ist wie die körperliche. Jetzt ist die Zeit, in der wir weltumspannende gemeinsame Projekte verwirklichen sollten, die das Heilen und Helfen für alle Wesen auf der Erde im Sinne haben. Und jetzt sollten wir uns auf unsere eigene Aufgabe im Leben besinnen und sie wieder einmal in Angriff nehmen.

6 Die Anwendung des Mondschildes

»Da der Himmel und die Himmelskörper einen kräftigen Einfluß und eine unverkennbare Einwirkung auf die Dinge unserer Welt äußern, so müssen sie notwendig beseelt sein, indem von einem reinen Körper keine derartige Wirkung ausgehen kann. Die ausgezeichnetsten Dichter und Philosophen behaupten daher insgesamt, daß sowohl die Welt als auch die Himmelskörper eine Seele, und zwar eine vernünftige Seele, besitzen.«

Aggrippa von Nettersheim, *De Okkulte Philosophia*

Nachdem wir im vorherigen Kapitel die Eigenschaften der 28 Mondtage ausführlich besprochen haben, stellt sich jetzt die Frage danach, was wir mit diesem Wissen überhaupt anfangen können.

Wie wir bereits weiter oben erwähnt haben, eignen sich die Qualitäten der Mondtage sehr gut dafür, bestimmte Vorhaben zu unterstützen, deren Energien denen der einzelnen Mondtage entsprechen. Jedoch ist das Wissen um die Kräfte des Mondes an jedem Tag seines Zyklus auch hervorragend dafür geeignet, sich selbst besser kennen und verstehen zu lernen. Auf die Gefahr hin, einiges zu wiederholen, was bereits an anderer Stelle geschrieben worden ist, wollen wir hier den Nutzen des Mondschildes zusammenfassen.

Der Nutzen der Mondtage

Der einfachste Nutzen des Mondschildes liegt darin, daß er uns ermöglicht zu erkennen, welche Gefühlsqualität am heutigen Tag vorherrscht. Wir wollen hier noch einmal daran erinnern, daß der Mondschild den Mondeinfluß beschreibt, also erklärt, auf welche Art und Weise unser Leben vom Wandel des Mondes beeinflußt wird. Meist ist uns diese Stimmung nicht oder nur am Rande bewußt, da wir es gewohnt sind, unsere Aufmerksamkeit auf unsere Taten zu richten. Alleine, zu erkennen, wie wir von der derzeitigen Stimmungslage in der Welt – die sich am Mondkalender einfach ablesen läßt – beeinflußt werden, ist oft sehr hilfreich. Es fällt uns leichter, auf hochfliegende Pläne zu verzichten oder Einschränkungen und Hindernisse zu akzeptieren, wenn wir mit einem Blick auf unseren Mondkalender feststellen können, daß Saturntag ist. Es ist also sowieso eine Zeit der Langsamkeit und der Einschränkung, in der große Pläne sehr schwierig auszuführen sind.

Oder wenn wir an einem anderen Tag zu rein gar nichts kommen, weil ununterbrochen das Telefon klingelt und selbst völlig fremde Menschen dauernd mit uns reden wollen, können wir leicht vermuten, daß nun die Merkurqualität vorherrscht. Dann wissen wir, daß heute ein Tag zum Reden und Kommunizieren ist, und es fällt uns vielleicht schon deswegen leichter, darauf zu verzichten, heute unsere eigenen Pläne zu verfolgen – obwohl dies ja gestern, am Marstag, noch so wunderbar geklappt hat.

Auch kann uns der Mondschild dabei hilfreich sein, auf bestimmte Qualitäten zu achten und uns gegebenenfalls vorsichtiger zu benehmen. So ist an Mars- und Saturntagen die Gefahr eines Verkehrsunfalls größer als sonst, zumindest wenn wir uns über die vorherrschende Gefühlsqualität nicht im klaren sind. An Marstagen haben die meisten Menschen sehr viel Schwung und Dynamik, achten jedoch nicht so sehr auf die Wünsche und Bedürfnisse anderer. Daher ist es für uns an diesen Tagen unter Umständen sinnvoll, wenn wir uns nicht von unserem eigenen Schwung hinreißen lassen und vielleicht – marsuntypisch – stellenweise etwas mehr Zurückhaltung üben und so unnötige Zusammenstöße vermeiden.

An Saturntagen liegt die Gefahr eher darin, daß wir nicht rechtzeitig registrieren (Saturn ist langsam), daß heute die Qualität der Langsamkeit und der Konzentration vorherrscht und wir uns in Marsmanier erst einmal den Kopf einrennen, bevor uns die Tagesstimmung zu Bewußtsein kommt. Auch ist an Saturntagen häufig ein auffällig langsamer und zäher Verkehrsfluß auf den Straßen zu beobachten. Wann immer wir irgendwo eine Lücke zum Überholen finden, setzt sich gleich ein anderer Wagen hinein, um – saturnisch-langsam – vor uns herzuzuckeln. Ein einigermaßen flottes Vorankommen ist nur mit höchster Konzentration möglich – die ja wiederum dem Wesen des Saturns entspricht.

Wenn wir uns über die gerade vorherrschende Planetenqualität im klaren sind, fällt es uns sehr viel leichter, ihr einfach nachzugeben. An einem Saturntag ist es einfach nicht sinnvoll, schnell zu sein. Wenn wir uns dessen bewußt werden, können wir unsere derzeitige Absicht zurücknehmen und das sein lassen, was ist. Wir haben weniger Widerstand gegen das, was geschieht. Es fällt uns leichter, unser Vorhaben auf einen günstigeren Zeitpunkt zu verschieben oder die Art und Weise zu verändern, in der wir es durchsetzen wollen. Indem wir nur die Qualität des heutigen Tages erkennen, können wir in unserem Handeln sehr viel gelassener werden und uns so das Leben ungemein erleichtern.

☾

Zum anderen ist es ja so, daß nicht jeder Mensch auf die vom Mondrhythmus vorgegebene Gefühlsstimmung in der gleichen Art und Weise reagiert. An einigen Tagen geht es uns blendend, an anderen wiederum fühlen wir uns hundeelend, obgleich wir beobachten können, daß der Rest der Welt einfach gut drauf ist. Der Mondschild ermöglicht es uns, Gemeinsamkeiten zwischen diesen Tagen herzustellen. Vielleicht geht es uns immer an Merkurtagen schlecht, oder wir haben an Mondtagen grundsätzlich den Wunsch, überhaupt gar nicht erst aufzustehen. Vielleicht haben wir aber auch mit dem ganzen dritten Viertel des Mondrhythmus Schwierigkeiten, nur ist es uns bisher nie aufgefallen, daß wir uns regelmäßig eine Woche im Monat unwohl fühlen. Falls wir dies überhaupt bemerkten, haben wir es wahrscheinlich auf äußere Umstände geschoben. Vielleicht ist es sogar so, daß wir nur mit einem bestimmten Tag des Mondschildes Probleme haben, vielleicht mit dem Venustag im vierten Viertel, der ja – wie wir oben bereits erwähnt haben – den Genuß mit dem Loslassen verbindet. Dies könnte in unserem Leben ein schwieriges Thema sein, welches uns aber nie bewußt geworden ist, weil wir es durch den von der Sonnenzeit abweichenden Mondrhythmus immer als »Zufall« betrachtet haben.

Der Mondschild kann es uns ermöglichen, uns dieser »Schwachstellen« in unserer Gefühlswelt bewußt zu werden und uns mit ihnen auseinanderzusetzen. Da der Mondschild aus der Arbeit der Steinheilkundeforschung entstanden ist, gibt es zu jedem »Mondtag« einen oder mehrere ihm zugeordnete Steine, die uns bei der Auseinandersetzung mit den Themen dieses Tages unterstützen oder uns einfach an einem Tag, mit dem wir immer wieder Probleme haben, Kraft und Hilfe geben, um ihn besser bewältigen zu können. Sollten wir feststellen, daß wir mit den Qualitäten bestimmter Planeten nicht umgehen können, so nutzen wir eben der Reihe nach die diesem Planeten zugeordneten Steine. Möglicherweise helfen uns auch die Übungen zum Stärken der Planetenqualitäten, die – wie die Anwendungsmöglichkeiten der Edelsteine – im zweiten Teil dieses Kapitels beschrieben sind.

Wenn wir mit dem Themen der einzelnen Mondviertel nicht umgehen können, so ist es für uns zunächst am wichtigsten, daß wir uns dieser Schwäche bewußt werden. Um die Fähigkeiten des Erschaffens, des Werdens, des Betrachtens und des Loslassens in unser Leben zu integrieren, gibt es vielerlei Wege. Der beste davon ist meistens, einfach unserer inneren Stimme zu folgen, anstatt nur auf den Verstand zu hören. Wenn wir Schwierigkeiten mit dem Beenden haben, dann oft nur deshalb, weil wir es nicht als so wichtig ansehen – oder weil wir zu sehr aufs Beginnen und aufs Durchführen fixiert sind. Zumeist hilft es dann schon, wenn wir uns wieder auf uns selbst besinnen und erkennen, daß wir in uns den *Wunsch* haben, angefangene Vorhaben zu Ende zu bringen.

Allerdings können wir den Mondschild nicht nur dazu nutzen, unsere Schwächen und schlechten Tage ausfindig zu machen, sondern auch unsere Stärken zu erkennen. Wenn wir anhand der Beobachtung der Mondtage feststellen, daß uns an bestimmten Tagen immer einfach alles gelingt, so liegt es nahe, daß wir diese Tage dazu nutzen, um wichtige Projekte in Angriff zu nehmen und zu verwirklichen. Wir können unsere persönlichen Stärken und Fähigkeiten ausbauen und so immer häufiger ein gutes Gelingen unserer Ziele erreichen.

Sehr sinnvoll ist es in diesem Zusammenhang, wenn wir uns darüber bewußt werden, mit welcher Planetenqualität sich unser ursprüngliches Vorhaben am ehesten verwirklichen läßt. Wenn wir zum Beispiel erkennen, daß unser derzeitiger Wunsch sich am ehesten als Venusvorhaben einstufen läßt, so werden uns gerade die Venustage beim Erreichen dieses Zieles unterstützen. Sinnvollerweise sollten wir daher auch den gesamten derzeitigen Mondzyklus dazu nutzen, uns mit dem Wesen der Venus zu beschäftigen, und lernen, unser Ziel auf eine venusische Art und Weise zu erreichen. Es macht wenig Sinn z. B. die schöne Ausgestaltung eines Raumes mit marsischer Brachialgewalt anzugehen. Venus arbeitet in Harmonie und Übereinstimmung mit den sie umgebenden Kräften. Indem wir die Venusenergie unterstützen, fällt es uns viel leichter, die ihr entsprechenden Ziele zu verwirklichen.

Um, zum Beispiel, ein Buch zu schreiben, benötigen wir zunächst Kreativität – also die Sonnenqualität –, um die zugrundeliegende Idee überhaupt fassen zu können. Dann hilft uns der Merkur, das Thema zu durchdenken und im Austausch mit anderen zu verbessern. Für das eigentliche Schreiben benötigen wir aber ganz viel Saturn – Konzentration und Disziplin. Da es nicht sehr sinnvoll ist, nur einmal die Woche an einem Saturntag zu schreiben, hilft es uns, eine nüchterne und konzentrierte Atmosphäre um uns herum zu erschaffen, um so die Saturnqualität in unser Leben zu holen. Allerdings gibt es auch Menschen, die in einer quirligen, kommunikativen Merkuratmosphäre besser arbeiten können als in der Abgeschiedenheit einer saturnischen. So ist es häufig so, daß Kinder und Jugendliche Musik und Ablenkung brauchen, um sich auf die Hausaufgaben konzentrieren zu können – in einer eher saturnischen Abgeschiedenheit würden sie sich zu einsam fühlen. Auf der anderen Seite dürften Menschen, deren schriftstellerisches Talent in der Sinneswelt der Venus erblüht, doch eher die Ausnahme darstellen. Es ist schon recht schwierig, Texte in einen Computer zu tippen, während man gleichzeitig mit allen Sinnen in schönen Wahrnehmungen schwelgt.

☾

Die dritte Möglichkeit, den Mondschild zu nutzen, ergibt sich für uns, wenn wir im Besitz unseres Geburtshoroskopes sind. Der Mondtag, der zum Zeitpunkt unserer Geburt war, bleibt für unser ganzes Leben sehr wichtig. Wenn wir zum Beispiel an einem Mondtag im Werden geboren worden sind, dann haben wir sozusagen an jedem Mondtag im Werden »Mondgeburtstag«. An diesem Tag erleben wir den Mondrhythmus unserer Geburt wieder. Dieser spezielle Mondtag zeigt uns also ein Thema an, das für unser ganzes Leben wichtig bleiben wird. Allein aus diesem Grund ist es für uns sehr sinnvoll, alles, was an diesem Tag des Mondrhythmus geschieht, sehr genau zu beobachten. An diesem Tag werden wir sehr viel intensiver auf Stärken und Schwächen unserer Gefühlswelt stoßen als an allen anderen Tagen.

Wenn wir also unser Geburtshoroskop errechnen lassen (viele Esoterikbuchläden bieten das als Service für zehn bis fünfzehn Mark, und ein gutes Astrologie-Computerprogramm kostet nicht mehr als DM 50,-) und die Zeichnung vor uns liegt, legen wir einfach die Zeichnung des Mondschildes auf das Horoskop (Abbildung auf Seite 4 kopieren), so daß beide Zeichnungen einen gemeinsamen Mittelpunkt haben. Dann drehen wir den Mondschild so weit, daß der Neumond des Mondkalenders auf den Mond unseres Geburtshoroskopes zeigt. Jetzt können wir an der Stellung der Sonne im Horoskop ablesen, welcher Mondtag zum Zeitpunkt unserer Geburt vorgeherrscht hat.

Wenn wir zum Beispiel mit einem Mars im zweiten Viertel des Mondschildes geboren worden sind, dann können wir anhand dieser Tatsache feststellen, daß dieses Marsprinzip in unserem Leben sehr wichtig ist und immer wieder auftauchen wird. Wann immer wir handeln, neigen wir dazu, die Sache schnellentschlossen anzugehen, wobei wir uns grundsätzlich eher auf eine kriegerische Auseinandersetzung einstellen als auf ein harmonisches Miteinander. Hinzu kommt, daß wir mit dieser Mondbetonung im Geburtshoroskop auch leicht mal über das Ziel hinausschießen bzw. die Sache unnötig heftig oder sogar destruktiv angehen könnten. Wenn wir uns nun ein Ziel setzen, das sich als Venusvorhaben erweist, werden wir mit all unserer geballten Marskraft immer wieder scheitern. Schon alleine das Wissen um die Mondbetonung zum Zeitpunkt unserer Geburt kann uns also verdeutlichen, warum uns bestimmte Vorhaben einfach nie gelingen, und uns gleichzeitig Möglichkeiten aufzeigen, mit veränderten Verhaltensweisen doch noch zum Erfolg zu kommen.

Anhand der Kombination von Mondschild und Horoskop läßt sich natürlich noch sehr viel mehr ablesen. Wir können schauen, welche Planeten in welchen Vierteln und an welchen Tagen stehen und so herausfinden, wie für uns welche »Mondtage« gewichtet sind – wie wichtig sie also in unserem Leben sind. Auch die Spannungen zwischen den Planeten lassen sich durch den Mondschild verständlicher machen.

Wenn wir im Horoskop einen Spannungsaspekt zwischen Mond und Mars haben, so läßt sich daraus leicht schließen, daß uns der Tag, in dessen Mondqualität der Mars steht, häufig zu schaffen machen dürfte. An diesem Tag wollen wir handeln und unsere Ziele erreichen, und wenn uns etwas in die Quere kommt, explodieren wir leicht. Umgekehrt zeigt uns der Mondtag, an dem der Mars steht, viel über die Art und Weise an, wie sich unsere eigenen Marskräfte in unserem Leben äußern. Wenn der Mars im Saturn im Loslassen steht, werden wir seine Energien konzentrierter und besonnener nutzen, als wenn er in der Sonne im Werden plaziert ist, was bedeutet, daß er eines der zentralsten (Sonne = Zentrum) Themen in unserem Leben beinhaltet.

Der Mondschild zeigt uns die Art und Weise oder, besser, den Charakter an, mit dem sich diese Spannungen ausdrücken. Ob die Spannung sich eher saturnisch-langsam äußert oder sehr heftig, wenn ein Marstag ins Spiel kommt, ob wir uns ausufernd (Jupiter) damit beschäftigen oder ob es immer gleich um zentrale Themen geht (Sonne). All dies können wir am Mondschild ablesen. Mit mehr

Wissen über Astrologie und Horoskopinterpretation fällt es uns dann leichter, Mittel und Wege zu finden, mit diesen Spannungen umzugehen und sie in unserem Leben kreativ zu nutzen. Durch den Mondschild bekommt jeder Planet im Horoskop sozusagen noch eine »Gefühlsnuance« hinzu, die sich sonst gar nicht erkennen ließe. Es bietet sich hier die Möglichkeit einer eigenen »Mondschildastrologie«. Diese ausführlich zu besprechen, wäre aber die Aufgabe eines weiteren Buches.

☾

Wenn wir uns nun mit dem Mondschild sehr lange und intensiv beschäftigt haben, mit den Grundbegriffen gut vertraut sind und also wissen, was der »Jupitertag im Betrachten« in unserem persönlichen Leben bedeutet, dann können wir unser Wissen auch dazu nutzen, ein Stück weit in die Zukunft zu planen. Wir kennen jetzt quasi die »Gesetzmäßigkeiten der Gefühlswelt« und wissen auch, wie wir selber auf diese Gesetzmäßigkeiten reagieren. Letzteres ist sehr wichtig, da ja nicht ein jeder Mensch am Marstag im zweiten Viertel konstruktiv tätig ist. Es besteht auch die Möglichkeit, diese Marsenergien sehr zerstörerisch zu nutzen, um Streit, Zwiespalt und Uneinigkeit zu säen. Wenn wir also unsere eigenen Reaktionen auf die einzelnen »Mondtage« kennen, dann können wir unsere Pläne und Projekte darauf ausrichten und gerade wichtige Vorhaben an Tagen beginnen, die uns persönlich liegen und dem Wesen des Vorhabens entsprechen.

Dabei gibt es nun keinerlei Garantie dafür, daß ein bestimmtes Vorhaben, an einem passenden »Mondtag« begonnen, nun auch ganz sicher klappt. Es ist nicht so, daß wir nur unseren Lottoschein am zweiten Jupitertag abgeben müssen, und der große Geldsegen kommt von alleine. Aber für bestimmte Unterfangen sind bestimmte Zeiträume einfach günstig. Und wenn dies alleine noch nicht das Gelingen garantiert, so ist es doch ganz sicher so, daß uns die Ausführung eines Vorhabens zur richtigen Zeit sehr viel leichter fällt als zur Unzeit; daß wir uns mit dem jetzigen Unterfangen weniger belastet fühlen, wenn wir die richtige Zeit dafür wählen, und daß wir so überflüssigen Aufwand sparen und unsere Nerven schonen. Allein dies sollte uns die Beschäftigung mit dem Mondschild wert sein.

Ein konkretes Beispiel für diesen Nutzen möchte ich als Autor dieses Buches anführen. Nachdem ich das Buch in weiten Teilen fertiggestellt hatte, bekam ich die Nachricht von einem Verleger, daß er zwar interessiert sei, aber nicht glaube, das Buch in dieser Form veröffentlichen zu können. Daraufhin begann ich mit einer grundlegenden Umarbeitung des Manuskriptes, bei der die jetzt vorliegende

Struktur und die detaillierte Beschreibung der einzelnen Mondtage überhaupt erst entstand. Vorher waren die Mondtage Bestandteil eines fließenden Textes gewesen. Nun sah ich mich dazu gezwungen, die Texte der Mondtage – die je nach Tag zwischen einer und drei Seiten lang gewesen waren – auf die einheitliche Länge von etwa einer Doppelseite zu ändern, und das, ohne dabei überflüssiges Gerede einzubauen oder wichtige Informationen wegzulassen.

Diese Aufgabe erwies sich als der schwierigste Teil des ganzen Buches. Ich kam über Wochen nicht voran, mußte ununterbrochen mit einer fürchterlichen Unlust kämpfen und schaffte selbst bei konzentrierter Arbeit kaum jemals mehr als die Überarbeitung eines, höchstens zweier Mondtage an einem ganzen Arbeitstag.

Schließlich begann ich, mich zu fragen, welchen Charakter diese Arbeit denn habe, daß sie mir so fürchterlich schwer fiel. Als ich dann erkannte: »Saturn im Werden«, wurde mit plötzlich einiges klar. Die Langsamkeit und die Zähigkeit der Arbeit, die mit sonst so leicht gefallen war, wurde nicht nur verständlich, sondern sogar natürlich. Schließlich handelte es sich um die Vollendung des Werdens. Alles mußte geprüft werden, ob es so gut war und ob es (Saturn = Hüter der Zeit) für die »Ewigkeit« Bestand haben würde. Daher war es, dem Charakter dieser Arbeit entsprechend, fast unmöglich schnell oder übereilt zu handeln.

Nach dem nächsten Neumond machte ich mich mit neuer Energie erneut ans Werk und kam viel schneller voran als vorher. Als ich schließlich die Kräfte des Saturntages zu Hilfe nahm, hatte ich ein wirkliches Erfolgserlebnis. Am ersten Saturntag des neuen Zyklus gelang es mir, die Beschreibung von acht Tagen fertigzustellen und damit die Überarbeitung der Mondtage abzuschließen.

☾

Der Mondschild stellt im gewissen Sinne einen zuverlässigen Wetterbericht unserer Gefühlswelt dar. Er gibt uns die Möglichkeit, uns auf die Stimmungen, die kommen werden, schon vorher einzustellen, und die Freiheit, die für uns günstigsten Momente herauszusuchen und unsere Vorhaben entsprechend zu planen. Der wirkliche Nutzen des Mondschildes liegt darin, daß wir wieder lernen, das, was ist, anzunehmen; daß wir unser Leben nach den Rhythmen der Natur ausrichten, anstatt achtlos über alle von der Welt gegebenen Gesetzmäßigkeiten hinwegzutrampeln und uns selbst und unsere Umwelt durch unsere Unachtsamkeit dauernd Schmerzen zuzufügen. Der Mondschild ermöglicht uns, die weiblichen Qualitäten der Achtsamkeit und des Annehmens in unserer einseitig männlichen Welt zu stärken und ihr so zu mehr Ausgewogenheit zu verhelfen. So unterstützt er uns darin, begreifen und verstehen zu lernen und vom reinen Tun und Machen abzugehen, wegzugehen vom blinden Aktionismus, und die Kunst des Abwartens und der Wahl des richtigen Zeitpunktes und des richtigen Ortes wiederzuentdecken. Er macht uns aber auch bewußt, daß alle Kräfte in der Welt ihren natürlichen Platz und ihren richtigen Ort haben. Wie der Mars mit seiner »Machernatur« in Mondrhythmus eine unverzichtbare Rolle spielt, so ist es auch sonst im Leben oft notwendig, nicht nur zu warten, sondern zu handeln. Und manchmal müssen wir auch gegen die natürlichen Rhytmen handeln, weil etwas jetzt sofort getan werden muß und nicht bis zum besten Zeitpunkt warten kann. Dennoch hilft uns auch dann das Wissen um den Mondschild. Wenn wir uns überanstrengt haben, dann kann er uns dabei helfen, den richtigen Zeitpunkt zur Regeneration zu finden, so daß wir uns im natürlichen Rhythmus erholen können.

Der Mondschild ist kein Kopfkonstrukt! Er beruht auf dem Mondrhythmus, einem Rhythmus, der das gesamte Leben auf der Welt seit Jahrmillionen beeinflußt. Er hilft uns, Wissen durch Erfahrungen zu erlangen, anstatt nur über den Verstand zu lernen und zu handeln. Je länger wir uns mit ihm beschäftigen, desto realer wird er in unserem Leben. Wenn wir empfindsam genug geworden sind, können wir die Übergänge zwischen den einzelnen »Mondtagen« spüren, ohne einen Kalender zu Hilfe nehmen zu müssen. Auf diese Art kann es uns gelingen, mehr und mehr auf die Natur und das Leben um uns herum zu hören und uns immer besser und flexibler an die natürlichen Rhythmen von Sonne und Mond, von Jahreslauf und Mondphasen anzupassen.

Die Hilfsmittel des Mondschildes: Die Steine

Da trotz aller Gewissenhaftigkeit der Mondschild in seinen Anwendungsmöglichkeiten noch nicht vollständig erforscht ist und auch die Steinheilkunde ein Gebiet mit noch vielen offenen Fragen ist, könnte es sein, daß sich die Liste der Edelsteinzuordnungen zum Mondschild in der Zukunft noch verändert. Dies entspräche ja auch dem wandelbaren Wesen des Mondes. Sie als LeserIn können dazu beitragen, indem Sie uns ihre Erfahrungen mit dem Mondschild und den ihm zugeordneten Steinen mitteilen. Am Ende des Buches finden Sie eine

Kontaktadresse. Wir werden allerdings leider nicht dazu in der Lage sein, auf jedes einzelne Schreiben zu antworten.

Auf jedem Fall sind die in diesem Buch veröffentlichten Edelsteinzuordnungen mit bestem Wissen und Gewissen gemacht worden und entsprechen den Energien der jeweiligen Mondtage so genau, wie es derzeit möglich ist.

Die den einzelnen Mondtagen zugeordneten Steine können in erster Linie dazu genutzt werden, die an dem jeweiligen Tag vorherrschende Energie zu unterstützen. Dies ist besonders dann hilfreich, wenn wir festgestellt haben, daß wir mit bestimmten Mondtagen oder bestimmten Planetenqualitäten besondere Schwierigkeiten haben. Ein Stein, der eine ähnliche Energie hat, kann uns helfen, diese Schwierigkeiten zu überwinden.

Auf der anderen Seite können wir einen Edelstein auch dafür benutzen, um eine zu starke Energie oder zu einseitige Betonung in unserem Leben abzuschwächen. Weiter oben haben wir als Beispiel die Energien des Mars im Werden im Geburtshoroskop erwähnt. Wenn uns eine solche Energie im Leben Schwierigkeiten bereitet, so können wir versuchen, einen Stein zu Hilfe zu nehmen, der eine gegenteilige Energie stärkt. Sollte unser Problem sein, daß wir zu ungeduldig sind und dadurch oft unsere Ziele nicht erreichen, können wir mit Hilfe eines der den Saturntagen zugeordneten Steine versuchen, mehr Geduld zu lernen. Oder wir können die Eigenschaften der den Merkurtagen zugesprochenen Steine nutzen und unserer Ziele mit Hilfe von Verständigung erreichen, anstatt über den Willen aller anderen Menschen hinwegzugehen und uns zu nehmen, was wir wollen. Schließlich könnten wir auch versuchen, die Venusqualität in unserem Leben zu stärken, und so vielleicht feststellen, daß wir uns in gemeinschaftlicher Harmonie viel wohler fühlen als alleine oben auf einem einsamen Gipfel.

Grundsätzlich bietet sich für Neugierige auch eine Steinreise durch den Mondkalender an, auf der wir versuchen, mit Hilfe der zugeordneten Edelsteine die Qualitäten *aller* Tage nach und nach besser zu verstehen.

Edelsteine lassen sich auf verschiedene Weise anwenden. Am wirkungsvollsten sind sie meistens, wenn sie *direkt auf der Haut getragen* werden. Dies erfordert allerdings einen entsprechend bearbeiteten Stein. Außerdem sind manche Steine in ihrer Wirkung sehr stark, weshalb es ratsam ist, die Arbeit mit ihnen langsam zu beginnen.

Die beste und sicherste Methode, sich mit einem Stein und seiner Wirkungsweise zu beschäftigen, ist die *Edelsteinmeditation*. Dies bedeutet nichts weiter, als daß wir einen Stein solange wir wollen in aller Ruhe und in einer gelassenen, offenen Stimmung betrachten.

Des weiteren ist es möglich, sich in einen *Steinkreis* zu legen, der aus mindestens vier Steinen bestehen sollte. Dieser kann allerdings schon sehr starke Erlebnisse hervorrufen. Daher sollten wir gerade bei Steinen, die wir nicht gut kennen, zum Anfang einen Helfer bitten, anwesend zu sein, mit dem wir über das Erlebte reden und es so besser verarbeiten können. Auch ein kleines Tagebuch zum Aufschreiben von Bildern und Gedanken wäre für die Arbeit mit Steinkreisen sehr hilfreich.

Natürlich können wir auch Steine *auf unseren Körper legen* anstatt nur drumherum. Dabei rufen wir eher körperliche Reaktionen hervor, während wir uns beim Steinkreis mehr den inneren Bildern stellen. Die Übergänge in der Auswirkung sind allerdings fließend.

Schließlich lassen sich Steine noch in Wasser oder Alkohol einlegen und als *Edelsteinwasser oder -essenz* trinken. Während die Einnahme von gekauften Edelsteinessenzen unbedenklich ist, sollten wir bei selbstgemachten Wassern oder Essenzen über den Stein genau Bescheid wissen, da einige Mineralien auf den menschlichen Organismus giftig wirken. Diese sollten auch nicht auf der nackten Haut getragen werden. Grundsätzlich unbedenklich sind alle Mineralien der Quarz-Gruppe. Bei Unsicherheiten und Zweifeln verweisen wir an dieser Stelle abermals auf das »Lexikon der Heilsteine« von Michael Gienger, in dem die Anwendungsmöglichkeiten aller gängigen Heilsteine genau beschrieben werden.

Übungen zu den Planetenqualitäten

Die hier erwähnten Übungen stärken die Energien der jeweiligen Archetypen in unserem Leben. Ihre Durchführung über einen längeren Zeitraum ermöglicht es uns so, diesen Archetypus mit seinen Eigenschaften besser in unserem Alltag zu nutzen.

Übung zur Sonnenqualität: Da-Sein können

Um die Sonnenqualität zu üben, eignen sich besonders gut meditative Bewegungen. Eine besondere Form dieser Bewegungen sind die Fließübungen. Bei diesen Übungen suchen wir uns einen Ort, an dem wir uns wohlfühlen. Dort zentrieren wir uns, versuchen also ganz bei uns selbst zu sein, und beginnen dann damit, uns nach unseren inneren Impulsen zu bewegen. Diese Bewegungen werden je nach Ort ganz unterschiedlich sein, weshalb sich die Fließübungen auch sehr gut dazu eignen, die Qualität eines Ortes wahrzunehmen. Die Fließübungen sollten solange durchgeführt werden, bis alles, was uns beschäftigt, nicht mehr wichtig ist und wir beim Fließen einfach nur noch da sind. Besonders wirkungsvoll werden die Übungen, wenn wir sie über einen längeren Zeitraum hinweg jeden Tag durchführen, wobei wir täglich mindestens eine halbe Stunde »fließen« sollten.

Übung zur Mondqualität: Fühlen lernen

Eine einfache Übung zur Mondqualität, die sich auch fast überall anwenden läßt, ist die Identifizierung. Dabei gehen wir einfach hinter jemandem her und kopieren dabei dessen Bewegungsmuster und Atemrhythmus so genau wir können, bis wir uns wirklich so fühlen wie die betreffende Person. Am besten funktioniert dies natürlich, wenn wir uns mit demjenigen, mit dem wir uns identifiziert haben, hinterher austauschen können und so eine Bestätigung bekommen, ob das, was wir gefühlt haben, wirklich seinen Empfindungen entsprach. Aber auch in jeder Fußgängerzone oder beim Einkaufsbummel können wir uns heimlich mit jemandem identifizieren und ihn so besser verstehen lernen.

Übung zur Marsqualität: Wie erreiche ich meine Ziele?

Die Übungen zur Marsqualität sind wirklich leicht durchführbar. Es handelt sich hierbei um körperliche Ertüchtigung. In dem Maß, in dem sich unsere körperliche Kondition steigert, steigt auch unsere Fähigkeit, unser Leben zu kontrollieren. Wichtig ist hierbei nur, daß wir uns auch Übungen vornehmen, die wir bewältigen können, und daß wir diese Übungen langsam steigern, so daß wir zwar einerseits immer herausgefordert sind, aber uns andererseits nicht völlig überlasten. Ein Beispiel für solche Übungen wäre:

1. Tag:	3 Liegestützen / 3 Kniebeugen / 5 min joggen
2. Tag:	3 Liegestützen / 3 Kniebeugen / 6 min joggen
3. Tag:	4 Liegestützen / 4 Kniebeugen / 7 min joggen
4. Tag:	4 Liegestützen / 4 Kniebeugen / 8 min joggen
5. Tag:	5 Liegestützen / 5 Kniebeugen / 9 min joggen
...	
20. Tag	12 Liegestütze / 12 Kniebeugen / 24 min joggen

Natürlich kann sich jeder sein individuelles Programm zurechtlegen. Es sollte aber auf jedem Fall so aufgebaut sein, daß es durchgehalten wird, bis sich unsere Kondition wirklich wahrnehmbar gesteigert hat. Es ist sehr wichtig, daß es bei diesem Programm *keine* Mißerfolge gibt, da wir sonst unsere Durchsetzungsfähigkeit nicht stärken sondern eher schwächen! Das wesentliche einer Marsübung ist die Steigerung. Wir können jede Form der Körperertüchtigung dazu nutzen, unsere Marsenergie zu stärken, solange wir nicht vergessen, dabei ein Ziel einzubauen.

Übung zur Merkurqualität: kommunizieren lernen

Eine gute Übung, die uns hilft, eine geordnete Kommunikation zu führen, ist das Reden mit dem »Talking-Stick« oder Redestab. Hierbei wird ein Stock oder ein beliebiger anderer Gegenstand verwendet.

- Es redet *nur* die Person, die den Redestab in der Hand hält, alle anderen sagen nichts. Der Redestab wird im Uhrzeigersinn weitergegeben.
- Wer den Redestab bekommt, wiederholt in kurzen Worten zusammenfassend das, was sein Vorgänger gesagt hat. Dann fügt er an, was er sagen möchte.
- Niemand redet, solange er den Redestab nicht hat. Es gibt keine Zwischenrufe, Bemerkungen oder Kommentare.
- Wer nichts sagen möchte, gibt den Redestab einfach weiter.
- Der Redestab kreist so lange, bis alles gesagt ist, also bis niemand mehr etwas hinzufügen möchte.

Diese Gesprächsübung eignet sich sehr gut für wichtige und/oder emotional sehr stark geladene Themen. Aber auch sonst ist sie sehr gut dafür geeignet, unsere Gesprächsdisziplin zu erhöhen und andere zu Wort kommen zu lassen, die mehr Zeit brauchen herauszufinden, was sie sagen wollen.

Übung zur Jupiterqualität: Raum vergrößern

Um die Jupiterqualität zu üben, eignet sich alles, was uns hilft, uns auszudehnen und unseren Raum zu vergrößern. Dazu ist es nötig, daß wir unsere Aufmerksamkeit nach außen richten.

Spazierengehen.

Dabei etwas ins Auge fassen (z.B. einen Baum oder einen Menschen, der uns entgegenkommt) und solange betrachten, bis wir ihn erreicht haben.

Danach das nächste ins Auge fassen.

Auf diese Weise wandern wir weiter und halten die Aufmerksamkeit stets nach außen gerichtet. Dadurch vergrößern wir unseren Raum, wir fühlen uns größer, erhabener und freier.

Wichtig ist, daß wir den Spaziergang auf diese Weise solange durchführen, bis wir einen guten Punkt erreichen, einen Punkt also, an dem wir das Gefühl haben, daß es jetzt gut ist.

Übung zur Venusqualität: (Selbst-)Liebe, sinnloses Handeln

Um die Venusqualität zu üben, brauchen wir nur regelmäßig etwas Schönes für uns selbst oder für einen geliebten Menschen zu tun. Wichtig ist dabei:

1. Regelmäßig – aber realistisch, z. B. 1x pro Woche.
2. Etwas Schönes: Oper, Kino, edel Essen gehen, ein Dinner bei Kerzenlicht, einen schönen Platz in der Natur aufsuchen.
3. Es darf *keinen* anderen Sinn haben, als sich bzw. sich gegenseitig Freude zu machen. Es darf also weder ein Mittel zum Zweck sein, noch dürfen wir nebenher unsere Geschäfte erledigen. Was wir tun, muß *sinnlos* sein, außer daß es Freude bereitet.
4. Keine Routine aufkommen lassen, d. h. nicht jede Woche ins gleiche Restaurant gehen, sondern regelmäßig etwas Neues tun. Schön, schöner, noch schöner ...

Übung zur Saturnqualität: Einschränkung, Disziplin

Regelmäßige stille Meditationen, wie das Zazen oder das Stocksitzen, sind sehr gute Saturnübungen. Dabei müssen wir wirklich *still und regungslos* über einen vorher definierten Zeitraum sitzen (gegebenenfalls Wecker stellen). Diese Übung regelmäßig so oft und so lange (z. B. jeden Tag 30 min, besser 1 Stunde) durchführen, daß sie wirklich Überwindung kostet. Dabei sollten wir aber wiederum darauf achten, uns ein Ziel zu setzen, das wir erreichen können und uns nicht hoffnungslos überfordert. Im Gegensatz zur Marsübung geht es hier um die Ausdauer und die Disziplin, nicht um die Steigerung. Beim Stocksitzen halten wir mit beiden Händen einen Holzstock von etwa einem Meter Länge gerade vor uns. Dabei versuchen wir, mit geschlossenen Augen den Stock und unseren Körper immer wieder senkrecht auszurichten. Beim Zen geht es darum, bewegungslos dazusitzen und den eigenen Körper beherrschen zu lernen. Wenngleich beide Disziplinen erst ab einer Dauer von mindestens einer halben Stunde am Tag wirklich nützlich sind, ist es doch in vielen Fällen ratsam, zu Beginn mit kürzeren Zeiten zu üben.

TEIL 3
Wissen über Mond und Sonnenlauf

In diesem dritten Teil des Buches befassen wir uns in den Kapiteln sieben, acht und neun mit der Wirkung des Mondes auf die Erde.

Im siebten Kapitel stellen wir wissenschaftliche Forschungen zur Wirkung des Mondes vor. Entsprechend seiner wissenschaftlichen Natur, ist Text etwas »holperig«. Wir bitten unsere Leser darum, dieses zu entschuldigen. Für Leser, die sich nicht für Statistiken und Beweisführungen interessieren, sei hier noch angemerkt, daß dieses Kapitel auch problemlos übersprungen werden kann, ohne daß das Verständnis des übrigen Buches darunter leidet.

Im achten Kapitel wenden wir uns der Mondmythologie und den drei wichtigsten weiblichen Archetypen, dem Mond-, Venus- und Plutoarchetypus zu. Diese werden ausführlich besprochen, um ihre Bedeutung für die Weltsicht unserer Vorfahren und unser heutiges Leben zu verdeutlichen. Anschließend verfolgen wir, wie das Wissen um die alten Göttinnen und die Kräfte des Mondes von dem sich immer weiter ausbreitenden Christentum Stück für Stück zurückgedrängt wurde.

Im neunten und letzten Kapitel schließlich besprechen wir die traditionellen Jahresfeste, die sich aus dem Jahreslauf der Sonne und des Mondes ergeben, wie ja auch der Mondschild erst aus dem Zusammmenspiel der Bewegungen von Sonne und Mond entsteht. Gerade in den traditionellen Jahresfesten ist viel altes Wissen verborgen, welches durch die Überlagerung dieser Feste mit christlichen Traditionen häufig verlorenging.

7 Die Wirkung des Mondes

»Unter dem Mond entstandene Ideen, mögen sie gleich minderwertig erscheinen, besitzen eine Kraft und zwingende Qualität, wie sie sich bei rein im Kopf gebildeten Ideen nur selten ereignen.«

Esther Harding

Der Mondrhythmus und Gewaltverbrechen

Das Wort für Mond in der lateinischen Sprache ist »Luna«. Von diesem Wort stammt der deutsche Begriff »Laune« ab. Schon aus diesem Zusammenhang heraus wird die Verbindung zwischen dem Mond und der Gefühlswelt deutlich.

Daß sich der Mond auf die menschlichen Gefühle auswirkt, wird inzwischen auch in wissenschaftlichen Studien bestätigt. In seinem Buch »Guter Mond, böser Mond« beschreibt Arnold L. Lieber seine langjährigen Forschungen zu den Zusammenhängen zwischen dem Voll- und dem Neumond und der Häufigkeit von Gewaltverbrechen in unserer westlichen Gesellschaft. Lieber stellte fest, daß bei einer statistischen Auswertung von mehreren Tausend Mordfällen über einen Zeitraum von mehr als zehn Jahren sich die Tathäufigkeit bei Vollmond – und etwas weniger deutlich auch bei Neumond – wesentlich steigerte. Er und seine Mitarbeiter sagten auch für eine Zeit extremer »Mondbelastung« 1974 (Erde, Sonne und Mond standen in einer geraden Linie, die Erde fast an ihrem sonnennächsten Punkt und der Mond fast am erdnächsten Punkt) eine wesentliche Steigerung der menschlichen Gewaltverbrechen und irrationalen Handlungen voraus – und behielten leider recht.

»Wie erwartet, war die Hölle los, vor allem in den zwei ersten Januarwochen, als sich der Mond der Erde auf bloße 347 000 Kilometer näherte.

Die Meere waren aufgewühlt. Am 9. Januar wurde Kalifornien von einer unglaublich zerstörerischen Springflut verwüstet. Die Windrichtung verstärkte die Wirkung noch.«[12]

»Zu Hause in Miami brachte die News am 21. Januar die Schlagzeile: POLIZEI VON STEILEM ANSTIEG DER MORDRATE SCHOCKIERT. In den ersten drei Wochen des angebrochenen Jahres forderte der Mord einen Zoll, der dreimal höher war als im gesamten Januar 1973. Dies stellte die Polizei vor schwere Probleme, zumal die Verbrechen besonders brutal waren und in einigen Fällen ein offensichtliches Motiv fehlte.«[13]

Lieber wies auch einen Zusammenhang zwischen dem Mondzyklus und Einlieferungen in psychiatrische Einrichtungen nach, insgesamt konnte er nachweisen, daß bei Vollmond und Neumond irrationale Handlungen, die den von der Gesellschaft akzeptierten Rahmen sprengen, verstärkt auftreten.

Lieber erklärt dazu: »Es ist unrichtig zu sagen, der Mond *verursache* Irrsinn und Verbrechen. Völlig zutreffend aber läßt sich sagen, es sei die Unterdrückung des Einflusses des Mondes und all dessen, wofür der Mond steht, die soziale Spannungen, Disharmonie und bejammernswerte, oft genug auch bizarre Ergebnisse zeitigt.«[14]

Weiterhin sagt er aus: »Die irrationalen, intuitiven und kreativen Aspekte der Persönlichkeit steigen aus dem Unbewußten auf; die Alten hielten diese ›lunaren Attribute‹ für sozial notwendig. Als die Mythen, Legenden und die Formen der Mondanbetung im finsteren Mittelalter offiziell unterdrückt wurden, entwickelten sie sich gewissermaßen zu einem kollektiven Unbewußten, das nur noch in Phänomenen wie Massenpanik und Irrglaube zum Ausbruch neigte. Die alte Dualität von Sonne und Mond wurde neu interpretiert als Widerstreit zwischen Gott und Satan. Was einst als kosmische Harmonie begriffen worden war, wurde in eine universelle Dissonanz verkehrt.«[15]

Wesentlich, ob ein Mensch zu Voll- bzw. Neumond zu stark irrationalen Verhalten und zu Gewaltausbrüchen neigt, ist demnach, ob er in der Lage ist, mit dem Mondeinfluß als solchem bzw. mit der Unterdrückung desselben umzugehen.

In unserer derzeitigen Gesellschaftsform sind die weiblichen, irrationalen Kräfte des Mondes zugunsten der rationaleren Sonnenkräfte weitgehend verdrängt worden. Gefühlsbetontes Verhalten ohne logische Begründung wird von der Gesellschaft nicht anerkannt, und es bleiben nur wenige Gelegenheiten, wie zum Beispiel der Karneval oder auch große Sportveranstaltungen wie z. B. Fußballspiele, bei denen Menschen ihren Gefühlen öffentlich Luft machen können. Je mehr Schwierigkeiten ein Mensch mit dieser Form von Gefühlskontrolle hat und je weniger er in der Lage ist, seiner eigenen Irrationalität in seinem Leben Raum zu geben, desto stärker wirkt der Mondeinfluß auf ihn und treibt ihn dazu, sich mit diesem irrationalen Teil von sich selbst auseinanderzusetzen. Dies kann bei Menschen, die mit ihren weiblichen, gefühlsbetonten Anteilen nicht umzugehen in der Lage sind oder bei denen dieser Teil ihres Wesens durch schmerzhafte Erfahrungen und schwere Traumata teilweise oder völlig blockiert ist, dazu führen, daß ihnen bei Voll- oder Neumond, wenn der Mondanteil der Welt besonders stark sein Recht fordert, im wahrsten Sinne des Wortes die Sicherungen durchbrennen.

☾

Einen wesentlichen Anteil bei Gewaltausbrüchen hat bekanntermaßen der Faktor Streß. Wenn wir stark gestreßt sind, neigen wir erheblich mehr dazu, aus der Haut zu fahren, als wenn wir alles ruhig und gelassen angehen können. Diesbezügliche Forschungen haben ergeben, daß durch den Mondeinfluß der Streß noch wesentlich gesteigert werden kann:

Der Biologe Harry Rounds untersuchte die Wirkung des Mondrhythmus auf die Zusammensetzung des Blutes von Kakerlaken, Mäusen und Menschen. Er beachtete dabei im Blut Faktoren, die zu einer Pulssteigerung führten. Da bekanntermaßen Streß als äußerer Faktor den Pulswert steigert, unterteilte er seine Versuchssubjekte in gestreßte und nicht gestreßte. Dabei fiel auf, daß bei gestreßten Tieren die Menge der pulsbeschleunigenden Substanzen im Blut kurz nach Neu- und Vollmond steil anstieg, während sie bei den nichtgestreßten Tieren zu diesen Zeiten auf Null abfiel.[16]

Offensichtlich verstärkt Streß den Handlungsdrang zu Voll- bzw. Neumond erheblich. Während bei den gestreßten Tieren der Puls durch die Wirkung des Neu- und Vollmondes noch anstieg, so daß sie dadurch noch »hibbeliger« wurden, fanden die nicht gestreßten Tiere durch den gleichen Mondeinfluß völlige Ruhe. Entsprechende Phänomene konnte Lieber im Rahmen seiner Forschungen auch bei Menschen beobachten.

Ob wir gestreßt oder nicht gestreßt sind, spielt demnach eine wesentliche Rolle dabei, ob wir auf den Mond eher annehmend – also weiblich – reagieren und bei Vollmond und Neumond ruhiger werden. Andernfalls setzen wir uns gegen die Mondeinflüsse zur Wehr setzen, werden aggressiv und flüchten uns so, anstatt den weiblichen Kräften den Raum zu geben, der ihnen zusteht, noch weiter in den männlichen (Gegen-)Pol. Diese Vorgehensweise muß zwangsläufig zu Spannungen führen und kann die oben erwähnten Gewaltausbrüche auslösen.

☾

Lieber führt die von ihm nachgewiesenen Mondeinflüsse auf die Schwerkraftwirkung des Mondes auf die Erde zurück. Wir können dies weder widerlegen noch bestätigen, geben an dieser Stelle aber zu bedenken, daß die Schwerkraft – also die Kraft, die die Welt zusammenhält – dem weiblichen Pol der Schöpfung und somit archetypisch dem Yin-Anteil der Welt zugeordnet werden muß. Zweifellos ist der Einfluß der Mondschwerkraft auf Ebbe und Flut unbestreitbar:

Aufgrund einer Kombination dreier Kräfte – der Zentrifugalkraft, die aus der Drehung der Erde um sich selbst entsteht, der Schwerkraft der Erde und der Schwerkraft des Mondes (alle weiteren Himmelskörper können zur Vereinfachung weggelassen werden) – bildet das Wasser der Ozeane eine Art Ellipsoid, eine Form, die einer Kugel ähnelt, die an zwei Seiten ganz leicht flachgedrückt wird. Dieses Ellipsoid wandert mit dem Mond:

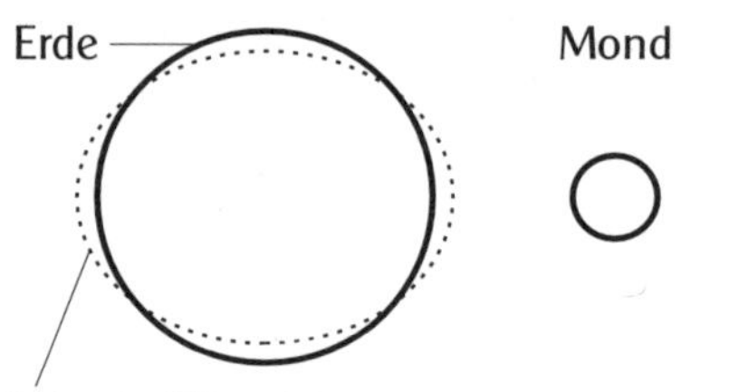

Abb. 7

Entgegen der früher weitverbreiteten Erklärung, entstehen Ebbe und Flut nicht, weil die Anziehungskraft des Mondes so stark wirkt. An der Erdoberfläche beträgt der Gravitationszug des Mondes nur ein zehnmillionenstel der Erdanziehung. Die Kombination der drei erwähnten Kräfte führt jedoch dazu, daß sich der Gesamtspiegel des Meeres um etwa einen halben Meter anhebt.

Dieser angehobene halbe Meter Meerwasser folgt also dem Mond auf seinem täglichen Weg um die Erde. (Ob der Mond sich um die Erde dreht oder die Erde unter ihm hinweg, spielt für dieses Phänomen keine Rolle.) Wenn diese riesige Woge Meerwasser sich nun einer Küste nähert, türmt es sich immer höher auf – schließlich muß das viele Wasser ja irgendwohin. Das Prinzip ist ähnlich wie bei den Tsunamis – gigantisch hohen Wellen, die z. B. bei Vulkanausbrüchen entstehen können. Eine Welle, im Meer kaum sichtbar – weil sie sehr flach aber dafür sehr lang ist – türmt sich an der Küste bis zu hundert Meter hoch auf und begräbt alles unter sich.

Die Mondwellen (Ebbe und Flut) sind glücklicherweise nicht so gigantisch. Je nach Beschaffenheit der Küste können sie aber bis zu 21m hoch werden. Dies ist der Fall in der Fundy-Bucht, die zwischen Nova Scotia und New Brunswick liegt. Dort fließt das Wasser in eine Art natürlichen Trichter und steigt deshalb sehr viel höher als an den meisten anderen Küsten.[17]

Wenngleich die eigentliche Schwerkraftwirkung des Mondes auf die Erde also eher gering ist, ist das Ergebnis der *Wechselwirkung* der irdischen mit den lunaren Kräften nichtsdestotrotz gewaltig. James Irwin, Astronaut und Spaziergänger auf dem Mond, formulierte seine diesbezüglichen Eindrücke folgendermaßen:

> »Die Verzerrung des Mondes kann man als Ergebnis der auf ihn wirkenden Erdanziehung betrachten, denn er ist zur Erde hin birnenförmig. Also, wenn die Erde so etwas mit dem physikalischen Mond anstellt, kann man sich ausmalen, was er seinerseits mit der Erde anstellt. Wahrscheinlich wirkt das auch auf die Menschen.«[18]

Auch in anderer Hinsicht beeinflußt der Mond die Erde weit mehr, als wir es normalerweise für möglich halten. Der Mond stabilisiert die Geschwindigkeit der Erdumdrehung, ist also für den 24-Stunden-Rhythmus unseres Tages verantwortlich. Wenn der Mond nicht sozusagen als Anschwung wirken würde, würde die Erdrotation von den gewaltigen Gravitationskräften (= Anziehung) der Sonne allmählich soweit abgebremst werden, daß auf der Erde kein Leben mehr möglich wäre. Durch die langsamere Drehung der Erde würden die Temperaturschwankungen auf der Oberfläche unseres Heimatplaneten immer extremer, bis schließlich keine Pflanzen mehr überlebensfähig sein würden. Wie dies praktischen aussieht, läßt sich leicht an unseren kosmischen Nachbarn, dem Merkur und der Venus, ersehen, die beide keinen Mond haben. Der Merkurtag dauert 176 Erdtage, und ein Tag auf der Venus währt immerhin 166,7 unserer Tage.

Darüber hinaus stabilisiert der Mond die Achsenneigung der Erde, so daß die Wahrscheinlichkeit sehr gering ist, daß die Erdachse kippt. Ein solches Kippen hätte möglicherweise die Auslöschung der meisten Lebensformen auf unserem Planeten zur Folge, da die resultierenden Klimaschwankungen zu extrem sein würden, um Leben in seiner jetzigen Form zu ermöglichen.

Wie wir sehen, sind Sonne und Mond, als männliche und weibliche Urkraft, also nicht nur im philosophisch-esoterischen Sinne für das Leben auf unserer Welt erforderlich. Es würde ganz konkret ohne diese beiden Himmelskörper kein Leben auf der Erde geben.

Weitere Einflüsse des Mondrhythmus

Vieles deutet darauf hin, daß ein wesentlicher Teil der Mondwirkung dadurch entsteht, daß sich das elektromagnetische Feld der Erde durch die jeweilige Mondstellung verändert, eine Veränderung, die anscheinend von den auf der Erde lebenden Organismen (Tiere, Menschen und Pflanzen) wahrgenommen werden kann. Jeder Mensch, jedes Tier und jede Pflanze sind von einem schwachen elektromagnetischen Feld umgeben. Der Psychiater Dr. Leonard J. Ravitz untersuchte dieses Feld bei seinen Patienten und stellte fest, daß es sich bei psychiatrischen Erkrankungen veränderte. Wie er ebenfalls feststellen konnte, kündigte die Rückkehr der Feldintensität zu den Normalwerten häufig die Gesundung des Patienten an.[19]

Dr. Ravitz gelang auch der Nachweis, daß sich bei Menschen in Hypnosetrance, die sich also in einem anderen Bewußtseinszustand als dem des Normalbewußtseins befanden, dieser veränderte Bewußtseinszustand in veränderten Feldwerten widerspiegelte.[20]

Ganz allgemein fand Dr. Ravitz heraus, daß Verhaltensstörungen sehr häufig mit der Feldstärke der Versuchspersonen zusammenhingen. Dr. Ravitz machte eine weitere wichtige Entdeckung: Die elektrischen Felder des Menschen variieren in einem Zyklus, der bei Neu- und Vollmond entweder einen Spitzenwert erreicht oder auf einen Tiefstwert abfällt. Der Mondzyklus bestimmt zwar zeitlich die extreme Auf- oder Abwärtsbewegung, aber die Richtung, die sie nimmt, läßt sich mit seiner Hilfe nicht voraussagen. Veränderungen im Potential des elektrischen Feldes sind wichtige Anzeigewerte für die Stimmungslage. Hohe Werte deuten auf Feindseligkeit oder Apathie hin, niedrige Werte auf Gutmütigkeit.[21]

Die Forschungen von Dr. Ravitz offenbaren einen deutlichen Zusammenhang mit der bereits beschriebenen Wirkung von Streß auf die Reaktion eines Menschen bei Voll- und Neumond. Seine Messungen legen die Vermutung nahe, daß diejenigen seiner Versuchspersonen, bei denen der Feldwert zu Voll- und Neumond niedrige Werte annahm, zu den »nichtgestreßten« Personen gezählt worden wären.

Der Einfuß des Mondes läßt sich jedoch auch bei Pflanzen wahrnehmen. Ein anderer Wissenschaftler, Dr. Brown, machte Experimente mit getrockneten Bohnenkernen. Das einzige, was getrocknete Bohnenkerne tun, ist Wasser aufzunehmen. Dr. Brown stellte fest, daß die Wasseraufnahme eines Bohnenkerns keinesfalls gleichmäßig abläuft, sondern ein periodisches Muster aufweist, das bei Neu- und Vollmond seine Spitzenwerte erreicht. Ebenfalls konnte er nachweisen, daß sich die Wasseraufnahme eines Bohnenkerns manipulieren läßt, indem man das elektrische Feld des Bohnenkerns mit Hilfe eines äußeren Magnetfeldes verändert.[22]

Der Zusammenhang zwischen dem Mond- und dem menschlichen Menstruationszyklus ist seit langem bekannt und wird wissenschaftlich kaum noch bezweifelt. Der Mondzyklus hängt mit dem der menschlichen Reproduktion jedoch in vielerlei Hinsicht zusammen. Nach einer Studie, die Walter und Abraham Menaker 1959 nach der Auswertung der Aufzeichnungen von 250.000 Geburten vorlegten, beträgt die menschliche Schwangerschaftsdauer im statistischen Mittel exakt neun Mondmonate (= 265,8 Tage, gerundet 266 Tage).[23] Die Mondmonate entsprechen hierbei dem synodischen Mondzyklus von Neumond zu Neumond.

Interessant sind auch die Forschungsergebnisse von Wiliam F. Petersen, Professor für Pathologie an der medizinischen Fakultät der Universität von Illinois in Chicago. Er stellte in seinen dreißigjährigen Forschungsarbeiten fest, daß unmittelbar nach Vollmond mehr Jungen und um Neumond mehr Mädchen zur Welt kamen.[24]

In Indien zum Beispiel glaubt man, daß die Mondphase, unter der ein Kind empfangen wird, sein Geschlecht bestimmt. Desgleichen gilt es dort als ausgemacht, daß an Voll- und Neumondtagen und -nächten mehr Kinder zur Welt kommen. Die Navajo-Indianer meinen, bei Vollmond würden wegen der Anziehungskraft des Mondes auf das Fruchtwasser – einer Art biologischer Gezeit – mehr Kinder geboren.[25]

☾

Es ist jedoch nicht nur der synodische Umlauf des Mondes, der das Leben auf der Erde stark beeinflußt. Der tägliche Mondumlauf, der mit einer Länge von 24 Stunden und 50 Minuten die Dauer und Abstände von Ebbe und Flut bestimmt, scheint ein derartig tief in uns verwurzelter Rhythmus zu sein, daß sich der menschliche Körper unter Ausschluß des Sonneneinflusses sehr schnell auf ihn einpendelt. In Tests, die in Schlaflabors und zum Teil in tiefen Höhlen unter der Erdoberfläche durchgeführt wurden, pendelte sich der Schlaf-Wach-Rhythmus der Versuchspersonen auf eine Periode von 24,8 h ein, was exakt der Länge des Mondtages entspricht. In einem sehr markanten Fall fiel der Schlafbeginn der Versuchsperson immer mit dem Beginn einer Ebbe vor Ort zusammen.[26]

Der natürliche Zeittakt des Mondes kommt also beim Wegfall des vom Sonnenlicht gesteuerten 24-Stunden-Rhythmus automatisch wieder zum Tragen, selbst bei Versuchspersonen, die in Höhlen tief unter der Erde von allen äußeren Einflüssen wie Wetter, Strahlung und Sonnenlicht hermetisch abgeschirmt werden. In gewissem Rahmen gibt der Mond mit seinem Umlauf und seinem eigenen Tagrhythmus unserem Leben einen grundlegenden Zeittakt vor, der uns allerdings nur dann bewußt wird, wenn er nicht vom Sonnenrhythmus überlagert wird. Die Gewaltausbrüche zu Voll- und Neumond sollten uns jedoch ermahnen, daß es für unser Seelenheil besser wäre, die Mondqualitäten wieder bewußter in unser Leben zu integrieren.

> »Sonne und Mond haben dem Zeittakt des Lebens auf seiner fundamentalsten Ebene ihren Stempel aufgedrückt. Man darf getrost davon ausgehen, daß der tägliche Rhythmus der Sonne als Basisschablone der regulären Zeittaktung diente, während sich der Einfluß des Mondes am stärksten in Zeiten von Katastrophen, Traumata und außergewöhnlicher Kreativität niederschlug – gewiß ein transzendentes Moment in der Evolution. Es ist genauso, wie viele kulturelle Auslegungen besagen: Die Sonne ist die Regel, der Mond ist die Ausnahme. Im Lichte solcher Evolutionsspekulationen wird klarer, wie und warum der Mond Geburt und Trauma symbolisiert.«
>
> Arnold L. Lieber, *Guter Mond, böser Mond*, S.127

8 Von der Mondgöttin

»Drei Stationen hatte das Leben des Mondes und drei das der Frau. So wurde die Drei zur Mondzahl. Die Heiligkeit der Zahl Drei fand ihren Ausdruck in der Dreiheit der Mondgöttinnen Selene, Artemis und Hekate, wobei die Mondgöttinnen ihr dreifaches Erscheinen, Mädchen, junge Frau, alte Frau potenzierten, so daß sich daraus die Zahl neun ergab.«[27]

Die weiblichen Gottheiten lassen sich im wesentlichen in drei Grundprinzipien unterteilen, die im folgenden als Venus-, Mond- und Plutoprinzip bzw. -archetyp bezeichnet werden. Bei diesen dreien handelt es sich eigentlich um eine Unterteilung der weiblichen Urgottheit, der großen Mutter oder großen Göttin in die drei weiblichen Lebensabschnitte als Mädchen/Jungfrau, Mutter/reife Frau und Großmutter/große Mutter, ein Aspekt, der auch oft als die Alte oder die Greisin bzw. die Todesbotin bezeichnet wird. Es ist wichtig zu verstehen, daß sich diese Aspekte des weiblichen Lebens keinesfalls immer auf das Lebensalter beziehen. Jede Frau kann zu jedem Zeitpunkt ihres Lebens die Eigenschaften jedes dieser Archetypen annehmen. Dies mag daran deutlich werden, daß selbst kleine Mädchen schon häufig mütterliche Gefühle haben, wie sich beim Spiel mit Puppen, beim Kümmern um kleinere Geschwister oder beim Umgang mit Haustieren deutlich zeigt. Auch tauchen die Themen des Plutoarchetypus, die Umwandlung und die Zerstörung, die Einweihung und das Entdecken und Erkennen des Verborgenen schon in jedem menschlichen Lebensalter auf. Auch soll hier ausdrücklich gesagt werden, daß die oben erwähnten Archetypen ebenfalls im Leben der Männer eine wesentliche Rolle spielen, trägt doch jeder Mann auch die weiblichen Urkräfte in sich.

Die Mondgöttin wird im folgenden in der Regel als Symbol für das weibliche Urprinzip verstanden, als die Urkraft, die den Yin-Anteil der Welt beschreibt (siehe Seite 41). Dieses Prinzip unterteilt sich jedoch in die drei oben erwähnten weiblichen Archetypen, so daß sich stellenweise die fast paradoxe Situation ergibt, daß der Mondarchetypus oder das Mondprinzip nur einen Teilaspekt der Mondgöttin darstellt.

Die drei weiblichen Archetypen

Das Mondprinzip

Das urweiblichste und umfassendste Prinzip der Weiblichkeit ist, wie bereit erwähnt, das Mondprinzip. Es ist kein Zufall, daß gerade zu dieser Zeit der Mond mit seinen Eigenschaften und Wirkungen auf die Welt in aller Munde ist und viele Bücher (wie auch dieses hier), Mondkalender und andere Mondinformationen und -ratgeber die Ladenregale überfluten. Das Mondprinzip kommt als Teil der Bewegung gegen zuviel Vernunft und Rationalität (beides männliche Prinzipien) wieder ins allgemeine Bewußtsein zurück.

Der Trend zum Mond begann auf vielen Ebenen, darunter auch so spektakulären wie den Reisen der Astronauten zum Erdtrabanten selbst. Aber auch die Tendenz, neben dem Sonnenlauf zusätzlich die Mondphasen auf den Armbanduhren abzulesen, könnte man hierzu rechnen. Wenn heute schon wieder nach den Mondzeiten gepflanzt und geerntet wird und Termine für Arztbesuche nach günstigen Mondeinflüssen bestimmt werden, dürfte das nur der Beginn einer Neubesinnung auf die Wirkungen der Urprinzipien sein, deren wichtigstes der Mond ist.[28]

Dem Mondprinzip zugeordnet ist die Mütterlichkeit und die Mutterschaft, die im biologischen Sinne noch immer das höchste Ziel des weiblichen Lebens ist, (Was das weibliche Prinzip vom männlichen Prinzip unterscheidet, ist unter anderem die weibliche Fähigkeit, neues Leben hervorzubringen; es ist hier nicht gemeint, daß eine Frau nur als Mutter glücklich werden kann.) und alles was zur Mutterschaft führt.

Zum Mondprinzip gehört daher der vaginale Orgasmus, der auf einen Partner angewiesen ist, wie auch alle Formen des Annehmens, sich Führenlassens und Vertrauens, Eigenschaften, die oft sehr unzutreffend als »passiv« beschrieben und damit häufig abgewertet werden.

Zur Erfüllung des Mondprinzips gehört die Absicht, Früchte zu tragen. Hiermit können die eigenen Kinder als Früchte des Körpers gemeint sein, aber auch jede Form von Frucht im übertragenen Sinne, seien es nun Kunstwerke oder vielleicht Gartenpflanzen, an deren Wachstum wir uns erfreuen. Das Mondprinzip ist das Prinzip des Wachsenlassens, Reifens und Gedeihens. Daher kommt es bei mondbetonten Frauen sehr häufig vor, daß es ihnen bei der Partnerschaft weniger darum geht, einen Mann für sich zu haben, als vielmehr darum, Kinder zu bekommen und einen guten Vater für diese zu finden. Als Folge hat schon mancher Mann, der mit einer »Mondfrau« zusammenlebte, das Gefühl gehabt, er habe sie an seine eigenen Kinder verloren, weil ihr diese plötzlich wichtiger zu sein schienen als eine intensive Beziehung zu ihm. Traurigerweise ziehen viele Männer daraus die Konsequenz, sich zu Kindern zurückzuentwickeln, und benehmen sich dann auch wie solche, um zumindest einen Teil der Liebe ihrer Frau wieder für sich zu gewinnen. Statt dessen könnten sie die Gelegenheit nutzen, innerlich zu wachsen, wirklich Vater zu werden, um so in einer erfüllten Partnerschaft mit ihrer »Mondfrau« leben zu können.

Das Mondprinzip wird, wie der Name schon nahelegt, sehr stark vom Mond und seinem Rhythmus beherrscht. Es ist annehmend und subjektiv, reagiert stark auf die äußeren Einflüssen und neigt, entsprechend der Bedeutung des Namens Luna, »Laune«, zu Stimmungsschwankungen. Es ist stark mit der Natur, ihren Rhythmen und allen natürlichen Prozessen verbunden. Es schwingt mit dem Rhythmus des Lebendigen und steht für die sich ständig erneuernden Kräfte der Natur.[29]

Das Venusprinzip

Um das Venusprinzip zu beschreiben, wollen wir nun einem kleinen Umweg folgen. Wie weiter oben bereits erwähnt wurde, entsprechen die drei Prinzipien Venus, Mond und Pluto in etwa den drei Lebensaltern der Frau als Mädchen/junge Frau, Mutter/reife Frau und große Mutter/Greisin. Hierbei ist zu beachten, daß der Venusarchetyp den Aspekt als Mädchen, das heißt die Kindheit, nicht umfaßt. Die Geschlechtsidentität als Frau oder Mann beginnt in den alten, archetypisch orientierten Kulturen erst mit der Pubertät, also dem Eintritt ins Erwachsenenalter. Vorpubertäre Kinder werden grundsätzlich zum weiblichen Pol der Welt gezählt, da sie ja noch genährt und versorgt werden (müssen), was archetypisch weiblich ist.

Mit dem Begriff Jungfrau wurde – besonders seitens der Kirche – jahrhundertelang Schindluder getrieben. Im Hebräischen gibt es kein Wort für Jungfrau in unserem heutigen Sinne. Das in dieser Sprache verwendete Wort ist gleichbedeutend mit »junge Frau«, was heißt: »Eine Frau, die keinem Manne angehört.« Eine Jungfrau ist also ursprünglich eine junge Frau vor den Ehe, die sich also noch nicht fest an einen Mann gebunden hatte und noch nicht mit Kindern belastet war. Diese junge Frau hatte keineswegs im heutigen Sinne »jungfräulich« zu sein. Sie durfte und konnte ihre sexuellen Erfahrungen frei sammeln und ihre Partner nach Belieben auswählen, wie es den jungen Männern vor der Ehe ja durchgehend, selbst zu Zeiten der strengsten kirchlichen Moral, gestattet war. Auch bedeutete ein freies Sexualleben keinesfalls zu allen Zeiten eine sofortige Schwangerschaft. Den Indianerfrauen Nordamerikas waren mehr als dreißig empfängnisverhütende Kräuter und Mittel bekannt, die, wenn sie auch nicht die Zuverlässigkeit moderner Verhütungsmittel erreichten, doch dazu führten, daß die betreffenden Indianerfrauen in der Regel nicht mehr als zwei bis vier Kinder bekamen.

Der Wandel im Jungfrauenbegriff trat durch den Wechsel vom Matriachat zum Patriachat ein. Die frühen matriachalischen Kulturen waren in der Regel nicht so autoritär wie die patriachalischen. Es gab also nicht zwangsläufig eine Stammesherrscherin oder einen reinen Frauenrat, der über die Geschicke des Stammes entschied. Viel häufiger waren die Geschlechter in einer Art und Weise gleichberechtig, wie wir das bis heute nicht wieder erreicht haben.

Was eine matriachalische Kultur im wesentlichen auszeichnete, war, daß die Erblinie weiblich war. Die Familienzugehörigkeit wurde von der Mutter zur Tochter weitergegeben, die Männer heirateten in die »weiblichen« Familien ein.

Mit dem Aufkommen des Patriachates kam es auch hier zu einem Wandel. Die Erbfolge ging nun vom Vater auf den Sohn über, und die Frauen folgten ihren Männern zu deren Familie. Damit die Erbfolge gewahrt bleiben konnte, wurde es für die Männer unabdingbar wichtig, daß ihre Vaterschaft eindeutig feststand. Erst aus dieser Notwendigkeit heraus ergab sich die Forderung nach einer »jungfräulich-unberührten« Frau, die somit nicht von einem anderen Mann schwanger sein konnte.

Im Lichte des oben gesagten ist auch die Jungfrauengeburt, die keinesfalls die Idee des Christentums war, sondern als Mythos schon seit undenklichen Zeiten existiert, nichts weiter als die Geburt eines Kindes durch eine freie Frau, die sich nicht fest an einen Partner gebunden hatte und bei der unter Umständen der Vater des Kindes nicht eindeutig feststand. Der zusätzliche Mythos der Zeugung durch den heiligen Geist ist in der esoterischen Sichtweise ein Sinnbild für die Verschmelzung von weiblichen (Materie, Körper) und männlichen Urkräften (Geist), also das Sinnbild jeder Zeugung schlechthin. Die Zeugung ohne Geschlechtsverkehr, also auf einer rein geistigen Ebene, läßt sich dahingehend interpretieren, daß es sich nicht um die Verschmelzung zweier Menschen gehandelt hat – also zweier Wesen, die schon auf Erden wandelten –, sondern daß aus der geistigen Welt ein völlig neuer Einfluß zu uns kam und so ein Wesen entstand, das noch nie dagewesene Eigenschaften aufwies. Diese Beschreibung könnte man unserer Meinung nach auf den christlichen Heiland Jesus Christus mit voller Berechtigung anwenden.

☾

Der Venusarchetypus enthält also das Prinzip der Sexualität um der Lust und der Lebensfreude willen. Hierzu gehören entsprechend alle sexuellen Praktiken, die dem Lustgewinn dienen, ohne daß dabei Früchte (Kinder) entstehen, und natürlich auch die sexuelle Lust ohne Partner, nur aus Freude an der Sache. Schon an dieser Stelle läßt sich sehen, wie stark sich der Venus- und der Mondarchetyp in jeder Frau mischen. So gibt es trotz bestimmter Vorlieben doch sehr wenige Frauen, die ausschließlich auf genitale Sexualität bestehen oder sie grundsätzlich ablehnen. Ebenfalls der Venus zugeordnet ist die Sexualität als Kunstform (z. B. Kamasutra, heutzutage auch die westliche Form des Tantra, das jedoch im ursprünglichen Sinn nicht dem Lustgewinn, sondern der Überwindung der Lust diente) sowie alle anderen Formen von Kunst und Ästhetik. Der Venus geht es um die reine, ungetrübte Schönheit als solche, um die reine Liebe und die Vereinigung der Gegensätze zu einem harmonischen Ganzen. Der Flirt um des Flirtens willen gehört ebenso zu ihr wie ein gewisser Unwille, sich fest an einen bestimmten Partner zu binden.

Ein Problem, daß stark venusbetonte Frauen verfolgt, ergibt sich häufig aus der Abwertung des archetypisch Weiblichen. In den Tempeln der alten Liebesgöttinnen konnte sich dieser Archetyp noch ausleben, wie zum Beispiel bei den Melissen im alten Griechenland, die junge Männer mit Hingabe in die Liebe einführten. Selbst die geachteten Kurtisanen der Renaissance oder die Geishas Japans konnten diesen Archetypus wohl noch genießen. Im Falle der moderneren Liebesdienerinnen, den Callgirls oder Prostituierten, wird er häufig nur noch abgewertet.[30]

Diese Abwertung ist in unserer Gesellschaft vor allem durch die Moralvorstellungen des Christentums geschaffen worden, das keiner Frau gestatten wollte, sich ihren Partner frei zu wählen, nicht einmal um sich ihren Lebensunterhalt zu verdienen. Sexuell unabhängige Frauen, und solche sind Prostituierte zunächst einmal, haben schon immer denjenigen Angst eingejagt, die versuchten, mit Hilfe von strengen Moralvorstellungen andere Menschen unter ihre Herrschaft zu bringen.

Das Plutoprinzip

Das Plutoprinzip ist das am schwierigsten zu verstehende der weiblichen Prinzipien. Es ist dem Lebensalter der Frau als alte Frau und Großmutter (= große Mutter) zugeordnet. Hierbei handelt es sich um Bilder, die im öffentlichen Bewußtsein oft negativ belegt sind oder gar ganz verdrängt werden. Das Bild der Großmutter als Teil des Plutoprinzips ist nicht das des milde lächelnden Mütterchens, das im Kreis seiner Enkelkinder Schokolade und Plätzchen verteilt, abgearbeitet und müde ist und dafür sorgt, daß es ihrem Mann gutgeht. Hierbei handelt es sich eher um das Bild einer gealterten Mondfrau, die den Wandel zur großen Mutter nicht vollzogen hat. Das Bild der Plutofrau ist das der wilden Frau, die im Mondlicht mit den Wölfen durch den Wald rennt, die nachts im Regen alleine oder mit anderen auf den Bergen tanzt, das der weisen aber manchmal auch bösen Hexe, die die Geheimnisse der Nacht und die dunklen, verborgenen Schätze der Natur kennt. Einer Frau, die mit der Natur und mit sich im Einklang lebt, nur ihrem Wesen gehorcht und eher selber herrscht als sich beherrschen läßt. Die Plutofrau ist eine Frau, vor der viele Männer Angst haben.

Ein allgemein bekanntes Frauenbild, das in mancherlei Hinsicht mit dem Plutoarchtypus übereinstimmt, ist das der alten italienischen Mama, die mit befehlsgewohnter Stimme nicht nur ihre Töchter, Schwiegertöchter und Enkelkinder, sondern auch ihre Söhne, Schwiegersöhne und eventuell vorbeikommende Mafiabosse herumkommandiert. Wenngleich sich hierbei das archetypische Plutobild mit einem guten Schuß Mondprinzip und Hollywoodklischee mischt, so sieht man dieser Frau doch an, daß sie den Sprung zur großen Mutter gemacht hat.[31]

Die große Mutter ist heutzutage ein wenig bekanntes Phänomen. Sie taucht vor allem in natürlichen Kulturen und solchen, die in Großfamilien leben, auf. Wir können sie uns vielleicht als Clanherrin der Wikinger oder als alte weise Indianerfrau vorstellen. Die große Mutter ist eine Frau, die ihre Zeit der Fruchtbarkeit und damit auch die Zeit des Dienstes an ihren Kindern beendet hat. Sie hat ihre

Aufgaben in der materiellen Welt erfüllt. Nun hat sie Gelegenheit, sich mit den Geschehnissen der geistigen Welt zu befassen und ihren Kindern und Enkeln mit ihrem weisem Rat und ihren gesammelten Erfahrungen weiterzuhelfen. Sie ist die weise Alte, zu der die Menschen kommen, die Hexe in ihrer Berghütte, die alle Kräfte der Natur kennt, oder die Heilerin, die die Wunden heilt, die die jungen Menschen in ihrer Torheit schlagen. Andere Ausprägung der großen Mutter sind die (alte) Närrin, die mit ihrem Verhalten den jüngeren Menschen zeigt, daß all ihr Streben von einer höheren Warte aus an Bedeutung verliert, und die (Hohe-) Priesterin. Sie ist die Stellvertreterin der großen Göttin auf Erden, jener Göttin eben, die alle drei weiblichen Archetypen umfaßt.

Der plutonische Archetypus enthält aber noch viel mehr. Sein Wesen ist das Prinzip des Lebens und des Sterbens schlechthin. Jede Mutter bringt mit ihrem Kind letztlich auch dessen Sterben in die Welt, und so gehört auch der Todesaspekt, der in aller Natur liegt, hierher.[32] Die plutonischen Göttinnen sind die Göttinnen der Unterwelt, der Zerstörung und des Todes: Der indische Mythos verkörpert dieses Thema in Kali, der verschlingenden Göttin der Unterwelt, die um ihren Hals eine Kette aus Totenköpfen trägt und deren Mund – als Ausdruck für ihren großen Appetit – immer blutverschmiert dargestellt wird. Neben diesem einfordernden und verschlingenden Aspekt ist Hekate – die griechische Kali – aber auch die Schutzpatronin der Wöchnerinnen und Hebammen. Sie hat etwas Unantastbares, so daß nicht einmal Zeus es wagt, ihr zu nahe zu treten.[33]

> »Hekate war die Herrin der Nacht, die furchterregend mit ihrem wilden Heer über das Land kam. Wer sie sah, der erstarrte vor Angst, denn in ihrem Haar züngelten Schlangen und in ihren Händen schwang sie Geißel und Fackel. Sie war den Menschen unheimlich, die sich deshalb nachts im Freien fürchteten, sich andererseits aber hilfesuchend an die Mondgöttin wandten.
>
> Im Norden, an der Grenze zu Makedonien, waren es die weisen Frauen, die im Dienst der Hekate standen. Die Menschen glaubten, daß es besser sei, es sich mit diesen Frauen nicht zu verderben, weil sie die Fähigkeit besaßen, negative Kräfte der Mondgöttin auf die Erde zu holen und gegen Menschen anzuwenden. Aber neben der schwarzen Magie und der Hexerei hatte die Hekate sie den Umgang mit Kräutern gelehrt, die, von der Mondgöttin beeinflußt, wuchsen. Hekate wurde besonders

von Frauen verehrt, da sie ihnen Sexualität und Fruchtbarkeit gab und bei der Geburt beistand.«[34]

Das Plutoprinzip wird in den Urgewalten der Natur, den Erdbeben, den Vulkanausbrüchen, den Wirbelstürmen, den Springfluten und Überschwemmungen deutlich, in all den Gewalten eben, denen wir Menschen selbst mit unserer hochentwickelten Technologie völlig hilflos gegenüberstehen. Es ist das Plutonische, das die Kontinente aufeinanderprallen läßt und Tausende von Metern hohe Gebirge mühelos auffaltet, unter Einsatz von Kräften, deren Ausmaß wir uns niemals vorstellen können.

Der stärkste natürliche Ausdruck des Plutoprinzips im menschlichen Leben ist die Geburt, deren Kräfte wir – glücklicherweise – trotz all unserer medizinisch-technischen Möglichkeiten nur im gewissen Rahmen beeinflussen können. Selbst heutzutage ist die Geburt immer eine Gratwanderung zwischen Leben und Tod und für die betreffenden Frauen – und oft auch für die anwesenden Männer – eine der tiefgreifendsten Erfahrungen, die Menschen überhaupt möglich sind:

> »... der Geburtsschmerz (ist) eine offenbar wichtige Erfahrung, denn es handelt sich um einen ganz einzigartigen Schmerz, der nur von Frauen erlebt werden kann und der nicht gefährlich oder bedrohlich ist, sondern im Gegenteil konstruktiv und produktiv. Er ... ist möglicherweise an der Entwicklung einer starken Mutter-Kind-Beziehung mitbeteiligt.«[35]

Die Geburt als Stirb-und-Werde-Erlebnis – und damit als Plutoerlebnis schlechthin – ist naturgemäß in seiner ganzen Tiefe allein den Frauen vorbehalten. Aber bei allen Menschen wirken sich die Plutokräfte immer so aus, daß sie uns in die Dunkelheit unserer Seele und – nach einer dort vollzogenen Wandlung – wieder zurück ans Licht führen. Es handelt sich bei ihnen um grundsätzlich unkontrollierbare Kräfte, die uns in die irrationalen Tiefen unseres Selbst führen, in die der rationale Verstand nicht zu folgen vermag. Wohl aufgrund dieser Unbeherrschbarkeit und Irrationalität, aber auch aufgrund der allgemeinen Ablehnung der Menschen, sich mit den Themen Dunkelheit, Furcht, Alter und Tod auseinanderzusetzen (und von sich selbst die als negativ eingestuften Seiten einzugestehen und anzuschauen), ist das Plutoprinzip das am meisten unterdrückte Lebensprinzip in unserer westlichen Industriegesellschaft. Die im vorherigen

Kapitel bereits erwähnten Ausbrüche von Gewalt und Irrationalität zu Voll- und Neumond dürften sich in fast allen Fällen auf die Unterdrückung und Abwertung eben dieses Prinzips zurückführen lassen. Auf Dauer können wir das Plutoprinzip etwa genauso erfolgreich unterdrücken wie ein Erdbeben oder einen Vulkanausbruch.

☾

In den früheren Menschenkulturen wurden die archetypischen Plutokräfte mit Hilfe von schmerzhaften Zeremonien und Übergängen in das Leben der Menschen integriert. Bei diesen Zeremonien lernten die Beteiligten, den eigenen Ängsten und der eigenen inneren Dunkelheit in die Augen zu sehen und sich dadurch zu verändern. Diese Erfahrung ermöglichte es ihnen, gewandelt in ihr neues Leben einzutreten. Die schmerzhaften Pubertätsrituale und -prüfungen, die wir modernen Menschen oft so entsetzt ablehnen, waren Plutoerfahrungen. Und wenngleich wir hier nicht aussagen wollen, daß man dergleichen wieder einführen sollte, so haben sie doch bewirkt, daß die ihnen unterworfenen Jugendlichen gleichsam über Nacht erwachsen wurden.

Am Ende dieses Kapitels werden wir noch drei Übungen vorstellen, die uns dabei helfen können, den derzeit so stark unterdrückten Plutoarchetypus wieder ein Stück weit in unser Leben zu integrieren.[36]

Mondmythologie und Geschichte

Eine Schöpfungsgeschichte

»Am Anfang lag die Endlosigkeit des Alls hinter einem großen Nebel. Damit das Leben beginnen konnte, schuf ER das Wasser, und im Wasser wuchs ein Keim, und aus dem Keim wuchs leuchtend ein goldenes Ei, und aus dem Ei kam der Ur-Ahn der Welt. Das Ei zersprang, der obere Teil der Schale wurde zum himmlischen Aufenthalt der Götter, während der untere Teil die Erde wurde. Aus dem Ei trat das erste Wesen hervor, um aus sich selbst die Welt zu schaffen. Es mußte sich opfern, denn nur aus seinen Körperteilen konnte das Leben auf Erden entstehen. Es mußte vom Kopf bis zu den Füßen alles hergeben, und so entstanden die Jahreszeiten, die Götter, die Menschen (und) das Vieh. Als es völlig zerstückelt war und nichts mehr blieb, da gab es seine Seele, und die Seele des Urwesens wurde der Mond.«[37]

Es gibt viele Schöpfungsmythen, die sich um Sonne und Mond ranken. In fast allen dieser Mythen finden sich Übereinstimmungen zu den bereits gemachten Aussagen, daß Mond und Seelenwelt besonders eng zusammengehören. Interessant ist auch die Schöpfungsmythologie der Kelten, nach der ein jungfräulicher Mond die Sonne gebar, eine Aussage, die sich in der später vom Christentum eingeführten Jungfrauengeburt Jesu wiederfindet. Wenngleich der Mond keineswegs in allen bekannten Schöpfungsgeschichten weiblich ist – von Zeit zu Zeit wird er auch als Mann dargestellt –, lassen sich die archetypisch weiblichen Bilder doch immer wieder in den Mythen erkennen.

☾

Wie wir schon in Zusammenhang mit den Kalenderpriestern angedeutet haben, war der Mond jahrtausendelang für die Zeitmessung wichtiger als die Sonne. Fast alle frühen Kalender der Menschheit waren Mondkalender. Sie zählten die Mondjahre, die später erst als Mon-(d)-ate bekannt wurden. Von dieser Zählweise ließen sich viele Altertumsforscher irritieren, die in alten Papyri über Ereignisse lasen, die 3000 Jahre zurücklägen, aber nicht wußten, daß mit einem Jahr nicht die 365 Tage des Sonnenjahres sondern die 29 Tage des »Mondjahres« gemeint waren. Ähnliches traf wohl auf Aussagen bezüglich des untergegangenen Atlantis zu, das, Platon zufolge, 9.000 Jahre vor Solon im Meer versunken sei. Solon hielt sich um 600 v. Christus in Ägypten auf und erfuhr von den dortigen Priestern vom Untergang von Atlantis.

Da 9.000 Mondjahre etwa 725 Sonnenjahre entsprechen, ließe sich, dieser Rechnung nach, der Untergang von Atlantis auf ca. 1325 v. Chr. datieren.

Interessanterweise fand im 12. Jahrhundert v. Chr. die dorische Völkerwanderung statt, bei der die Dorer vom Norden her nach Griechenland einwanderten. Dabei brachten sie eine völlig neue Kultur und eine bisher unbekannte Art zu schreiben mit, die Keilschrift. Aus diesen entstand später die germanische Runenschrift. Die dorischen Kultur gilt als der Ursprung der späteren Hochkultur des hellenistischen Griechenlandes, die wiederum die berühmten griechischen Denker wie z. B. Solon, Platon und Homer hervorbrachte.

Der Auslöser dieser Völkerwanderung war vermutlich, daß die flachen Landstriche der Nordsee – als Folge des nach dem Ende der Eiszeit immer noch ansteigenden Meeresspiegels – allmählich überschwemmt wurden, so daß die dort lebenden Völker dazu gezwungen waren, nach Süden auszuweichen. Dieser Theorie zufolge läge Atlantis auf dem heutigen Meeresgrund der Nordsee, der tatsächlich einmal bewohnbar gewesen ist, wie sich durch einen Blick auf eine Karte des eiszeitlichen Europas leicht feststellen läßt. Der Untergang dieser Nordseegebiete wäre demnach die Ursache für die plötzlich einsetzende Völkerwanderung gewesen, welche ihrerseits erst zum Entstehen der griechischen Kultur führte.

☾

Die Macht des Mondes ist vor allem eine weibliche Macht. Daher liegt es nahe, daß die Frauen aufgrund ihrer natürlichen Nähe zum Mond, die sich im Menstruationszyklus und in ihrer Fähigkeit, Kinder zu gebären, ausdrückt, naturgemäß als Mondpriesterinnen und Heilerinnen (Heilerin und Hebamme war ursprünglich dasselbe) tätig waren. Das folgende Zitat mag das eben Gesagte unterstreichen:

> »Zunehmender Mond, Vollmond und abnehmender Mond bildeten die drei Lebensabschnitte der Frau: Mädchen (Jungfrau), Frau, Greisin; sie bildeten gleichzeitig die göttliche Dreieinigkeit. Aus dieser Analogie bildete sich die Heiligkeit der Zahl Drei. Ihre Potenzierung war die Neun. (...) Die Mondgöttin konnte sich multiplizieren, deshalb gab es für sie auch diverse Namen. Frauen sahen sich der Mondgöttin besonders verwandt, weil auch sie sich, durch die Geburt von Kindern, multiplizieren konnten. Die enge Verbindung zwischen dem Mondkult und den Frauen ist mehr als nur eine Legende. (...) Die 13 Blutungen der Frau und die blutige Geburt lieferten für den weiblichen Schöpfungsmythos die Basis. Aus der Erde Lehm wurde der erste Mensch wohl geformt, aber keine männliche Gottheit hatte ihm seinen Atem eingehaucht, sondern das Blut der Mondgöttin versah ihn mit Leben. So galt das Blut als Lebenskraft und symbolisierte die bleibende Verbindung mit der Göttin. Das Mensisblut zeigte die reinste Verbindung zur Göttin an und wurde auch innerhalb des Heilszaubers eingesetzt. (...) Später wurde auch geweihter Rotwein

verwendet, der vor allem von Männern getrunken wurde, weil sie keinen direkten Kontakt zur Göttin hatten.«[38]

Es ist interessant zu sehen, daß das rituelle Teilen des Blutes Christi beim Abendmahl der katholischen Kirche mit einem viel älteren, »heidnischen« Ritual übereinstimmt, bei dem die Männer roten Wein symbolisch als das Menstruationsblut der großen Göttin tranken, um zumindest auf diese Art und Weise Teil des weiblichen Lebenszyklus zu sein.

Die Abwertung der Menstruation als »unrein« war ein Teil der allgemeinen Abwertungspolitik der Kirche gegenüber allem Weiblichen und besonders allem, was mit den weiblichen Sexualorganen zu tun hatte.[39] Vom derzeitigen medizinischen Standpunkt aus ist diese, leider bei beiden Geschlechtern immer noch weit verbreitete, massive Abwertung des Menstruationsgeschehens in keiner Weise gerechtfertigt und nur zu bedauern. Tatsächlich stellt die Menstruation einen starken Reinigungsprozeß des weiblichen Körpers dar, der höchstwahrscheinlich für die fast zehn Jahre höhere durchschnittliche Lebenserwartung von Frauen in unserer Gesellschaft verantwortlich ist. Gemäß dem Motto »Ich reinige mich, also bin ich rein!«[40] sollten Frauen eher daran denken, daß die Menstruation es ihnen ermöglicht, ihren Körper in einem Ausmaß von Schadstoffen zu befreien, wie es den meisten Männern wohl kaum jemals gelingt.

☾

Auch für das Judentum ist ein ähnlicher Zusammenhang bekannt, der den orthodoxen Vertretern dieser Religion wohl kaum gefallen würde:

In Babylon gab es das Wort Sabattu für den Tag, an dem der Vollmond die Mensis der Göttin Ischtar (auch Inanna) verursachte, so daß sie unpäßlich war. Um Ischtar nicht zu reizen, wurde an diesem Tag nicht gearbeitet. Es wird vermutet, daß aus dem Wort Sabattu zunächst der Sabbat und schließlich unser Samstag wurde.[41]

☾

Je stärker der rational-vernünftige Teil des Denkens betont wurde und je stärker sich männlich-patriachalische Herrschaftsstrukturen etabliert haben, desto mehr wurde die Unabhängigkeit der Frauen und das Dunkle der weiblichen Göttinnen zu einer Bedrohung der Herrschenden.

Die besondere Macht der weisen Frauen bestand vor allem darin, daß sie es waren, die die Bevölkerungspolitik bestimmten. Die Frauen glaubten an den direkten Zusammenhang ihrer Mensis, also der Mondregel, mit der Schwangerschaft. So spielte der Glaube, daß eine bestimmte Mondkonstellation die Schwangerschaft fördere, eine bestimmende Rolle. Die Frauen waren also in der Lage, selbst zu bestimmen, wann sie schwanger sein wollten. Konnten sie kein Kind gebrauchen, weil ihre Not zu groß war, besuchten sie eine Weise Frau. Den Männern war es unmöglich, sich in diese Frauensache einzumischen. Weder konnten sie feststellen, ob eine Frau schwanger war, noch hatten sie die Macht, über die Abtreibung des Fötus zu bestimmen.[42]

Mit dem Aufkommen des Christentums, das sich ja mit Gewalt und dem besonders wirksamen Trick mit der Erbsünde (ein Mensch kommt sündig zur Welt, weil er durch den unreinen Schoß der Frau geboren wird) schnell verbreitete, wurde es für die herrschenden Männer noch dringender, die alten Mondkulte und mit ihnen alles Weibliche zu verdammen, besonders, da die einfachen Leute mit dem Christentum nichts zu tun haben wollten:[43]

Für die meisten Menschen war das Christentum eine Kopfreligion, die nichts mit ihrem alltäglichen Schaffen zu tun hatte. Die gelehrten Herren redeten lateinisch mit dem fremden Gott. Der Mond aber kam und ging wie das Leben und die Früchte auf den Feldern. Das konnte jeder sehen und verstehen. Natürlich betete man zu dem neuen Gott, sonst wurde man abgestraft. Oft half das Beten nicht, wenn man Schmerzen hatte oder Tiere krank wurden. Dann suchte man lieber eine Heilerin auf.[44]

☾

Allgemein war es so, daß die Beschränkung auf nur einen Gott den mit der Natur und den Mondrhythmen stark verbundenen Menschen nicht sehr sinnvoll erschien. Es entsprach nicht ihrer Erfahrung, daß einer alles alleine machen sollte, war doch ihr Überleben seit Jahrtausenden nur durch enge Zusammenarbeit möglich gewesen. Auch die Idee eines einzelnen männlichen Gottes erschien den Menschen seltsam, konnte doch jeder sehen, daß es auf der Erde Männer und Frauen gab.

Menschen die davon ausgehen, daß alles möglich ist und alles sein kann, sind nur schwer davon zu überzeugen, daß plötzlich ein einzelner Gott alles alleine können und machen soll. Sie kannten schließlich auch einen »großen

Gott«, aber der delegierte sozusagen die Arbeit, zum Beispiel an die Mondgöttin, und die Mondgöttin delegierte an weitere Gottheiten, bis hinunter zu den Druiden und weisen Frauen. Das war den Menschen einsichtig, und sie hatten damit ihre Erfahrungen gemacht. Keine Frau wäre auf die Idee gekommen, in Liebesdingen eine männliche Gottheit anzurufen.[45]

Natürlich war die Abwertung des Weiblichen nur ein Schachzug, der sich immer mehr ausbreitenden Kirche, um die Frauen unter ihre Herrschaft zu bekommen. Als dies immer noch nicht den gewünschten Erfolg zeitigte, entschloß sich die Kirche trotz sehr großer innerer Widerstände dazu, nun doch eine eigene weibliche Gottheit einzuführen.

Nach dem Konzil von Ephesos (431 n. Chr.) sollte die Gottesmutter Maria nun die Rolle der Mondgöttin übernehmen. Das war nicht einfach durchzusetzen, denn mehr als vierhundert Jahre hatte sie im christlichen Glauben keinerlei Rolle gespielt. Im Gegenteil, sie war häufig als Gegnerin des Weges Jesu dargestellt worden. Hinzu kam die Schwierigkeit des Erklärens ihrer Jungfräulichkeit, zumal sie mehrere Kinder gehabt hatte. Dagegen stand die Urmutter Mond, die jungfräulich einen Sohn, die Sonne, geboren hatte, also durfte die Gottesmutter dem nicht nachstehen.[46] Tatsächlich wurde Maria von da an in vielen Kirchen mit einer Mondsichel zu Füßen dargestellt – als christliche Mondgöttin also.

> »Maria hatte die großen Göttinnen – von der Demeter in Kleinasien angefangen – zu ersetzten, die aber von ganz anderem ›Schlag‹ gewesen waren, den die Kirche Maria nicht zugestehen wollte. Maria sollte eine Dulderin sein, die mit ihrer keuschen Jungfräulichkeit niemanden erschreckte und schüchtern deutlich hinter den männlichen Gottheiten stand. Die Männerkirche ließ sie erst als Muttergottheit zu, als sich herausstellte, daß sich durch ihr ›Vorbild‹ die Frauen verändern ließen. Die bescheidene, unterwürfige Dulderin mit niedergeschlagenen Augen, das sollte das Frauenbild werden. Und dieses Marienbild prägte tausend Jahre Frauengeschichte.«[47]

Maria war ein voller »Marketingerfolg«, wahrscheinlich der gewaltigste, den die christliche Kirche jemals vorzuweisen hatte. Die »Frau ohne Unterleib«, die sich der Keuschheit und dem Dienen versprochen und selbst ihren Sohn ohne Sexualität empfangen hatte, ersetzte die wilden Göttinnen der Vorzeit und prägte das

Frauenbild unserer Gesellschaft in einem nie zuvor gekannten Ausmaß. Dies ist nicht ausschließlich auf die von den Männern regierte Kirche zurückzuführen, die den Menschen das Marienbild ja nicht nur mit Gewalt aufzwang. Ein Geheimnis der großen Akzeptanz Marias bei der einfachen Bevölkerung lag wohl mit darin, daß sie tatsächlich die sanfte, alles verzeihende, immer nur gütige Mutter darstellte, die sich wohl jeder Mensch im Inneren wünschte, aber die kaum einer jemals hatte. Sie stellte den Gegenpol zum strafenden Christengott mit seinen unendlichen Forderungen und Vorschriften dar. Eine verzeihende Mutter ist von jeher eine bessere Ansprechpartnerin gewesen als ein strenger Vater, gerade, wenn man einen Fehler begangen hat. Die Kirche hatte nun mit ihrer Verteufelung der Sexualität – die einer der grundlegendsten Urtriebe des Menschen ist und fast immer auch die Voraussetzung für ein glückliches und erfülltes Leben bietet – dafür gesorgt, daß so gut wie jeder Mensch fast immer schuldig war, egal wie streng er sich an die kirchlichen Regeln hielt. Die Kirche benutzte dazu das sogenannte »Double-Bind«, was bedeutet, daß man zwei Möglichkeiten zur Auswahl hat, die aber beide dazu führen, daß man falsch handelt. Hatte man Sex, so war man der Sünde der Wollust oder gar der Todsünde der Lüsternheit schuldig. Auch kam der Mann dabei zwangsläufig in Kontakt mit dem »sündigen Schoß der Frau«, womit die Vagina gemeint ist, ein Körperteil, der nur aufgrund seiner Existenz schon des Teufels war.* Hatte man keinen Sex und lebte man nicht als Priester oder Nonne in einem Kloster, so verstieß man gegen Gottes Gebot: »Seid fruchtbar und mehret Euch.« Schuldig war ein Mensch in jedem Fall, gleichgültig, was er tat. Unter diesem doppelten Druck von Schuld und Leid, verbunden mit den härtesten Lebensumständen, strömten die Menschen in Scharen zur allesvergebenden, allesverzeihenden, sie alle liebenden Mutter.

Im Gegensatz zu den alten, wilden und oft grausamen Mondgottheiten (Wir brauchen nur an die Hera der griechischen Mythologie denken, die in der Hälfte aller Sagen gerade jemanden mit ihrem Zorn verfolgt.) strafte Maria nie. Sie war da, hörte zu, lächelte und verstand. Sie nahm das Leid der Gläubigen auf sich, in einem Maße, wie es selbst Jesus nie geschafft hat.

* Wenn man sich vor Augen hält, daß der Teufel in der christlichen Mystik auch als »der Herr der Welt« benannt wurde, wird diese Aussage geradezu wahr: Zum weiblichen Urprinzip (Yin) gehört das materielle, körperliche. Die Sexualität bietet den meisten Menschen die intensivste Form ihren Körper zu erleben. Daher ist sie auch des Teufels!

»Im Grunde genommen ist der Marienglaube oder besser gesagt: der Glaube an die Madonna oder die Herrin oder Notre Dame nicht authentisch christlich. Der Glaube an die Macht und die Kraft der großen Mutter hat archaische Wurzeln und müßte eigentlich von der Kirche als ›heidnischer‹ Kult verdammt werden. Statt dessen kam im Mittelalter noch die schwarzgesichtige Erd- bzw. Nachtgöttin hinzu, die in verschiedenen Gebieten Europas als schwarze Madonna verehrt wird. Notre Dame de la Nuit, die schwarze Herrin der Nacht, das war die Mondgöttin, mit der Maria gleichgesetzt wurde. Maria, die Göttin der Nacht, gebar Jesus, das Kind in dem goldstrahlenden Sonnenkranz. Die Mondgöttin gebar den Sonnengott. Die Nacht gebar den Tag. Das war die Religion der Kelten.«[48]

Leider hatte der Marienkult auch viele Kehrseiten. Nicht nur die alten Mondgöttinnen wurden verdrängt, sondern auch das Wissen um die Wirkung des Mondes und das damit verbundene Wissen um Geburt und Heilung gingen verloren. Die Menschen konnten den Jahreslauf nicht mehr vorhersehen und sich nicht mehr darauf einrichten. Hinzu kam, daß Europa zu dieser Zeit eine Klimaveränderung durchmachte und das Wetter kälter und die Ernten schlechter wurden. Nach dem Dreißigjährigen Krieg kam eine Zeit, in der große Hungersnöte in Europa wüteten. Die herrschenden Gutsherren, und mit ihnen die Kirche als größter Grundbesitzer Europas, brauchten dringend einen Sündenbock, der die Menschen von ihren Problemen ablenkte und dem man noch die Schuld an Mißernten und schlechtem Wetter aufbürden konnte. Wieder einmal boten sich die verbliebenen Reste der weisen Frauen, Dorfheilerinnen und alten Weiber an, die sich immer noch mit dem Mondkult verbunden fühlten und das, obwohl Maria sich längst durchgesetzt hatte.

Der Grund für die Zustimmung zur Inquisition und Hexenverfolgung durch den Papst war keineswegs die Macht der alten Göttinnen, es war die Angst, daß mit den Hungerunruhen die Kirche in Gefahr käme.[49]

Wie so vieles in der Weltgeschichte lief die Inquisition völlig aus dem Ruder. Die Inquisitoren wurden immer mächtiger, die Anschuldigungen immer schlimmer, die Foltermethoden immer brutaler und die benötigten Beweise zur Verurteilung immer lächerlicher. Am extremsten war das in den Fällen, in denen Frauen, denen Hexerei vorgeworfen worden war, einfach ertränkt wurden. Überlebten sie die Prozedur aus irgendeinem Grund, so war das der Beweis dafür, daß sie mit dem Teufel verbunden waren, denn nur er konnte ihnen das Überleben unter Wasser ermöglicht haben, und sie wurden verbrannt. Starben sie unter Wasser, so war der Beweis erbracht, daß sie unschuldige und gläubige Christenmenschen gewesen waren, und es wurde für ihre Seele gebetet. Tot waren sie aber trotzdem.

Es hatte eine beispiellose Menschenhatz eingesetzt. Manch eine Hebamme rettete einer Frau bei der Geburt das Leben und wurden hinterher von deren Mann, vielleicht sogar von der geretteten Frau selbst, der Hexerei bezichtigt, damit sie nicht für ihre Dienste entlohnt werden mußte. In einigen Dörfern wurde jeder weibliche Mensch, vom Säugling bis zur Greisin, von den Inquisitoren, aber auch von ihren eigenen Brüdern, Vätern, Söhnen und Ehemänner gefoltert und ermordet. Die Inquisition wurde immer mächtiger, bis auf dem Höhepunkt der Hexenverfolgungen nicht einmal der Papst dem Großinquisitor hätte Einhalt gebieten können. Falls er es überhaupt gewollt hätte.

Die ganze Raserei der Hexenverfolgung mit allen ihren Folgen war ein typisches Beispiel für den Zorn der Göttin Hekate oder – mit anderen Worten – für das unterdrückte Plutoprinzip. Paradoxerweise suchten sich die rasenden Menschen (sowohl Männer als auch Frauen) genau diejenigen aus, die mit diesem Prinzip noch verbunden waren – eben die weisen Frauen, Hebammen und Heilerinnen, die noch nach den Mondregeln lebten und mit dem Wissen der Erde handelten –, um ihre eigene unterdrückte Irrationalität und ihre Angst vor der Unkontrollierbarkeit der eigenen Gefühle auf sie zu übertragen. Das folgende Geschehen entartete auch gemäß dem Plutoprinzip völlig. (Je stärker wir Plutokräfte unterdrücken, um so schlimmer werden die Folgen.) Was als Ablenkungsmanöver gedacht war, geriet zu einer der brutalsten Abschlachtereien der Menschheitsgeschichte und lief so sehr aus dem Ruder, daß niemand mehr in der Lage gewesen wäre, es zu stoppen. Und das Plutoprinzip, in diesem Fall das im Plutonischen enthaltene Prinzip der Zerstörung, rächte sich doppelt. Noch während die Hexenverfolgungen auf ihren Höhepunkt zusteuerten, brachte sich die besiegt geglaubte dunkle Göttin auch auf andere Weise ins Bewußtsein der Menschen zurück. Die Pest, der Schwarze Tod – in jeder Beziehung eine plutonische Krankheit – hielt ihre beispiellosen Siegeszüge ab und entvölkerte halb Europa. Zu dieser Zeit gab es noch fast gar keine (männlichen) Ärzte in Europa, und deren Dienste waren den Adligen vorbehalten. Das Wissen um die Heilkräfte der Natur, um die Wirkungsweise der Kräuter, ja selbst um die einfachsten Grundlagen der

Hygiene wurde mit den weisen Frauen fast völlig ausgerottet. Die Menschen hausten in unglaublich dreckigen, dunklen Löchern, entsorgten ihren Kot und Urin offen auf der Straße und wußten nicht einmal mehr, daß es gut ist, sich mit Wasser zu reinigen und zu säubern, bevor man einen anderen Menschen berührt. Und die Pest hielt reiche Ernte.

Letztendlich war es die Kirche selbst, die Europa in die bittere Armut und Unwissenheit des finsteren Mittelalters stürzte, während sich die Städte des Islam zu Hochburgen des Wissens und der Künste erhoben.

☾

Im Laufe der Jahrhunderte veränderte der Marienkult die alten Sagen und Mythen. Die Geschichten von den wilden alten Göttinnen wurden durch harmlose Kindermärchen ersetzt, die in ihnen gemachten Aussagen bis zur Unkenntlichkeit verändert. Als Beispiel hier eine Sage zur Mondfinsternis:

> »In einer dieser (Vollmond-) Nächte machte sich eine Priesterin auf den Weg, denn sie war durch ihr Priestertum vor Unbill geschützt. Sie richtete einen Korb mit Eßwaren her, um ihn am Mondberg für die Mondgöttin abzustellen. Damit sie von den Wölfen als Priesterin erkannt werden konnte, setzte sie ihre rote Haube auf und begab sich in den dunklen Wald. Die Priesterin wollte von der Mondgöttin erfahren, wieviel Zeit den Menschen noch auf Erden bliebe. Ein Wolf kam zur gleichen Zeit am Mondberg an und schnappte die Mondgöttin, schlang sie hinunter und spie sie wieder aus. Die Priesterin erlebte die Verdunklung des Himmels im gleichen Moment, in dem der Wolf die Mondgöttin verschlang. Doch sie sah auch, wie der Wolf sie wieder freigab, und wußte, diesmal wird die Mondgöttin an den nächtlichen Himmel zurückkehren und die Welt nicht untergehen.«[50]

Bei näherer Betrachtung erkennen wir diese Sage als »bereinigte«, antiwölfische Version im Märchen von Rotkäppchen wieder.

Auch andere Märchen sind von dem alten Wissen bereinigt und fast vollständig umgeschrieben worden. Nehmen wir als Beispiel das Märchen von der Frau Holle. Sein Ursprung war nicht das aus Kissen Schnee schüttelnde alte Mütterchen. Im Ursprung war Frau Holle eine Göttin, die im Winter Schnee auf die

Erde brachte, ein deutliches Zeichen der Fruchtbarkeitsgöttin. Wurde sie zornig, so tobte sie mit ihrem wilden Heer, das aus Frauen mit Sicheln (!) in den Händen bestand, durch die Lüfte. Frau Holle beschützte die Brunnen, aber auch die Spindeln. Bei den Griechen wurde die Spindel der Arthemis beigelegt. Es ist also kein weiter Schritt, die Hulda oder Frau Holle den Göttinnen zuzurechnen, die vom Mond bestimmt wurden.[51]

Der finstere Aspekt der Frau Hulda ist sehr unheimlich. Hier nimmt (der Mond) jene Wesenszüge der Frau Holle an, die sie als Kinderfresserin und Herrscherin der Unterwelt ausweisen und die in dieser Gestalt als Göttin der Nacht das Geisterheer der Toten in der Wilden Jagd zur Zeit der Wintersonnenwende anführt.[52]

Die lichte Seite der Frau Hulda erinnert uns eher wieder an die freundliche, hilfsbereite alte Frau Holle aus unseren Kindermärchen. Dennoch wird das Märchen der Komplexität und Macht dieser Göttin in keiner Weise gerecht.

Frau Holle, die germanische Himmelsgöttin und Gefährtin des Wotan, gilt als ein Aspekt der Göttin Frigg und ist von ihrem Charakter her eine Mondgöttin. Offenbart sie ihre helle Seite, so wird sie meist Frau Hulda genannt und zeigt als solche Ähnlichkeit mit der Göttin Freya, die ihrerseits ebenfalls als ein Aspekt der Frigg aufgefaßt werden kann.[53]

Frau Hulda erscheint der Sage nach mit dem ersten warmen Sonnentag des nahenden Frühlings. Dann tritt sie aus den Bergen heraus und wandelt über die grünende Flur. Überall dort, wo sie den Erdboden berührt, blühen Blumen auf, und sie schreitet segnend durch die Saat. Und alles was ihre segnende Hand erreicht, wächst und gedeiht. Solange der Sommer währt, regiert sie das Land, und glockenhell wird es auch in der finsteren Nacht, wo sie geht und steht. Und wer ihr begegnet, der begegnet seinem Glück.[54]

☾

Trotz all der Veränderungen, die der Marienkult nach außen in dem Bild der Mondgöttin und in den Mondsagen bewirkte, blieben die alten Kulte, oft nur unter dem Decknamen Marias, bis heute bestehen. Die heilige Quelle der Morgana in Lourdes, zum Beispiel, ist ein Beleg für die Wahrheit der These, daß sich die archaischen Traditionen zwar umbenennen lassen, ihr Inhalt aber letztlich bleibt. Wie vor Tausenden von Jahren geht es den Menschen um Heilung. Was macht es da aus, ob zur weißen Göttin der Quelle oder zu Maria gebetet wird?!

Wasser ist die Gebärerin allen Lebens, die Mutter der Welt, und über das Wasser gleitet die Mondin still durch die Nacht. Für die Menschen der Frühzeit war der Zusammenhang zwischen dem Wasser, dem Mond und dem Leben eindeutig. Im Unterbewußtsein der heutigen Menschen ist er das vielleicht immer noch.[55]

Auch das Prinzip der dunklen Göttin, der Hekate, die eine Ausformung des Plutoarchetypus ist, ist keinesfalls nur negativ. Negativ und zerstörerisch ist lediglich der Versuch, dieses Prinzip aus unserem Leben auszuschließen, es zu unterdrücken und unsere Augen davor zu verschließen. Wenn wir uns weigern zu sehen, daß es Tod und Zerstörung in unserem Leben gibt, daß wir selber den Wunsch nach Zerstörung, die eigentlich nur Wandlung zu sein braucht, in uns tragen, dann ist abzusehen, daß uns die Zerstörung, die Wandlung und auch der Tod eines Tages von außen entgegenkommen, sozusagen als kleine Gedächtnisstütze seitens der Welt.

☾

Die alten Mondgöttinnen sind immer noch lebendig in der Welt, und wir können lernen mit ihnen und ihren Kräften umzugehen und im Einklang zu leben. Um die plutonischen, die dunklen Seiten der Mondgöttin in unser Leben zu integrieren, wollen wir, wie versprochen, hier einige Übungen aufzeigen, die uns dabei helfen. An dieser Stelle wollen wir auch unseren tiefen Dank an Uwe Gardein und Matthias Mala aussprechen, deren Buch »Das Jahr hat 13 Monde« wir den größten Teil der obigen Zitate und auch die jetzt folgenden Übungen entnommen haben.

Übung 1 – Der Vollmondspiegel

Zur Zeit des Vollmonds löst sich nicht nur unsere Seele aus unserer egomanischen Umklammerung, sondern wir können auch tief in ihre Schrunden blicken. Wer einen solchen Blick in sich selbst wagen möchte, um sich in ungeahnter Weise zu spiegeln, kann einen uralten magischen Brauch wiederholen. Dazu richtet man einen Spiegel so auf den Mond, daß man sein Spiegelbild darin sehen kann. Alsdann läßt man sich auf eine Schau ein, bei der das Bild des Mondes im Spiegel fixiert wird. Sehr rasch tritt dabei ein tiefer innerer Frieden ein, bei dem die Gedanken leiser werden und alsbald verfliegen. Dafür beginnt das Bild des Mondes im Spiegel zu changieren. Blickt man weiter unverwandt, so steigen einem vor dem inneren Auge Bilder und Szenen auf, gleichzeitig wandeln einen Gefühle aus der Tiefe des Herzens an. Man kann darauf in einem stillen Zwiegespräch mit seinem inneren Erleben das Gesehene und Empfundene interpretieren und so allmählich Schicht für Schicht seine Seelentiefe aufdecken. Das Zwiegespräch mit dem Gesehenen ist deshalb bedeutsam, weil es lenkend für die Sicht wirkt. So vermeidet man Fallstricke durch Fehldeutungen und Einblicke in Winkel, die wir um unser Seelenheil willen noch vor uns selbst verborgen halten wollen. Nähert man sich dennoch solch inneren Tabus, Barrieren und Grenzen oder betritt Irrwege, verliert sich die Sicht.[56]

Übung 2 – Das Tagebuch der schwarzen Gedanken

Eine vergleichsweise einfache Übung, weil wir sie ganz mit uns alleine austragen, besteht darin, ein Tagebuch der schwarzen Gedanken zu führen; es ist gewissermaßen ein Nächtebuch. Hier machen wir aus unserem Herzen keine Mördergrube, sondern halten all das Unausgesprochene fest, was wir an Düsterem, Boshaftem und Absonderlichem denken. Dabei sollten wir uns jedoch an die Regel halten, nur ein Thema (zur gleichen Zeit) zu behandeln. Dies kann ein aktuelles gesellschaftliches als auch familiäres Ereignis sein; es sollte aber auch von Fall zu Fall ein ganz persönliches Thema sein, das wir uns vornehmen, etwa unsere Sexualität.[57]

Übung 3 – Böse Rede

Nur mit einer sehr vertrauten Person können wir diese Gesprächsübung vornehmen. Dabei unterhalten wir uns bewußt abgründig und destruktiv über ein gemeinsames Thema. Einzige Regel ist, daß wir nicht über Personen sprechen, mit denen wir Umgang pflegen; so vermeiden wir, daß wir schwarzmagische Kräfte anregen. Indes dürfen wir dieses Gespräch durchaus als einen Wettstreit der Verderbtheit auffassen und uns bemühen, einander an Häßlichkeit zu übertreffen. Nur so kehren wir unsere Schattenseite auch wirklich nach außen und werden zugleich zum Spiegel, in dem sich unser Gegenüber, ebenso wie wir uns in ihm, erkennen kann. Um nicht ins Oberflächliche abzudriften, sollten wir auch folgende Gesprächsdisziplin beachten: Nach einer zuvor festgelegten Zeit, höchsten zwei Stunden, muß Schluß sein. Keiner darf den anderen kritisieren, weder positiv noch negativ. Wir sollten uns beim Reden nicht unterbrechen, weshalb auch keiner länger als fünf Minuten hintereinander sprechen sollte. Nach Abschluß des Gesprächs darf das Besprochene nicht mehr reflektiert werden. Gerade Letzteres erfordert eine große Disziplin, ist jedoch unerläßlich. Denn wenn wir in dieser Art unsere Tiefen ergründen, wissen wir meist selbst nicht, was wahres Empfinden, was Phantasterei und was in uns Hineinwirkendes ist. Durch nachträgliche Analyse des Gesagten entwirren wir jedoch dieses Seelengespinst nicht, sondern verfestigen es nur so weit, daß uns ursprünglich Fremdes zu unerbetenem Eigenen werden kann.[58]

☾

Um wirklich mit dem Mond zu leben, dürfen wir uns aber nicht nur mit seinen dunklen Seiten beschäftigen. Selbst in den heutigen Diskobesuchen von Jugendlichen sind noch die Reste der ursprünglichen nächtelangen Mondfeste wiederzufinden, in denen die Menschen früherer Zeit die Göttin und ihre Gaben, das Leben und die Sexualität, feierten. Um mit dem Mond zu leben, sollten wir tanzen, singen und lachen, und alle Freude aus dem Leben (an)nehmen, die es eben zu bieten hat. Hierzu wollen wir uns ein weiteres Mal den Rat von Uwe Gardein und Matthias Mala anhören:

> »Zu der rituellen Lebensbejahung gehört der Tanz. Wollte der Tänzer die spirituelle Welt für sich gewinnen, dann tanzte er nur in der Nacht und ständig linksherum. Dreimal linksherum, so wie der Mond dahinzieht, und es öffneten sich die geheimen Türen zur anderen Welt. Linksherum zu tanzen wurde von der Kirche ebenso verboten wie alles andere, was mit links gemacht werden konnte. Generationen von Kindern mußten Schläge einstecken, wenn sie als ›Linkshänder‹ entdeckt waren.«[59]

Mit diesem Rat, zu tanzen und zu feiern, und das am besten linksherum, wollen wir nun dieses Kapitel beenden.[60]

9 Die Feste der Sonne und des Mondes im Jahreslauf

»In der alten Gesellschaft war die Ausgewogenheit zwischen Sonne und Mond ein zentrales Konzept beim Verständnis der Funktionsweise des Kosmos, einer Kultur, einer Religion des persönlichen Wohlbefindens. Das Sonnenprinzip stand für die rationalen, regelgerechten, verläßlichen Lebensvorgänge. Die Sonne war die Spenderin von Leben und Licht. Ihr Zyklus war einfach und präzise. Der Mond andererseits war nicht mit der Sonne synchron. Die Wirkung der Sonne auf die Temperatur und Ernte lag auf der Hand, während die Wirkung des Mondes auf die Meeresgezeiten und das Hin und Her im Gang der Menschen subtil und schwer zu ermitteln war. Im Gegensatz zur konsequent strahlenden Periodizität der Sonne schien der Mond irrational. Die Sonne war das Symbol alles Vernünftigen, Regelgerechten und unmittelbar Verläßlichen.«

Arnold L. Lieber

Der jährliche Lauf der Sonne durch die Jahreszeiten ist in seiner Wichtigkeit dem Mondrhythmus mindestens gleichzusetzen, so ist doch unter anderem die gesamte Ernährung der Menschheit von ihm abhängig. Obwohl wir diesen Zyklus in der Regel sehr bewußt erleben – es handelt sich hierbei um einen Sonnenzyklus, und zur Sonne gehört das Bewußtsein – und eigentlich jeder Mensch jederzeit weiß, welche Jahreszeit gerade vorherrscht, gibt es doch viel Wissen über den Jahreslauf, das in den letzten Jahrhunderten aus dem allgemeinen Bewußtsein geschwunden ist.

In diesem Buch haben wir uns bisher mit einem Mondkalender beschäftigt, dessen Besonderheit darin besteht, daß er auf dem Zusammenspiel des Mondumlaufes mit dem scheinbaren Sonnenlauf beruht. (Scheinbar, da sich die Erde ja um die Sonne bewegt, es aber für uns so aussieht als würde sich die Sonne um die Erde drehen.) Daher halten wir es für eine sehr wichtige Ergänzung, wenn wir uns hier im letzten Kapitel dieses Buches mit den alljährlich wiederkehrende Festen der Sonne und des Mondes befassen, gleichsam um den wiederholt besprochenen Mondzyklus in Zusammenhang mit dem Jahresrhythmus der Sonne zu setzen. Dadurch verbinden wir erneut das Wesentliche der beiden Gestirne, Sonne und Mond.

Im Laufe des Jahres ergeben sich durch den scheinbaren Umlauf der Erde um die Sonne vier wichtige Eckdaten. Dies sind das Frühlings- und das Herbstequinox (= Tagundnachtgleiche) sowie die Sommer- und die Wintersonnenwende. An diesen Zeitpunkten feierten die Menschen schon seit Urzeiten Feste zu Ehren der Sonne. Diese vier Sonnenfeste wurden wiederum durch vier Mondfeste ergänzt, die immer zwischen zwei Sonnenfesten stattfanden. Die Termine dieser Feste waren ursprünglich nicht fix, sondern sie wurden nach dem Vollmond (bei den Sommerfesten) bzw. dem Neumond (bei den Winterfesten)* bestimmt und schwankten daher von Jahr zu Jahr. Durch die zunehmende Fixierung des menschlichen Lebens auf den Sonnenkalender ergab es sich schließlich, daß auch die Mondfeste zu festgelegten Daten gefeiert wurden. Sicherlich spielte dabei eine Rolle, daß festgelegte Termine in einer auf dem Sonnenkalender beruhenden Lebensweise einfacher einzuhalten waren. Auf der anderen Seite geriet so allmählich der ursprünglich »mondige« Charakter dieser Feste in Vergessenheit, so daß aus ihnen eigentlich nur kleinere Sonnenfeste wurden.

Einen wesentlichen Anteil an dieser Veränderung hat das Christentum, das alle älteren Feste einfach mit seinen eigenen Inhalten überlagert hat. Dennoch ist dies nicht automatisch von Übel. In vielen christlichen Festen wurde der Charakter der älteren Feste weitgehend gewahrt und blieb so den Menschen in Erinnerung. Es würde in diesem Buch zu weit führen, wollten wir die alten Jahresfeste mit den christlichen vergleichen. Wir werden uns daher darauf beschränken, die alten Jahresfeste in der keltischen Tradition zu beschreiben, und nur dort, wo es unabdingbar notwendig ist (insbesonders beim Osterfest), den Zusammenhang mit den christlichen Festen herstellen.

* Leider entsprechen nicht alle Quellen dieser Aussage. Laut manchen Autoren werden die Feste alle nach dem Vollmond berechnet, andere geben gar keine Berechnungsgrundlage an. Allerdings würde die hier gemachte Einteilung sehr dem Wesen der jeweiligen Mondfeste entsprechen.

Die Lostage und die Wendetage

Bestimmte Tage der Jahreslaufes sind für das ganze kommende oder vergangene Jahr von Bedeutung. An den Lostagen können wir Ausblicke auf die Zukunft bzw. die Vergangenheit machen, um auf diese Art zu erfahren, was geschehen wird, oder besser zu verstehen, was bereits vergangen ist.

Den Namen »Lostage« erhielten diese Tage, da sie ganz besonders dazu geeignet waren, »das Los zu werfen«, also mit Hilfe eines Orakels weitere zukünftige Ereignisse zu ermitteln. Wissen über die Zukunft, das sich nicht direkt aus den Naturphänomen – wie dem Wetter – ablesen ließ, wurde somit durch rituelle Zeremonien und Weissagungen sichtbar gemacht. Ein sehr bekanntes Überbleibsel dieser »Wahrsagezeremonien« ist das auch heutzutage noch sehr beliebte Bleigießen zu Silvester. Wenngleich diese Zeremonie zumeist lediglich als Partyspaß durchgeführt wird, liegt ihr doch der Wunsch zugrunde, voraussehen zu können, was im nächsten Jahr auf uns zukommen wird.

Dahinter stand die Beobachtung, daß sich in einer kleinen Zeiteinheit (z. B. an einem bestimmten Tag) der Verlauf einer größeren, folgenden Zeiteinheit widerspiegelt (z. B. eines Monats oder der folgenden sieben Wochen). Dabei gab es Lostage, die sich auf die direkt folgende Zeit (Siebenschläfer auf die folgenden sieben Wochen, Lichtmeß auf den Rest des Jahres) bezogen, während andere auf wesentlich spätere Zeiträume verwiesen (z. B. auf die Ernte im Herbst, die Strenge des Winters). Das Wissen um die Lostage war eines der wichtigsten Hilfsmittel der Kalenderpriester. Viele ihrer Voraussagen waren nur dadurch möglich, daß an einem Lostag der Willen der Götter ermittelt wurde. Je nach dem, wie dieser sich zeigte, konnten die Priester auf das zukünftige Geschehen schließen.

Im Laufe der Zeit wurden die Erfahrungen der Priesterschaft beim Deuten des göttlichen Willens in Regeln zusammengefaßt. Diese Regeln besagten schließlich, welches Geschehen welche Bedeutung habe und was daraus folgen würde. Viele bekannte Weissagungssysteme entstammen den Beobachtungen und Regeln, die die Kalenderpriester der verschiedene Kulturen gemacht haben. Am bekanntesten unter diesen sind sicherlich das Tarot und das Runenorakel.

Eine besondere Form der Lostage sind die *Wendetage*. Diese ermöglichen es nicht nur zu erkennen, was geschehen wird, sondern böse Omen gleichsam *abzuwenden*. Wem an einem dieser Tage ein Unglück widerfuhr, der konnte durch das Anwenden eines entsprechenden Rituals, der sogenannten *Wendetechnik*, verhindert werden, daß sich dieses Unglück auf sein künftiges Leben auswirkte. Bei diesen Ritualen geht es im Prinzip immer darum, etwas aus der Welt zu nehmen, also aufzulösen oder zu löschen. Auch Segenswünsche, die traditionell zu bestimmten Zeiten ausgesprochen werden, sind ursprünglich Wendetechniken, die dazu dienen sollten, die Zukunft dazu zu bewegen, sich von ihrer schönsten Seite zu zeigen.

Um eine Wendetechnik auszuführen, wird meistens das unerwünschte Geschehen benannt oder niedergeschrieben. Dann läßt es sich auflösen, indem es rückwärts gelesen oder ausgesprochen wird. Sehr wirksam ist es auch, das Geschriebene zu schwärzen (ein schwarzer Filzstift genügt) und rituell zu verbrennen.

Der rituelle Charakter entsteht dadurch, daß wir uns ganz bewußt auf das Verbrennen und das Loslassen des unerwünschten Ereignisses konzentrieren. Jeder Mensch kann ein Ritual für sich selbst oder für andere gestalten. Wichtig ist nur, daß wir in Ruhe und bewußt handeln, also nicht von äußeren Einflüssen abgelenkt werden, und daß wir ernst nehmen, was wir tun. Rituale werden um so

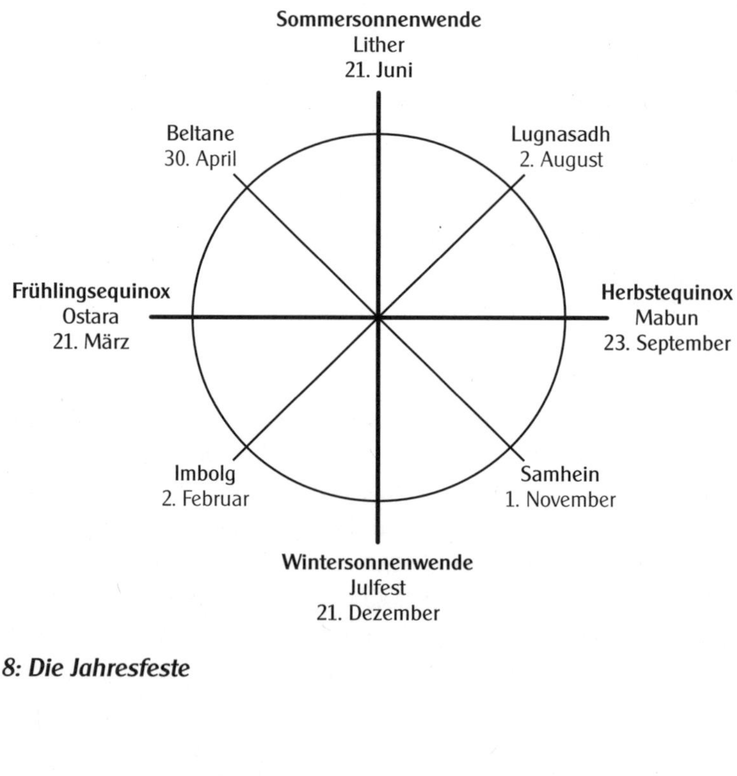

Abb. 8: Die Jahresfeste

wirksamer, je mehr Menschen sich an ihnen beteiligen. Dies ist der eigentliche Hintergrund dafür, daß Menschen schon seit ewigen Zeiten gemeinsame Gottesdienste abhalten, die ja letztendlich Rituale sind, um die Götter gnädig zu stimmen oder ihnen nahe zu sein. Dennoch können auch sehr wichtige Rituale erfolgreich alleine oder zu wenigen ausgeführt werden, gerade wenn es um sehr private Themen geht.

Die wichtigsten Wendetage im Jahreslauf sind die Rauhnächte. Diese werden im nun folgenden Abschnitt ausführlich beschrieben.

Die Jahresfeste

Jul – Die Wintersonnenwende

> »In dieser längsten Nacht des Jahres erfüllt sich das Versprechen der Wiedergeburt. Die Natur ringsherum ist augenscheinlich tot und regungslos. Die Wasser sind zu Eis erstarrt und regen sich nicht mehr, die Bäume stehen kahl und leblos in der stillen Natur, der Schnee bedeckt alles wie ein Leichentuch. Doch in dieser Nacht beginnt es wieder, die Göttin schenkt dem Gott neues Leben, er wird wiedergeboren. Die Dunkelheit ist gebannt, die Nächte werden kürzer und was Tod schien und verloren, wird wieder erwachen.«
>
> Verfasser unbekannt

Da der Mondschild mit dem Neumond beginnt, dem dunkelsten Punkt des Mondzyklus, wollen wir auch die Besprechung des Jahreslaufes mit der dunkelsten Zeit des Jahres beginnen, der Wintersonnenwende. Diese wird in den nordischen Ländern Jul genannt, was vom altnordischen Wort Iul abgeleitet werden kann und Rad bedeutet (= Bezug zum Rad des Sonnenlaufes) oder aus dem finnischen, wo Jul einfach Fest heißt.

Die Wintersonnenwende ist ein Sonnenfest. Heute ist der kürzeste Tag des Jahres – in unseren Breiten lediglich acht Stunden lang, während die Nacht sechzehn Stunden dauert. Dennoch ist der heutige Tag ein Tag des Triumphes. Die Sonne wird wiedergeboren. Sie erwacht zu einem neuen Zyklus. Zur Zeit der Wintersonnenwende hat die Sonne ihren tiefsten Stand im Jahreslauf erreicht, ab nun steigt sie wieder den Himmel empor, um das neue Jahr zu schaffen. Das Fest der Wintersonnenwende ist seit alters her das Geburtsfest der Sonne.

Entsprechend dem Yin-Yang-Symbol beginnt am dunkelsten Punkt der Wiederanstieg der Helligkeit. Die Sonne wurde in allen Kulturen der Welt als Lebensspender/-in verehrt, so daß ihre Geburt zwangsläufig zu einem der innigsten Feste des Jahres führte. Obwohl der Winter erst beginnt, steigt mit der Bahn der Sonne am Himmel auch die Hoffnung der Menschen wieder. Die Dunkelheit, die seit der Sommersonnenwende immer weiter zugenommen hat, wird bald wieder besiegt sein. Und zum Zeichen dieses Sieges und auch, um das noch schwache Licht der Sonne zu stärken, werden überall in den Häusern die Lichter (Kerzen am Weihnachtsbaum) entzündet.

Das Fest der Sonnengeburt wird in der Regel sehr üppig gefeiert. Die Advents-Fastenzeit (wird am Ende des Kapitels besprochen) ist vorbei, und nun greifen wir drei Tage lang in die Vollen. Es wird geschlemmt, gefeiert und alles Sinnliche genossen. Die drei Tage des Sonnenwendfestes sind schöne Tage, an denen wir uns mit allem beschäftigen, was das innere Licht entzündet und erhellt. Diese Tage sollten wir mit unserer Familie und engen Freunden verbringen, mit Menschen, denen wir vertrauen und mit denen wir gemeinsam das Licht als Symbol des Lebens anzünden wollen.

Das Julfest ist eine Zeit der Erfüllung tiefer Wünsche. Aus dieser Tradition heraus entstand später die Sitte, zu Weihnachten Geschenke zu machen. Es ist der Beginn des neuen Sonnenlaufs, und, wie bei jedem Neubeginn, ist es für uns wichtig zu wissen, was wir wollen (Wünschen) und wohin wir gehen. In der Zeit des Julfestes ist Raum dafür, Briefe zu schreiben, Gespräche zu führen, spazierenzugehen und auch sonst für alles, was uns selbst und andere glücklich macht.

Jedes der »großen Jahresfeste« – Winter- und Sommersonnenwende, Frühjahrs- und Herbsttagungnachtgleiche – wurde in alter Zeit drei Tage lang gefeiert, da es drei Tage dauert, bis die Auswirkungen des Geschehens (in diesem Fall der Sonnenwende) in der Welt spürbar wird. Daher findet das Fest der Wintersonnenwende am 24.12. seinen Höhepunkt, an dem Tag, an dem das Aufsteigen des Lichtes endlich spürbar wird.

Am 24.12. spiegelt sich das gesamte kommende Jahr wider. Er ist ein Lostag für die nächsten zwölf Monate. Was wir an diesem Tag tun, fühlen, empfinden und erleben, hat für das ganze nächste Jahr Bestand und Bedeutung. Daher ist es wichtig, diesen Tag bewußt zu begehen und ihn nur mit Menschen zu feiern, denen wir uns von Herzen verbunden fühlen und in deren Gemeinschaft wir auch das kommenden Jahr verbringen möchten.

Die Rauhnächte

Am 25.12., dem Tag nach dem Julfest, beginnen die Rauhnächte, die wichtigsten Wendetage des Jahres. Diese Tage werden traditionell als »die Zeit zwischen den Jahren« bezeichnet. Diese zwölf Tage werden immer vom Sonnenaufgang des einen Tages bis kurz vor der Dämmerung des nächsten Tages gerechnet. Sie spiegeln die Qualitäten der kommenden zwölf Monate unseres Lebens wieder.

Alle Ereignisse dieser Zeit, alle Gefühle, die wir haben, die Art aller Tätigkeiten, die wir ausüben, treten in irgendeiner Weise im kommenden Jahr in unser Leben und ziehen Folgen nach sich. Deswegen sollte man in der Zeit der Rauhnächte nicht arbeiten und alle unnötigen, ablenkende, unerwünschten Tätigkeiten vermeiden. Jetzt ist eine Zeit großer Achtsamkeit, und bei allem, was wir tun, ist wichtig, daß wir es *für* uns selbst oder für andere tun, und nicht, um etwas zu zerstören, zu behindern oder jemandem zu schaden.

In der Zeit der Rauhnächte, so heißt es im Volksmund, sollten man keine Wäsche waschen und keine alltäglichen Arbeiten erledigen. Dies bezieht sich zum einen darauf, daß die Rauhnächte eine Zeit der Besinnung sein sollten. Alltägliche Arbeiten, also solche, die zur Routine geworden sind, in den Rauhnächten auszuführen, bedeutet, auch im kommenden Jahr viel Zeit in diesen Routinen zu verbringen.

Natürlich werden wir nicht einen ganzen Tag abwaschen, wenn wir es in den Rauhnächten tun. Unsere Handlungen spiegeln sich nicht direkt, sondern symbolisch wieder. Aber es ist wichtig, daß wir nicht genervt oder gestreßt unseren Tag verbringen. Wenn wir Arbeiten erledigen, die getan werden müssen, sollten wir sie in dem Bewußtsein erledigen, daß wir etwas für uns tun. Es geht nicht darum, zwölf Tage lang nicht abzuwaschen. Aber beim Abwasch können wir uns daran erinnern, daß wir unsere Wohnung reinigen, um uns in unserem Leben wohlzufühlen. Wichtig ist die Reinigung – nicht, schnell einen ungeliebten Job zu erledigen. Im Idealfall können wir die ganze Zeit der Rauhnächte als ein einziges großes Ritual auffassen, in dem wir uns bewußt auf das kommende Jahr vorbereiten.

☾

Die Rauhnächte, als die Zeit zwischen den Jahren, gehören weder dem alten noch dem neuen Jahr an. In dieser Zeit erleben wir das Sol-Stitium, den scheinbare Stillstand der Sonne. In dieser Zeit ist es mit bloßem Auge nicht wahrnehmbar, daß die Sonne am Himmel wieder höher steigt. Jetzt ist auch die Zeit der »Wilden Jagd«, die von der Percht (ein Aspekt der Frau Holle, siehe Seite 195) angeführt wird. Sie führt mit ihren Hunden die Seelen der Toten in ein neues Heim. Sie wacht über diese Seelen, die einen neuen Körper suchen.

Die Percht, die in der Wilden Jagd über das Land stürmt, ist eine Gestalt des Plutoarchetypus. Daher gelten auch die Dezemberstürme als Zeichen der wilden Jagd. Unter diesem Aspekt betrachtet, erklärt sich auch, daß in den Rauhnächten keine Wäsche aufgehängt werden soll, da sich sonst möglicherweise böse Geister darin fangen, die uns das ganze kommende Jahr über nicht mehr loslassen.

Die einzelnen Tage der Rauhnächte (bis zum nächsten Sonnenaufgang) spiegeln die Monate des kommenden Jahres. Dabei spiegelt

der 25.12.	den kommenden Januar,
der 26.12.	den kommenden Februar,
der 27.12.	den kommenden März,
der 28.12.	den kommenden April,
der 29.12.	den kommenden Mai,
der 30.12.	den kommenden Juni,
der 31.12.	den kommenden Juli,
der 01.01.	den kommenden August,
der 02.01.	den kommenden September,
der 03.01.	den kommenden Oktober,
der 04.01.	den kommenden November und
der 05.01.	den kommenden Dezember wider.

☾

Glücklicherweise sind wir dem Walten des Schicksals in der Zeit der Rauhnächte nicht ganz hilflos ausgeliefert. Sollte uns an diesen Tagen etwas Unerwünschtes zustoßen oder wir uns doch mit Routinearbeiten beschäftigen müssen, so können wir mit Hilfe der weiter oben erwähnten Wendetechniken diese Erlebnisse gleichsam aus unserem Leben löschen.

Dazu setzen wir uns jeden Abend, kurz vor dem Schlafengehen, hin, betrachten den vergangenen Tag und überlegen uns, was wir alles löschen möchten, welche Kräfte und Geschehenisse in unserem Leben im nächsten Jahr keine Rolle mehr spielen sollen. Wir können Dinge löschen, die an diesem Tag wirklich geschehen sind (zum Beispiel einen Streit, einen Unfall oder einen Verlust), aber auch negative Gedanken, Wünsche und Gefühle, die wir hatten. Nun fangen wir damit an, all das, was wir löschen wollen, auf ein Blatt Papier zu schreiben. Da die Rauhnächte in gewissem Sinn eine Einheit bilden, sollten wir das Papier in zwölf Felder unterteilen, von denen jedes für einen Monat steht.

Nachdem wir alles, was wir löschen wollen, in das passende Feld geschrieben haben, suchen wir uns nun eine Farbe und malen mit dieser Farbe (nur eine Farbe für einen Tag, aber es kann jeden Tag eine andere sein) das ganze Feld aus. Wer mag, kann dabei all das Unerwünschte rückwärts sprechen. Nachdem das ganze Feld farbig ist, übermalen wir es noch einmal mit einem dicken schwarzen Filzstift solange, bis das ganze Feld schwarz ist.

Das Übermalen mit der ersten Farbe dient dem energetischen Ausgleich des Tages, wir machen sozusagen unseren Frieden mit dem Tag. Das anschließende Schwärzen erst ist das eigentliche Löschen.

Es ist sehr wichtig, daß das »Löschen« immer gleich am selben Tag geschieht, das heißt vor der Morgendämmerung des nächsten Tages. Andernfalls bleibt es wirkungslos. Für besonders wagemutige Menschen gibt es auch noch die Möglichkeit, grundsätzlich *alles* zu löschen, was an jedem Tag passiert ist. Dies ist aber mit Vorsicht zu genießen, weil das Leben dann einen Gang zulegt und unter Umständen ungeahnte Überraschungen bieten kann. Jedem, der diese Variante ausführt, steht sicherlich ein intensives und ereignisreiches Jahr bevor.

Zum Abschluß der Rauhnächte, also am 5. Januar, wird das Blatt noch einmal vollständig schwarz übermalt und anschließend verbrannt.

Imbolg – Lichtmeß

> »Am letzten Vollmond vor Februar markiert dieses Fest die Neige des Winters. Die Tage sind erkennbar länger geworden, der junge Gott ist zum Knaben herangewachsen, und seine Kraft in der Natur schon zu erkennen. Es ist die Zeit der Erneuerung und der Reinigung. In jedem

Haushalt wird eine einzelne Kerze von der Abenddämmerung bis zum Morgengrauen brennen gelassen. Bei den Kelten ist dies auch das Fest von Brigid, der Feuergöttin, die die Kraft des Schmiedens, der Poesie und der Heilung beherrscht.«

Verfasser unbekannt

Imbolg, von der christlichen Kirche Mariä Lichtmeß genannt, ist ursprünglich ein Fest des Mondes. Es fand am zweiten Vollmond nach der Wintersonnenwende statt. Seit der Festlegung auf den 2. Februar wird es (ursprünglich als geheimes Fest[61]) 40 Tage nach der Wintersonnenwende gefeiert.

An Imbolg wird das wiederkehrende Licht der Sonne gefeiert. Es handelt sich hierbei sozusagen um die »Sonnendämmerung des Jahres«. Wenngleich es nach außen hin immer noch unsichtbar bleibt, erwacht nun allmählich das Leben in der Natur wieder. Die Sonne gießt ihre Lebenskraft auf die Erde aus und veranlaßt so alle Gewächse und Keime, sich wieder zu regen. Obwohl ihre Kronen noch kahl sind, ziehen die Wurzeln der Bäume bereits wieder Wasser aus dem Boden und pumpen es in die leeren, trockenen Stämme.[62] Nach Imbolg darf in vielen Gegenden kein Holz mehr geschlagen werden, da in den Ästen der Saft wieder fließt.[63]

Zu diesem Zeitpunkt wird allmählich klarer, wo wir in diesem Jahr hinwollen, sozusagen worauf das Geschehen dieses Jahres hinausläuft. Die Besonderheit des heutigen Tages ist es, daß er uns zeigt, wo wir wann gebraucht werden. Imbolg ist ein Lostag, eine kurze Wiederholung der Rauhnächte. Mit dem Sonnenaufgang beginnend, stehen immer zwei Stunden für je einen Monat dieses Jahres, wobei die ersten zwei Stunden den bereits vergangenen Januar symbolisieren (daher können sie gefahrlos verschlafen werden), die nächsten zwei Stunden für den derzeitigen Februar usw.

Die Qualität von Imbolg ist es, zum richtigen Zeitpunkt am richtigen Ort zu sein. Daher ist es am heutigen Tage sehr wichtig, auf all das zu achten, was uns »zustößt« oder »begegnet«. Alles, was heute passiert, kann uns wichtige Hinweise auf unseren Weg in diesem Jahr geben. Am heutigen Tag gehen wir wieder hinein ins Leben und stellen die Weichen für das Kommende.

Mit dem heutigen Tag beginnt auf dem Land auch seit langer Zeit schon das »Arbeitsjahr«. Die Mägde und Knechte werden eingestellt, und die alltägliche Arbeit auf dem Feld beginnt.

Ostara – Die Frühlingstagundnachtgleiche

»Die Tagundnachtgleiche im Frühjahr zeigt uns, daß das Licht gewonnen hat. Die Göttin regt sich wieder und spendet der Erde Fruchtbarkeit. Die Erde wird wiedergeboren und der Winter stirbt. Der Tod des einen ist das Leben des anderen. Nun beginnt endgültig die Zeit des Jahres, in der Wachstum und unbändiges Leben herrschen. Der jugendliche Gott entfacht seine unbändige Kraft. Das Ei, das in dieser Zeit mit den bunten Farben des Frühlings versehen wird, ist ein altes Symbol der Fruchtbarkeit. Der Brauch, Eier zu verstecken, deutet auf den jugendlichen Schabernack des jungen Gottes. Das Ei ist die Welt, der Kosmos, es ist die Perfektion an sich, es ist Verjüngung, Erneuerung und Wiedergeburt. Das Vogelfest des Frühlings: Früh morgens ging das Volk hinaus, um nach Zugvögeln Ausschau zu halten. Wenn sie gesichtet wurden, wurde anschließend geschmaust und gefeiert.«

Verfasser unbekannt

Die Frühlingstagundnachtgleiche oder das Frühlingsequinox markiert seit alter Zeit ein Sonnenfest. Dieses wird jedoch seit langer Zeit auf dem Termin des heutigen Osterfestes gefeiert. Dieser liegt auf dem ersten Sonntag nach dem ersten Vollmond nach Frühlingsanfang. Das Osterfest, als wichtigstes Fest des Frühlings, entwickelte sich dadurch zu einer Mischung aus Sonnen- und Mondfest, wenngleich der Sonnencharakter überwiegt. In vorchristlicher Zeit wurde es noch direkt am Vollmondtag gefeiert.

Auch das traditionelle Osterwasser, ein Wasser, das besondere Heilkräfte haben soll, sollte in der Nacht vor diesem Vollmond noch vor Tagesanbruch aus bekannten Heilquellen geschöpft werden. Das Schöpfen des Wassers geschieht dabei in Flußrichtung der Quelle, das Schöpfgefäß wird also in dieselbe Richtung bewegt, in die das Wasser fließt.

Obwohl es gegenüber dem zunehmenden Konsumrausch des Weihnachtsfestes in jüngster Zeit an Bedeutung verloren hat, war das Osterfest doch über Jahrhunderte das wichtigste Fest des Jahres. Dies ist auch nicht weiter verwunderlich, symbolisiert es doch mit dem Beginn des Frühlings den Anfang der fruchtbaren Jahreszeit und damit das Ende der Kälte und Dunkelheit des Winters. Auch heutzutage noch bestimmt der Ostertermin das Datum der wichtigsten christlichen Feiertage, etwa vom Aschermittwoch, mit dem die Faschingszeit endet, von Christi Himmelfahrt, Pfingsten und Fronleichnam.

Das Osterfest ist ein Fest zu Ehren der Göttin Ostarun oder Ostara, die ihm auch dem Namen gab. Es handelt sich seit jeher um ein Fest der Fruchtbarkeit und des Lebens. Wie alle anderen heidnischen Feste, wurde auch das Osterfest von der Kirche vereinnahmt und verharmlost. In vorchristlicher Zeit, und zum Teil noch bis ins 18. Jahrhundert hinein, wurden zu Ostern die Eier in der Erde vergraben, als Gabe an die große Göttin, damit sie uns Menschen Fruchtbarkeit beschere. Nachdem die Kirche mit diesem Mondbrauch Schluß gemacht hatte, wurden die Ostereier nun nur noch im Garten versteckt und nach dem Finden wieder mitgenommen. Hierbei handelt es sich um denselben Brauch, nur daß hinterher die »Spuren wieder verwischt werden«, so daß letztendlich niemand beweisen kann, daß man dem alten Brauch huldigte.

Das Osterfest als Fest der Fruchtbarkeit hat auch mit dem christlichen Glauben zu tun. Es findet etwa neun Monate vor dem Weihnachtsfest statt und entspricht damit der menschlichen Schwangerschaftsdauer, die ja auch Maria, trotz ihrer sonstigen Unabhängigkeit vom menschlichen Fortpflanzungssystem, einhalten mußte.[64] Die Symbole für Fruchtbarkeit, die Eier, der Hase und das Osterlamm.(Lämmer werden immer eine Zeit vor Ostern geboren, nachdem das Mutterschaf den Winter über schwanger war) sind auf jeden Fall noch vorhanden.

Beltane – Walpurgisnacht

> »Beltane ist das Fest der Großen Ehe. Der gehörnte Gott ist nun erwachsen, und die Göttin ist bereit, seinen Samen zu empfangen. Hier beginnt der große Kreislauf von zeugen, gebären, leben, sterben und wiedergeboren werden. Der Maibaum ist das Symbol für das Glied des Gottes, und das Loch in der Erde, in das der Maibaum gepflanzt wird, ist das Symbol für die Scheide der Göttin. Beltane feiert Vereinigung, nicht nur die körperliche, auch die seelische. Mit jedem Menschen, mit dem wir eine Beziehung eingehen, betreten wir ein Gebiet, in dem wir uns, aber auch der andere sich öffnen muß. Dies erfordert Vertrauen, und Vertrauen erfordert Sicherheit. Diese Sicherheit finden wir in der Göttin.«
>
> Verfasser unbekannt

Ursprünglich in der Nacht vor dem zweiten Vollmond nach Frühlingsanfang gefeiert, liegt das Fest von Beltane nun in der Nacht von 30.04. zum 01.05., vierzig Tage nach der Frühlingstagundnachtgleiche. Es wird von den Christen auch »Walpurgisnacht« genannt. Selbst heutzutage ist dieses Fest noch von dem Bild der Hexen bestimmt, die die Nacht hindurch um Feuer tanzen und auf ihren Besen reiten.

Während zu Ostern zu Ehren der Erdgöttin Ostarun die erwachende Fruchtbarkeit der Erde gefeiert wurde, ist jetzt die Zeit der Blüte. Daher ging es zu Beltane, die ebenfalls eine Göttin der Fruchtbarkeit war, im wesentlichen um die eigentliche Befruchtung.

Noch heute ist es in vielen katholischen Regionen üblich, daß der Ortspfarrer am 1. Mai die Felder mit Weihwasser besprengt – wobei es sich um eine symbolische Befruchtung handelt –, um die guten Ernten im kommenden Jahr zu sichern. Auch der Maibaum – ursprünglich eine Birke, ein Baum der sehr früh im Jahr ausschlägt und zu wachsen beginnt – wurde zeremoniell geschmückt, um symbolisch Fruchtbarkeit, Wachstum und Leben zu feiern.

In der vorchristlichen Zeit wurde das ganze noch sehr viel wörtlicher genommen. Zu Beltane trafen sich die Frauen, um das Fest ihrer eigenen Fruchtbarkeit zu feiern. Sie konnten, im wahrsten Sinne des Wortes, die von ihnen auserwählten Männer in die Büsche ziehen, um auszuprobieren, ob der entsprechende Mann als Vater und Erzeuger ihrer Kinder und somit als Ehemann in Frage käme. Diese Praktiken hatten – abgesehen von dem Aspekt der reinen Lebensfreude – unter anderen auch den Sinn, das Zustandekommen unfruchtbarer Verbindungen zu verhindern.

Letztendlich ging es zu Beltane jedoch vor allen darum, die Gabe der großen Göttin an ihre Töchter, die Fähigkeit Leben zu spenden, zu feiern und zu würdigen.

Es ist nicht verwunderlich, daß dieses freie, sexuell unabhängige und von keiner Ehe gesegnete Treiben, diese Feier der Weiblichkeit und der Fruchtbarkeit, der Kirche mißfiel. Die wilde und unbeherrschbare Sexualität zu Beltane war ein Ausleben des plutonischen Aspektes, der in jedem Menschen verborgen ist. Dieser Teil eines Menschen verweigert sich – sofern er nicht unterdrückt wird – jeder fremden Herrschaft, etwas, was der auf Machtausübung aufbauenden Institution der Kirche nicht gefallen konnte. Daher fingen die christlichen Priester bald damit an, die Ängste vieler Männer vor wilder, ungezügelter weiblicher Sexualität zu schüren, und begannen schließlich damit, die teilnehmenden Frauen als Hexen zu brandmarken und zu verdammen.

Der Ausdruck »Hexe« leitet sich übrigens vom althochdeutschen Wort »Hagazussa« (= die auf dem Hag sitzt, Zaunreiterin) ab, was eine Bezeichnung für die germanischen Hain-Priesterinnen gewesen sein kann. In der Walpurgisnacht versammeln sich nach dem Volksglauben alle Hexen und Dämonen ein letztes Mal, bevor sie von der Sonne vertrieben und bis zum Herbst in die Unterwelt zurückkehren müssen.[65]

Lither – Die Sommersonnenwende

> »Mittsommer oder die Sommersonnenwende ist der längste Tag im Jahr. Zum einen ist es ein Feiertag der die volle Kraft des Lebens darstellt, auf der anderen Seite ist es auch der Tag, nach dem die Tage wieder kürzer werden und uns vor Augen geführt wird, daß wir unsere Lebenszeit auch einmal überschreiten werden. An Mittsommer feiern wir die volle Kraft des Lebens, aber wir gedenken auch der Sterblichkeit unserer derzeitigen Existenz.«
>
> Verfasser unbekannt

Das Fest der Sommersonnenwenden, das Litherfest, wurde – wie auch das Julfest – drei Tage und Nächte lang gefeiert, vom 21. bis zum 24. Juni, dem Johannistag der christlichen Kirche. Die Sonne hat nun ihren höchsten Stand erreicht und steigt wieder im Jahreslauf ab. Jeder der kommenden Tage ist ein wenig kürzer als der Vorhergehende, bis zur Wintersonnenwende.

Mit dem Litherfest beginnt die zweite Hälfte des Jahres. Obwohl der eigentliche Sommer, die Zeit der Wärme und des Überflusses, mit dem heutigen Tag erst beginnt, so wissen die Menschen doch, daß die Zeit des Wachstums sich ihrem Ende zuneigt. Im Lebenszyklus der meisten Pflanzen verlangsamt sich das Wachstum ab jetzt und kommt schließlich zum Stillstand. Dafür ist nun die Zeit der Früchte. Die Energien der Natur zielen nicht mehr auf das Wachstum der »Elternpflanzen« ab, sondern auf die Geburt und das Nähren der Nachkommen, der Knospen und Samen.

An dieser Stelle wird der Bezug des Jahreslaufes zum immerwährenden Mondkalender besonders deutlich. Mit dem Vollmond beginnt das dritte Viertel, die Zeit des Betrachtens und des Reifens. Dieses weist deutliche Parallelen zu dieser Zeit des Jahres auf, die dazu dient, Früchte zu tragen und Samen ausreifen zu lassen.*

Zum Litherfest werden traditionell unzählige Freudenfeuer entzündet. Die jungen Leute erproben ihren Mut, indem sie über die Flammen springen, einzeln oder auch als Pärchen, um ihre Zusammengehörigkeit zu prüfen. Das Litherfest dient dazu, die Fülle des Lebens zu genießen und ihr Ausdruck zu verleihen. Es ist eines der ausgelassensten Feste des Jahres. Die Sonne steht in ihrer vollen Kraft, und das Leben, das sie symbolisiert, soll in vollen Zügen genossen werden.

Lughnasadh – Das Schnitterfest

> »Lughnasadh/Lamas ist ein Fest des Wachstums und der Reife. Wir gedenken des Wachsens des Getreides und erwarten die Ernte von allem, was die Göttin für uns bereithält. Die alten Kelten gedachten an diesem Fest des Kulturbringers und Sonnengottes Lug. Deshalb ist das Fest Lamas auch als Lughnasadh bekannt.«
>
> Verfasser unbekannt

Das ursprüngliche Fest Lugnasadh, auch Lugusfest genannt, war wieder ein Mondfest. Es fand am Tag des zweiten Vollmondes nach der Sommersonnenwende statt. Später wurde es nach dem Sonnenkalender auf den 2. August festgelegt. Das christliche Schnitterfest – das aus Lughnasadh hervorgegangen ist – wird jedoch meist erst um den 15. August als Mariä Himmelfahrt gefeiert. Dieses Datum schwankt jedoch, weil das Fest häufig erst gefeiert wird, wenn die Kornernte eingebracht ist.

Die Zeit des Lugusfestes ist in unseren Breiten die heißeste Zeit des Jahres. Die Heuernte dauert oft wochenlang von morgens vor dem Sonnenaufgang bis

* Die Übereinstimmung ist nicht exakt, da bei der Besprechung der Mondtage die Zeugung auf den Neumond gelegt wurde, wärend sie in der Natur im Frühjahr liegt. Dennoch weist der Sommer große Ähnlichkeiten mit dem dritten Viertel des Mondzyklus auf: In der Zeit des Betrachtens ist alles bereits getan und es muß nur noch beobachtet werden. Das gleiche gilt für den Sommer: Die Elternpflanzen sind groß und die Früchte reifen fast von alleine. Die im Frühjahr geborenen Tiere sind auch fast schon ausgewachsen, so daß sich ihre Eltern kaum noch um sie kümmern müssen.

spät in die Nacht hinein. Selbst die heutigen Bauern mit ihren hochtechnisierten Betrieben arbeiten in dieser Zeit oft zwanzig Stunden am Tag, bis alles Heu, Stroh und Korn eingebracht ist und nicht mehr von einem plötzlichen Regen verdorben werden kann.

Danach wird gefeiert. Wenngleich das eigentliche Erntedankfest auf der Herbsttagundnachtgleiche liegt, so hat das Lugus- oder Schnitterfest schon deutlich diesen Dankbarkeitscharakter. Es geht jedoch noch darüber hinaus. Die Zeit von Lughnasadh ist die Zeit des Jahres, in der man sich am besten im Freien aufhalten kann. Das Fest wird gefeiert, um den Sommer zu würdigen und die Nächte unter freiem Himmel zu genießen, die nun bald wieder vorbei sein werden. Der Charakter von Lughnasadh ist es, die Sonne und ihre Wärme einzufangen. So werden zu diesem Fest traditionell Blumenkränze gewunden und in Wachs getaucht. Diese werden aufgehängt oder zum Räuchern verwendet, weil sie die Wärme des Sommers gespeichert halten sollen.

Mabun – Die Herbsttagundnachtgleiche

> »Während Ostara das Licht ankündigt, so kündigt die Herbsttagundnachtgleiche die dunkle Jahreszeit an. Der Gott bereitet sich auf das Sterben vor. Die Tage werden nun kürzer, und viele werden uns verlassen. Doch der Gedanke an den Tod ist nicht mit Schrecken behaftet, denn wir wissen, daß der Tod genauso zum Leben gehört wie die Geburt. Auch wenn die Felder jetzt leer und tot erscheinen, so ist doch die Ernte eingebracht. Die Freizügigkeit der Göttin ist auf ihrem Höhepunkt angekommen, sie hat uns reich beschenkt. Der junge Wein ist am gären, die Speicher sind voll. Wir danken an diesem Tag für die Ernte auf den Feldern und für alles Gute, was wir in diesem Jahr erlebt haben.«
>
> Verfasser unbekannt

Am 23., manchmal auch erst am 24. September findet die Herbsttagundnachtgleiche oder das Herbstequinox statt. Zu diesem Zeitpunkt sind der Tag und die Nacht wieder gleich lang. Ab jetzt beginnt die Zeit, in der die Dunkelheit wieder stärker wird als das Licht und die Nächte wieder länger als die Tage. Die Pflanzen stellen endgültig ihr Wachstum ein, und die letzten Früchte Reifen heran. Es ist die Zeit des Abschiednehmens vom Sommer, von der Wärme, der Fülle und ein wenig auch von der Freude des Lebens.

Mabun wird auch heutzutage noch von den Antroposophen als Erntedankfest gefeiert. Die Arbeit auf den Feldern nähert sich ihrem Abschluß. Die Scheunen sind gefüllt, und nun kommt die Arbeit in Haus und Hof an die Reihe.

Im germanischen Kulturkreis fiel auf den Termin der Herbsttagundnachtgleiche das große Thing, die jährliche Volks- und Gerichtsversammlung, zu der sich alle freien, wehrfähigen Männer einfinden mußten (Thingpflicht). Am Thing wurde über Leben, Freiheit und Grundeigentum des freien Mannes entschieden. Streitigkeiten wurden geklärt und Urteile beschlossen.[66] In Deutschland finden zu diesem Zeitpunkt die Kirchweihfeste (Kirmes) und Jahrmärkte statt, die ihren Ursprung sicherlich in der verschwenderischen Fülle der Erntedankfeste haben.

Das Wesen des Festes zu Mabun war es, ein letztes Mal die Fülle des Sommers zu genießen, bevor es hieß, von ihr Abschied zu nehmen. Wie bei allen Sonnenfesten ging es auch zu Mabun darum, die Fülle und das Genießen nach außen auszudrücken, während bei den Mondfesten eher der geistige Aspekt und die Innenschau, die Besinnung im Mittelpunkt stand. Dementsprechend wurde nun noch einmal üppig gefeiert und genossen, um den Göttern die Dankbarkeit für ihre Gaben zu zeigen. Nach dem Fest begann allmählich der Ausklang des Jahres. Das Jahreswerk war getan, und die Menschen begannen, ruhiger zu werden.

Samhain – Allerheiligen (Halloween)

> »Der vielleicht unheimlichste, aber auch ein sehr interessanter Tag: An diesem Tag ist der Schleier, der unsere Welt von der Anderswelt trennt am dünnsten (besonders im Nebel). Das alte Jahr ist vorbei, der alte Gott stirbt, um durch die Göttin wiedergeboren zu werden. Es ist das Neujahr der alten Völker. Die Bewohner der Anderswelt kamen manchmal zu uns und nahmen Menschenkinder, die sie für würdig befanden, mit in ihre Welt. Die Eltern hatten Angst und höhlten Kürbisse aus und schnitzten erschreckende Gesichter hinein. Dann wurde der Kürbis mit einer Kerze darin ans Fenster gestellt um die bösen Geister abzuschrecken.«
>
> Verfasser unbekannt

In der Nacht zum ersten November begann für die alten Kelten das neue Jahr. Auch dieses Datum lag ursprünglich nicht fest, sondern auf einem Neumond (häufig der zweite) nach Mabun. Das christlicher Allerseelen- oder Allerheiligenfest hat jedoch den starken Bezug zu Totenwelt der Samhain im wesentlichen bewahrt.

Mit Samhain beginnt die Totenzeit, die etwa zwei Wochen dauert. In dieser Zeit hebt sich die Grenze zur Anderswelt, zur Welt der Geister und Naturwesen, zur Welt des Geistigen, aus der die Mythen und Sagen stammen und in der Elfen, Feen, Zwerge, Riesen und Drachen leben, ihre eigene Wirklichkeit besitzen und ihr eigenes Leben führen. Diese Welt ist auch als die »nichtalltägliche Wirklichkeit«[67] bekannt, in der die Totem- und Krafttiere ihren Pfaden folgen und in der wir Wesen begegnen können, die uns Weisheit und Verständnis lehren. In der Totenzeit wandeln all diese Wesen über die Erde, um ihre Winterruheplätze aufzusuchen.

Zu Samhain verändert sich das Licht der Welt. Die Zeit der Dämmerung, die immer den besten Zugang zur Anderswelt bietet, dehnt sich gewissermaßen auf den ganzen Tag aus. Die Farben verblassen, und über allem liegt ein schwacher Schimmer bleigrauen Lichtes, das sich deutlich vom goldenen Licht des Oktobers und vom späteren Silbergrau des Novembers unterscheidet.

Die Totenzeit ist gewissermaßen die Abenddämmerung des Jahres, so wie wir im Frühjahr zu Lichtmeß seine Morgendämmerung erleben durften. Die Zeit ist nicht mehr so, wie wir sie sonst erleben. Der Zeitfluß scheint aufzuhören, es findet keine Bewegung mehr statt. Wie auch in der Zeit der Abenddämmerung, die sich in unserem Empfinden endlos dehnen kann, gelten in der Totenzeit die Regeln von »was war vorher« und »was war nachher« nicht mehr. Die Zeit scheint stillzustehen, Zukunft und Vergangenheit zu verschwimmen. Zu Samhain werden die Prophezeiungen für das kommende Jahr gemacht, da für die, die sehen können, die Zukunft jetzt ein offenes Buch ist.

Die Totenzeit endet, wenn sich das Licht wieder wandelt und das farblose Bleigrau dieser Zeit mit all seiner bedrückenden Trostlosigkeit zu Silbergrau wird. Wenn wir bewußt durch die Welt gehen, können wir sehen, daß die Farbe in die Welt zurückgekehrt ist, und diese Veränderung des Lichtes mit all unseren Sinnen aufnehmen.

Die Adventszeit

Die Adventszeit schließlich beendet das Sonnenjahr. Sie beginnt vier Wochen vor der Wintersonnenwende (21.12.) und stimmt daher nicht genau mit den vier christlichen Adventswochen überein. Diese beginnen jedes Jahr zu unterschiedlichen Zeitpunkten, da sie immer auf einem Sonntag enden. Die Adventszeit, von der wir hier sprechen, richtet sich dagegen ausschließlich nach dem Datum der Wintersonnenwende.

Die Adventszeit ist die Zeit, in der wir das vergangene Jahr reflektieren, also widerspiegeln, und noch offene Zyklen, also angefangene Vorhaben, zu Ende bringen können (siehe Kapitel 2). Somit können wir uns auf die Geschehnisse und Aufgaben des kommenden Jahres einlassen, ohne von den Altlasten zu Boden gedrückt zu werden. Wir sollten diese Zeit dazu nutzen, mit uns selbst ins reine zu kommen und zu sehen, was wir in Zukunft in unserem Leben ändern wollen, aber auch, was gut war und was sich zu behalten lohnt.

Die vier Wochen vor der Wintersonnenwende spiegeln – jede Woche eine – die vier Jahreszeiten des vergangenen Jahres wider. Hierbei spiegelt

die erste Woche	vom 23.11. – 29.11.	den vergangenen Winter,
die zweite Woche	vom 30.11. – 05.12.	den vergangenen Frühling,
die dritte Woche	vom 06.12. – 13.12.	den vergangenen Sommer und
die vierte Woche	vom 14.12. – 20.12.	den vergangenen Herbst wider.

Am 21.12. fällt diese »Vergangenheitsschau« wieder mit der jetzigen, realen Jahreszeit zusammen, und das neue Sonnenjahr beginnt.

Die Adventszeit ist eine Zeit der Besinnung. Wenn wir in dieser Zeit jeden einzelnen Tag aufmerksam durchleben, entdecken wir, daß sich in den Stimmungen, Lebensthemen und konkreten Ereignissen tatsächlich das vergangene Jahr widerspiegelt. So erleben wir auch oft in der ersten Adventswoche, die dem vergangenen Winter entspricht, daß es kälter wird und schneit, während es in den folgenden Wochen, die ja die wärmeren Jahreszeiten widerspiegeln, meist wieder taut und wärmer wird. In der Adventszeit können wir unseren Frieden mit dem Vergangenen machen und uns auf unsere neuen, zukünftigen Aufgaben vorbereiten.

Unterstützt wird dieser geistige Prozeß der Besinnung und des Schauens durch das »Adventsfasten« auch »Ausfasten des alten Jahres« genannt, das auch im Christentum durchaus heute noch geläufig ist. Dabei geht es nicht um eine Fastenkur im medizinischen Sinne, sondern um einen Verzicht auf uns lieb gewordene Gewohnheiten, um uns darüber klar zu werden, welchen Nutzen und welche Bedeutung sie für uns haben – und auch, ob wir sie überhaupt noch benötigen. Es sollte auf jeden Fall der Verzicht auf etwas sein, das uns fehlt, so daß uns das Fasten Überwindung kostet. Schließlich sollen wir uns über unser Handeln bewußter werden, und jedesmal, wenn wir etwas, was uns lieb geworden ist, nicht tun, fällt uns ein, warum nicht.

Die Möglichkeiten des Verzichts, die das Adventsfasten bietet, sind unbegrenzt. Wir können darauf verzichten, etwas Bestimmtes zu essen wie Süßigkeiten, Kuchen, Wurst oder Fleisch, eben etwas, das uns fehlt. Wir können auf liebe Gewohnheiten verzichten, wie Fernsehen, Kartenspielen, Lesen, Ins-Kino-gehen, Computerspielen oder Internetsurfen, oder wir können uns auch wirklich fordern und uns an unsere Süchte wagen. Dann verzichten wir auf so lebensnotwendige Dinge wie Rauchen, Alkohol oder gar Sex. Was eine schwierige, aber annehmbare Herausforderung ist, muß jeder Mensch selbst entscheiden. Auf keinen Fall sollte der Anspruch zu hoch gesteckt sein! Das Adventsfasten soll das Bewußtsein fordern und schärfen, aber es muß uns nicht dazu bringen, unser Leben schlagartig zu ändern.

Wenn also ein Kettenraucher in der Adventszeit schlagartig aufhört zu rauchen und nach drei Tagen daran scheitert, so hat das Fasten seinen Sinn verfehlt. Wenn er sich aber entscheidet, auf seinen gewohnten Fernsehabend zu verzichten und dafür jeden Abend eine Stunde spazierenzugehen, tut er sich etwas Gutes und hat das Erfolgserlebnis, seine selbstgestellte Aufgabe erfüllt zu haben. Daraus kann er Kraft und Energie schöpfen, um sich vielleicht beim nächsten Mal ein höheres Ziel zu setzen.

Wie bereits erwähnt, ist das Adventsfasten auch in der christlichen Gemeinde ein Begriff, wobei es dabei aber vor allem um den Verzicht auf schlechte Gewohnheiten und nicht mehr so sehr um eine Jahresrückschau geht. Als Anekdote wollen wir hier noch erwähnen, daß die heute so beliebten Weihnachtsplätzchen ihren Ursprung auch im Adventsfasten hatten. Da den Menschen gesagt wurde, sie sollen auf Süßes verzichten, buken sie halt an Stelle großer Kuchen die kleineren Küchlein und Plätzchen. Daß sie davon dann ein paar mehr aßen ...

Schlußwort

An dieser Stelle sind wir nun am Ende des Buches angelangt. Als Autor hoffe ich sehr, daß es Ihnen gefällt und sie aus dem in diesem Buch enthaltenen Wissen nutzen für Ihr Leben ziehen können.

Falls Sie Anregungen oder Kritik äußern möchten oder an einem Seminar über den Mondkalender oder die Steinheilkunde teilnehmen möchten, so können Sie mich unter der folgenden Adresse kontaktieren. Ich verspreche, alles, was mir zugesandt wird, zu lesen, bitte Sie jedoch zu bedenken, daß ich nicht in der Lage dazu bin, jeden einzelnen Brief zu beantworten.

Briefe bitte an

Cairn Elen Lebensschule
Stichwort »Der Mondschild«
Lustnauer Straße 18
D-72127 Kusterdingen

Oder Sie besuchen den Mondschild im Internet unter

www.mondschild.de
email: mondschild@weg-der-steine.de

Dort werden neue Erkenntnisse zum Mondschild veröffentlicht werden (sobald Sie als Leser mir welche mitteilen), und es soll auch ein Forum zum Erfahrungsaustausch eingerichtet werden (sofern daran Interesse besteht).

Die Mondschild- Ephemeriden

Das Datum und die Uhrzeit geben den Beginn des jeweiligen Mondtages an. Unter »Tierkreiszeichen« findet sich die Position des Mondes im Tierkreis zu diesem Zeitpunkt.

STB = Steinbock
WAS = Wassermann
FIS = Fische
WID = Widder

STI = Stier
ZWI = Zwillinge
KRE = Krebs
LOW = Löwe

JUN = Jungfrau
WAA = Waage
SKO = Skorpion
SCH = Schütze

Mondphase		Tag	Datum & Zeit		Tierkreiszeichen	
●	☉	1	25.12.2000	18:21	STB	4°14′
	☽	2	26.12.2000	22:39	STB	18°18′
	♂	3	28.12.2000	3:13	WAS	2°22′
	☿	4	29.12.2000	7:53	WAS	16°26′
	♃	5	30.12.2000	12:28	FIS	0°31′
	♀	6	31.12.2000	16:44	FIS	14°34′
	♄	7	01.01.2001	20:29	FIS	28°36′
◐	☉	8	02.01.2001	23:31	WID	12°37′
	☽	9	04.01.2001	1:39	WID	26°35′
	♂	10	05.01.2001	2:52	STI	10°30′
	☿	11	06.01.2001	3:09	STI	24°23′
	♃	12	07.01.2001	2:35	ZWI	8°15′
	♀	13	08.01.2001	1:19	ZWI	22°04′
	♄	14	08.01.2001	23:32	KRE	5°52′

Mondphase		Tag	Datum & Zeit		Tierkreiszeichen	
○	☉	15	09.01.2001	21:24	KRE	19°39′
	☽	16	10.01.2001	19:08	LOW	3°26′
	♂	17	11.01.2001	16:58	LOW	17°13′
	☿	18	12.01.2001	15:03	JUN	1°01′
	♃	19	13.01.2001	13:37	JUN	14°49′
	♀	20	14.01.2001	12:49	JUN	28°40′
	♄	21	15.01.2001	12:46	WAA	12°32′
◑	☉	22	16.01.2001	13:35	WAA	26°27′
	☽	23	17.01.2001	15:15	SKO	10°24′
	♂	24	18.01.2001	17:45	SKO	24°23′
	☿	25	19.01.2001	20:58	SCH	8°23′
	♃	26	21.01.2001	0:46	SCH	22°26′
	♀	27	22.01.2001	5:00	STB	6°29′
	♄	28	23.01.2001	9:30	STB	20°33′

Mondphase		Tag	Datum & Zeit		Tierkreiszeichen	
●	☉	1	24.01.2001	14:07	WAS	4°37′
	☽	2	25.01.2001	18:43	WAS	18°41′
	♂	3	26.01.2001	23:11	FIS	2°45′
	☿	4	28.01.2001	3:24	FIS	16°48′
	♃	5	29.01.2001	7:13	WID	0°50′
	♀	6	30.01.2001	10:30	WID	14°51′
	♄	7	31.01.2001	13:09	WID	28°50′
◐	☉	8	01.02.2001	15:02	STI	12°47′
	☽	9	02.02.2001	16:05	STI	26°42′
	♂	10	03.02.2001	16:19	ZWI	10°35′
	☿	11	04.02.2001	15:45	ZWI	24°26′
	♃	12	05.02.2001	14:30	KRE	8°15′
	♀	13	06.02.2001	12:41	KRE	22°02′
	♄	14	07.02.2001	10:31	LOW	5°49′
○	☉	15	08.02.2001	8:11	LOW	19°35′
	☽	16	09.02.2001	5:53	JUN	3°22′
	♂	17	10.02.2001	3:51	JUN	17°09′
	☿	18	11.02.2001	2:19	WAA	00°57′
	♃	19	12.02.2001	1:27	WAA	14°47′
	♀	20	13.02.2001	1:27	WAA	28°39′
	♄	21	14.02.2001	2:25	SKO	12°33′
◑	☉	22	15.02.2001	4:23	SKO	26°30′
	☽	23	16.02.2001	7:18	SCH	10°30′
	♂	24	17.02.2001	11:00	SCH	24°31′
	☿	25	18.02.2001	15:16	STB	8°34′
	♃	26	19.02.2001	19:51	STB	22°37′
	♀	27	21.02.2001	0:31	WAS	6°41′
	♄	28	22.02.2001	5:04	WAS	20°44′

Mondphase		Tag	Datum & Zeit		Tierkreiszeichen	
●	☉	1	23.02.2001	9:21	FIS	4°47′
	☽	2	24.02.2001	13:18	FIS	18°49′
	♂	3	25.02.2001	16:51	WID	2°50′
	☿	4	26.02.2001	19:58	WID	16°49′
	♃	5	27.02.2001	22:35	STI	0°47′
	♀	6	01.03.2001	0:41	STI	14°44′
	♄	7	02.03.2001	2:11	STI	28°40′
◐	☉	8	03.03.2001	3:03	ZWI	12°34′
	☽	9	04.03.2001	3:16	ZWI	26°26′
	♂	10	05.03.2001	2:50	KRE	10°16′
	☿	11	06.03.2001	1:48	KRE	24°05′
	♃	12	07.03.2001	0:17	LOW	7°53′
	♀	13	07.03.2001	22:25	LOW	21°40′
	♄	14	08.03.2001	20:23	JUN	5°26′
○	☉	15	09.03.2001	18:23	JUN	19°12′
	☽	16	10.03.2001	16:38	WAA	2°59′
	♂	17	11.03.2001	15:21	WAA	16°47′
	☿	18	12.03.2001	14:46	SKO	0°37′
	♃	19	13.03.2001	15:02	SKO	14°29′
	♀	20	14.03.2001	16:17	SKO	28°23′
	♄	21	15.03.2001	18:33	SCH	12°20′
◑	☉	22	16.03.2001	21:45	SCH	26°19′
	☽	23	18.03.2001	1:42	STB	10°20′
	♂	24	19.03.2001	6:08	STB	24°23′
	☿	25	20.03.2001	10:45	WAS	8°25′
	♃	26	21.03.2001	15:15	WAS	22°27′
	♀	27	22.03.2001	19:26	FIS	6°29′
	♄	28	23.03.2001	23:08	FIS	20°29′

Mondphase		Tag	Datum & Zeit		Tierkreiszeichen	
●	☉	1	25.03.2001	3:21	WID	4°28′
	☽	2	26.03.2001	6:02	WID	18°25′
	♂	3	27.03.2001	8:15	STI	2°22′
	☿	4	28.03.2001	10:00	STI	16°17′
	♃	5	29.03.2001	11:20	ZWI	0°11′
	♀	6	30.03.2001	12:15	ZWI	14°04′
	♄	7	31.03.2001	12:45	ZWI	27°56′
◐	☉	8	01.04.2001	12:50	KRE	11°47′
	☽	9	02.04.2001	12:28	KRE	25°36′
	♂	10	03.04.2001	11:42	LOW	9°25′
	☿	11	04.04.2001	10:36	LOW	23°13′
	♃	12	05.04.2001	9:16	JUN	7°00′
	♀	13	06.04.2001	7:50	JUN	20°47′
	♄	14	07.04.2001	6:28	WAA	4°34′
○	☉	15	08.04.2001	5:22	WAA	18°22′
	☽	16	09.04.2001	4:44	SKO	2°11′
	♂	17	10.04.2001	4:45	SKO	16°01′
	☿	18	11.04.2001	5:35	SKO	29°53′
	♃	19	12.04.2001	7:18	SCH	13°48′
	♀	20	13.04.2001	9:57	SCH	27°45′
	♄	21	14.04.2001	13:25	STB	11°43′
◑	☉	22	15.04.2001	17:31	STB	25°43′
	☽	23	16.04.2001	21:57	WAS	9°44′
	♂	24	18.04.2001	2:23	WAS	23°45′
	☿	25	19.04.2001	6:33	FIS	7°46′
	♃	26	20.04.2001	10:13	FIS	21°45′
	♀	27	21.04.2001	13:15	WID	5°42′
	♄	28	22.04.2001	15:39	WID	19°38′

Mondphase		Tag	Datum & Zeit		Tierkreiszeichen	
●	☉	1	23.04.2001	17:25	STI	3°32′
	☽	2	24.04.2001	18:39	STI	17°25′
	♂	3	25.04.2001	19:27	ZWI	1°17′
	☿	4	26.04.2001	19:52	ZWI	15°08′
	♃	5	27.04.2001	20:01	ZWI	28°58′
	♀	6	28.04.2001	19:55	KRE	12°47′
	♄	7	29.04.2001	19:36	KRE	26°36′
◐	☉	8	30.04.2001	19:07	LOW	10°25′
	☽	9	01.05.2001	18:30	LOW	24°13′
	♂	10	02.05.2001	17:46	JUN	8°01′
	☿	11	03.05.2001	17:00	JUN	21°49′
	♃	12	04.05.2001	16:19	WAA	5°36′
	♀	13	05.05.2001	15:48	WAA	19°25′
	♄	14	06.05.2001	15:36	SKO	3°14′
○	☉	15	07.05.2001	15:53	SKO	17°04′
	☽	16	08.05.2001	16:46	SCH	0°56′
	♂	17	09.05.2001	18:21	SCH	14°49′
	☿	18	10.05.2001	20:43	SCH	28°44′
	♃	19	11.05.2001	23:51	STB	12°41′
	♀	20	13.05.2001	3:37	STB	26°39′
	♄	21	14.05.2001	7:49	WAS	10°39′
◑	☉	22	15.05.2001	12:11	WAS	24°39′
	☽	23	16.05.2001	16:24	FIS	8°38′
	♂	24	17.05.2001	20:12	FIS	22°36′
	☿	25	18.05.2001	23:22	WID	6°33′
	♃	26	20.05.2001	1:48	WID	20°28′
	♀	27	21.05.2001	3:28	STI	4°22′
	♄	28	22.05.2001	4:25	STI	18°13′

Mondphase		Tag	Datum & Zeit		Tierkreiszeichen	
●	☉	1	23.05.2001	4:46	ZWI	2°03′
	☽	2	24.05.2001	4:38	ZWI	15°52′
	♂	3	25.05.2001	4:07	ZWI	29°40′
	☿	4	26.05.2001	3:24	KRE	13°27′
	♃	5	27.05.2001	2:33	KRE	27°14′
	♀	6	28.05.2001	1:40	LOW	11°01′
	♄	7	29.05.2001	0:51	LOW	24°48′
◐	☉	8	30.05.2001	0:09	JUN	8°35′
	☽	9	30.05.2001	23:37	JUN	22°23′
	♂	10	31.05.2001	23:20	WAA	6°11′
	☿	11	01.06.2001	23:20	WAA	20°00′
	♃	12	02.06.2001	23:42	SKO	3°50′
	♀	13	04.06.2001	0:30	SKO	17°41′
	♄	14	05.06.2001	1:47	SCH	1°33′
○	☉	15	06.06.2001	3:39	SCH	15°26′
	☽	16	07.06.2001	6:06	SCH	29°21′
	♂	17	08.06.2001	9:10	STB	13°17′
	☿	18	09.06.2001	12:48	STB	27°14′
	♃	19	10.06.2001	16:51	WAS	11°13′
	♀	20	11.06.2001	21:09	WAS	25°12′
	♄	21	13.06.2001	1:27	FIS	9°11′
◑	☉	22	14.06.2001	5:28	FIS	23°09′
	☽	23	15.06.2001	8:59	WID	7°06′
	♂	24	16.06.2001	11:46	WID	21°02′
	☿	25	17.06.2001	13:45	STI	4°55′
	♃	26	18.06.2001	14:53	STI	18°46′
	♀	27	19.06.2001	15:14	ZWI	2°36′
	♄	28	20.06.2001	14:52	ZWI	16°24′

Mondphase		Tag	Datum & Zeit		Tierkreiszeichen	
●	☉	1	21.06.2001	13:58	KRE	0°10′
	☽	2	22.06.2001	12:40	KRE	13°56′
	♂	3	23.06.2001	11:08	KRE	27°41′
	☿	4	24.06.2001	9:33	LOW	11°26′
	♃	5	25.06.2001	8:02	LOW	25°11′
	♀	6	26.06.2001	6:45	JUN	8°57′
	♄	7	27.06.2001	5:49	JUN	22°43′
◐	☉	8	28.06.2001	5:19	WAA	6°31′
	☽	9	29.06.2001	5:20	WAA	20°19′
	♂	10	30.06.2001	5:54	SKO	4°09′
	☿	11	01.07.2001	7:02	SKO	18°01′
	♃	12	02.07.2001	8:44	SCH	1°53′
	♀	13	03.07.2001	11:00	SCH	15°47′
	♄	14	04.07.2001	13:47	SCH	29°42′
○	☉	15	05.07.2001	17:03	STB	13°39′
	☽	16	06.07.2001	20:45	STB	27°36′
	♂	17	08.07.2001	0:48	WAS	11°35′
	☿	18	09.07.2001	5:03	WAS	25°33′
	♃	19	10.07.2001	9:23	FIS	9°32′
	♀	20	11.07.2001	13:35	FIS	23°31′
	♄	21	12.07.2001	17:27	WID	7°29′
◑	☉	22	13.07.2001	20:44	WID	21°25′
	☽	23	14.07.2001	23:17	STI	5°20′
	♂	24	16.07.2001	1:00	STI	19°13′
	☿	25	17.07.2001	1:49	ZWI	3°03′
	♃	26	18.07.2001	1:47	ZWI	16°52′
	♀	27	19.07.2001	1:00	KRE	0°39′
	♄	28	19.07.2001	23:35	KRE	14°24′

Mondphase		Tag	Datum & Zeit		Tierkreiszeichen	
●	☉	1	20.07.2001	21:44	KRE	28°08′
	☽	2	21.07.2001	19:37	LOW	11°52′
	♂	3	22.07.2001	17:27	LOW	25°36′
	☿	4	23.07.2001	15:25	JUN	9°20′
	♃	5	24.07.2001	13:43	JUN	23°04′
	♀	6	25.07.2001	12:31	WAA	6°50′
	♄	7	26.07.2001	11:57	WAA	20°38′
◐	☉	8	27.07.2001	12:08	SKO	4°27′
	☽	9	28.07.2001	13:05	SKO	18°18′
	♂	10	29.07.2001	14:49	SCH	2°11′
	☿	11	30.07.2001	17:16	SCH	16°05′
	♃	12	31.07.2001	20:19	STB	0°01′
	♀	13	01.08.2001	23:51	STB	13°59′
	♄	14	03.08.2001	3:46	STB	27°57′
○	☉	15	04.08.2001	7:55	WAS	11°56′
	☽	16	05.08.2001	12:13	WAS	25°55′
	♂	17	06.08.2001	16:33	FIS	9°54′
	☿	18	07.08.2001	20:47	FIS	23°53′
	♃	19	09.08.2001	0:48	WID	7°52′
	♀	20	10.08.2001	4:25	WID	21°49′
	♄	21	11.08.2001	7:30	STI	5°46′
◑	☉	22	12.08.2001	9:52	STI	19°40′
	☽	23	13.08.2001	11:26	ZWI	3°33′
	♂	24	14.08.2001	12:07	ZWI	17°24′
	☿	25	15.08.2001	11:57	KRE	1°13′
	♃	26	16.08.2001	11:00	KRE	14°59′
	♀	27	17.08.2001	9:23	KRE	28°45′
	♄	28	18.08.2001	7:17	LOW	12°29′

Mondphase		Tag	Datum & Zeit		Tierkreiszeichen	
●	☉	1	19.08.2001	4:54	LOW	26°12′
	☽	2	20.08.2001	2:27	JUN	9°55′
	♂	3	21.08.2001	0:09	JUN	23°39′
	☿	4	21.08.2001	22:14	WAA	7°24′
	♃	5	22.08.2001	20:54	WAA	21°10′
	♀	6	23.08.2001	20:20	SKO	4°58′
	♄	7	24.08.2001	20:39	SKO	18°48′
◐	☉	8	25.08.2001	21:54	SCH	2°40′
	☽	9	27.08.2001	0:04	SCH	16°35′
	♂	10	28.08.2001	3:02	STB	0°31′
	☿	11	29.08.2001	6:39	STB	14°29′
	♃	12	30.08.2001	10:43	STB	28°28′
	♀	13	31.08.2001	15:01	WAS	12°28′
	♄	14	01.09.2001	19:23	WAS	26°28′
○	☉	15	02.09.2001	23:42	FIS	10°28′
	☽	16	04.09.2001	3:52	FIS	24°28′
	♂	17	05.09.2001	7:49	WID	8°27′
	☿	18	06.09.2001	11:27	WID	22°25′
	♃	19	07.09.2001	14:42	STI	6°23′
	♀	20	08.09.2001	17:26	STI	20°19′
	♄	21	09.09.2001	19:34	ZWI	4°14′
◑	☉	22	10.09.2001	20:59	ZWI	18°7′
	☽	23	11.09.2001	21:37	KRE	1°59′
	♂	24	12.09.2001	21:29	KRE	15°48′
	☿	25	13.09.2001	20:36	KRE	29°36′
	♃	26	14.09.2001	19:04	LOW	13°22′
	♀	27	15.09.2001	17:05	LOW	27°07′
	♄	28	16.09.2001	14:48	JUN	10°51′

Mondphase		Tag	Datum & Zeit		Tierkreiszeichen	
●	☉	1	17.09.2001	12:26	JUN	24°36′
	☽	2	18.09.2001	10:15	WAA	8°20′
	♂	3	19.09.2001	8:27	WAA	22°06′
	☿	4	20.09.2001	7:15	SKO	5°53′
	♃	5	21.09.2001	6:52	SKO	19°42′
	♀	6	22.09.2001	7:25	SCH	3°34′
	♄	7	23.09.2001	8:59	SCH	17°28′
◐	☉	8	24.09.2001	11:30	STB	1°24′
	☽	9	25.09.2001	14:50	STB	15°22′
	♂	10	26.09.2001	18:48	STB	29°22′
	☿	11	27.09.2001	23:08	WAS	13°23′
	♃	12	29.09.2001	3:34	WAS	27°24′
	♀	13	30.09.2001	7:54	FIS	11°26′
	♄	14	01.10.2001	12:00	FIS	25°26′
○	☉	15	02.10.2001	15:47	WID	9°26′
	☽	16	03.10.2001	19:12	WID	23°25′
	♂	17	04.10.2001	22:14	STI	7°23′
	☿	18	06.10.2001	0:51	STI	21°19′
	♃	19	07.10.2001	3:01	ZWI	5°15′
	♀	20	08.10.2001	4:41	ZWI	19°10′
	♄	21	09.10.2001	5:48	KRE	3°04′
◑	☉	22	10.10.2001	6:19	KRE	16°56′
	☽	23	11.10.2001	6:13	LOW	0°46′
	♂	24	12.10.2001	5:31	LOW	14°35′
	☿	25	13.10.2001	4:19	LOW	28°23′
	♃	26	14.10.2001	2:44	JUN	12°10′
	♀	27	15.10.2001	0:55	JUN	25°56′
	♄	28	15.10.2001	23:03	WAA	9°43′

Mondphase		Tag	Datum & Zeit		Tierkreiszeichen	
●	☉	1	16.10.2001	21:23	WAA	23°30′
	☽	2	17.10.2001	20:06	SKO	7°17′
	♂	3	18.10.2001	19:25	SKO	21°07′
	☿	4	19.10.2001	19:30	SCH	4°58′
	♃	5	20.10.2001	20:30	SCH	18°51′
	♀	6	21.10.2001	22:27	STB	2°47′
	♄	7	23.10.2001	1:19	STB	16°46′
◐	☉	8	24.10.2001	4:57	WAS	0°46′
	☽	9	25.10.2001	9:07	WAS	14°48′
	♂	10	26.10.2001	13:32	WAS	28°50′
	☿	11	27.10.2001	17:56	FIS	12°52′
	♃	12	28.10.2001	21:03	FIS	26°54′
	♀	13	30.10.2001	0:45	WID	10°54′
	♄	14	31.10.2001	3:58	WID	24°54′
○	☉	15	01.11.2001	6:40	STI	8°52′
	☽	16	02.11.2001	8:51	STI	22°49′
	♂	17	03.11.2001	10:36	ZWI	6°45′
	☿	18	04.11.2001	11:55	ZWI	20°39′
	♃	19	05.11.2001	12:51	KRE	4°33′
	♀	20	06.11.2001	13:23	KRE	18°26′
	♄	21	07.11.2001	13:32	LOW	2°18′
◑	☉	22	08.11.2001	13:20	LOW	16°09′
	☽	23	09.11.2001	12:48	JUN	00°00′
	♂	24	10.11.2001	11:58	JUN	13°49′
	☿	25	11.11.2001	10:58	JUN	27°39′
	♃	26	12.11.2001	9:52	WAA	11°28′
	♀	27	13.11.2001	8:51	WAA	25°17′
	♄	28	14.11.2001	8:03	SKO	9°07′

Mondphase		Tag	Datum & Zeit		Tierkreiszeichen	
●	☉	1	15.11.2001	7:39	SKO	22°58′
	☽	2	16.11.2001	7:49	SCH	6°50′
	♂	3	17.11.2001	8:41	SCH	20°44′
	☿	4	18.11.2001	10:21	STB	4°40′
	♃	5	19.11.2001	12:50	STB	18°39′
	♀	6	20.11.2001	16:07	WAS	2°39′
	♄	7	21.11.2001	20:01	WAS	16°41′
◐	☉	8	23.11.2001	0:20	FIS	0°44′
	☽	9	24.11.2001	4:46	FIS	14°47′
	♂	10	25.11.2001	9:01	FIS	28°50′
	☿	11	26.11.2001	12:50	WID	12°52′
	♃	12	27.11.2001	16:05	WID	26°52′
	♀	13	28.11.2001	18:39	STI	10°50′
	♄	14	29.11.2001	20:32	STI	24°47′
○	☉	15	30.11.2001	21:48	ZWI	8°43′
	☽	16	01.12.2001	22:32	ZWI	22°37′
	♂	17	02.12.2001	22:49	KRE	6°30′
	☿	18	03.12.2001	22:45	KRE	20°22′
	♃	19	04.12.2001	22:27	LOW	4°14′
	♀	20	05.12.2001	21:59	LOW	18°05′
	♄	21	06.12.2001	21:26	JUN	1°56′
◑	☉	22	07.12.2001	20:51	JUN	15°46′
	☽	23	08.12.2001	20:18	JUN	29°37′
	♂	24	09.12.2001	19:51	WAA	13°29′
	☿	25	10.12.2001	19:34	WAA	27°20′
	♃	26	11.12.2001	19:31	SKO	11°13′
	♀	27	12.12.2001	19:49	SKO	25°06′
	♄	28	13.12.2001	20:32	SCH	9°00′

Mondphase		Tag	Datum & Zeit		Tierkreiszeichen	
●	☉	1	14.12.2001	21:46	SCH	22°56′
	☽	2	15.12.2001	23:36	STB	6°53′
	♂	3	17.12.2001	2:04	STB	20°52′
	☿	4	18.12.2001	5:12	WAS	4°52′
	♃	5	19.12.2001	8:55	WAS	18°54′
	♀	6	20.12.2001	13:06	FIS	2°57′
	♄	7	21.12.2001	17:31	FIS	17°01′
◐	☉	8	22.12.2001	21:56	WID	1°05′
	☽	9	24.12.2001	2:02	WID	15°08′
	♂	10	25.12.2001	5:34	WID	29°10′
	☿	11	26.12.2001	8:23	STI	13°09′
	♃	12	27.12.2001	10:22	STI	27°07′
	♀	13	28.12.2001	11:32	ZWI	11°02′
	♄	14	29.12.2001	11:55	ZWI	24°56′
○	☉	15	30.12.2001	11:40	KRE	8°48′
	☽	16	31.12.2001	10:55	KRE	22°38′
	♂	17	01.01.2002	9:51	LOW	6°28′
	☿	18	02.01.2002	8:36	LOW	20°18′
	♃	19	03.01.2002	7:21	JUN	4°07′
	♀	20	04.01.2002	6:15	JUN	17°57′
	♄	21	05.01.2002	5:24	WAA	1°47′
◑	☉	22	06.01.2002	4:54	WAA	15°39′
	☽	23	07.01.2002	4:50	WAA	29°31′
	♂	24	08.01.2002	5:14	SKO	13°25′
	☿	25	09.01.2002	6:07	SKO	27°19′
	♃	26	10.01.2002	7:29	SCH	11°16′
	♀	27	11.01.2002	9:19	SCH	25°13′
	♄	28	12.01.2002	11:39	STB	9°11′

Mondphase		Tag	Datum & Zeit		Tierkreiszeichen	
●	☉	1	13.01.2002	14:28	STB	23°11′
	☽	2	14.01.2002	17:45	WAS	7°12′
	♂	3	15.01.2002	21:29	WAS	21°14′
	☿	4	17.01.2002	1:36	FIS	5°17′
	♃	5	18.01.2002	5:59	FIS	19°21′
	♀	6	19.01.2002	10:28	WID	3°25′
	♄	7	20.01.2002	14:49	WID	17°28′
◐	☉	8	21.01.2002	18:45	STI	1°31′
	☽	9	22.01.2002	22:03	STI	15°32′
	♂	10	24.01.2002	0:32	STI	29°30′
	☿	11	25.01.2002	2:04	ZWI	13°27′
	♃	12	26.01.2002	2:40	ZWI	27°21′
	♀	13	27.01.2002	2:24	KRE	11°12′
	♄	14	28.01.2002	1:23	KRE	25°02′
○	☉	15	28.01.2002	23:50	LOW	8°51′
	☽	16	29.01.2002	21:55	LOW	22°38′
	♂	17	30.01.2002	19:53	JUN	6°25′
	☿	18	31.01.2002	17:56	JUN	20°13′
	♃	19	01.02.2002	16:16	WAA	4°01′
	♀	20	02.02.2002	15:04	WAA	17°50′
	♄	21	03.02.2002	14:27	SKO	1°41′
◑	☉	22	04.02.2002	14:33	SKO	15°33′
	☽	23	05.02.2002	15:23	SKO	29°28′
	♂	24	06.02.2002	16:56	SCH	13°24′
	☿	25	07.02.2002	19:08	SCH	27°22′
	♃	26	08.02.2002	21:54	STB	11°21′
	♀	27	10.02.2002	1:08	STB	25°21′
	♄	28	11.02.2002	4:45	WAS	9°23′

Mondphase		Tag	Datum & Zeit		Tierkreiszeichen	
●	☉	1	12.02.2002	8:41	WAS	23°25′
	☽	2	13.02.2002	12:52	FIS	7°27′
	♂	3	14.02.2002	17:14	FIS	21°30′
	☿	4	15.02.2002	21:41	WID	5°34′
	♃	5	17.02.2002	2:05	WID	19°37′
	♀	6	18.02.2002	6:16	STI	3°39′
	♄	7	19.02.2002	9:58	STI	17°41′
◐	☉	8	20.02.2002	13:01	ZWI	1°40′
	☽	9	21.02.2002	15:12	ZWI	15°38′
	♂	10	22.02.2002	16:27	ZWI	29°33′
	☿	11	23.02.2002	16:42	KRE	13°25′
	♃	12	24.02.2002	16:03	KRE	27°15′
	♀	13	25.02.2002	14:38	LOW	11°03′
	♄	14	26.02.2002	12:37	LOW	24°50′
○	☉	15	27.02.2002	10:16	JUN	8°36′
	☽	16	28.02.2002	7:47	JUN	22°21′
	♂	17	01.03.2002	5:25	WAA	6°07′
	☿	18	02.03.2002	3:24	WAA	19°54′
	♃	19	03.03.2002	1:56	SKO	3°42′
	♀	20	04.03.2002	1:13	SKO	17°31′
	♄	21	05.03.2002	1:21	SCH	1°23′
◑	☉	22	06.03.2002	2:24	SCH	15°17′
	☽	23	07.03.2002	4:20	SCH	29°14′
	♂	24	08.03.2002	7:03	STB	13°12′
	☿	25	09.03.2002	10:24	STB	27°12′
	♃	26	10.03.2002	14:13	WAS	11°13′
	♀	27	11.03.2002	18:21	WAS	25°15′
	♄	28	12.03.2002	22:40	FIS	9°17′

Mondphase		Tag	Datum & Zeit		Tierkreiszeichen	
●	☉	1	14.03.2002	3:03	FIS	23°19′
	☽	2	15.03.2002	7:25	WID	7°21′
	♂	3	16.03.2002	11:43	WID	21°23′
	☿	4	17.03.2002	15:49	STI	5°24′
	♃	5	18.03.2002	19:37	STI	19°25′
	♀	6	19.03.2002	22:55	ZWI	3°24′
	♄	7	21.03.2002	1:35	ZWI	17°22′
◐	☉	8	22.03.2002	3:28	KRE	1°18′
	☽	9	23.03.2002	4:28	KRE	15°11′
	♂	10	24.03.2002	4:34	KRE	29°02′
	☿	11	25.03.2002	3:48	LOW	12°51′
	♃	12	26.03.2002	2:19	LOW	26°38′
	♀	13	27.03.2002	0:17	JUN	10°24′
	♄	14	27.03.2002	21:54	JUN	24°09′
○	☉	15	28.03.2002	19:25	WAA	7°54′
	☽	16	29.03.2002	17:03	WAA	21°39′
	♂	17	30.03.2002	15:02	SKO	5°24′
	☿	18	31.03.2002	14:36	SKO	19°11′
	♃	19	01.04.2002	13:56	SCH	3°00′
	♀	20	02.04.2002	14:10	SCH	16°52′
	♄	21	03.04.2002	15:21	STB	0°45′
◑	☉	22	04.04.2002	17:29	STB	14°41′
	☽	23	05.04.2002	20:27	STB	28°39′
	♂	24	07.04.2002	0:05	WAS	12°38′
	☿	25	08.04.2002	4:10	WAS	26°39′
	♃	26	09.04.2002	8:31	FIS	10°40′
	♀	27	10.04.2002	12:54	FIS	24°41′
	♄	28	11.04.2002	17:13	WID	8°42′

Mondphase		Tag	Datum & Zeit		Tierkreiszeichen	
●	☉	1	12.04.2002	21:20	WID	22°42′
	☽	2	14.04.2002	1:13	STI	6°42′
	♂	3	15.04.2002	4:46	STI	20°41′
	☿	4	16.04.2002	7:55	ZWI	4°39′
	♃	5	17.04.2002	10:35	ZWI	18°35′
	♀	6	18.04.2002	12:40	KRE	2°31′
	♄	7	19.04.2002	14:06	KRE	16°24′
◐	☉	8	20.04.2002	14:48	LOW	0°16′
	☽	9	21.04.2002	14:47	LOW	14°06′
	♂	10	22.04.2002	14:05	LOW	27°54′
	☿	11	23.04.2002	12:48	JUN	11°41′
	♃	12	24.04.2002	11:03	JUN	25°27′
	♀	13	25.04.2002	9:03	WAA	9°12′
	♄	14	26.04.2002	6:57	WAA	22°56′
○	☉	15	27.04.2002	5:00	SKO	6°41′
	☽	16	28.04.2002	3:24	SKO	20°27′
	♂	17	29.04.2002	2:19	SCH	4°14′
	☿	18	30.04.2002	1:58	SCH	18°03′
	♃	19	01.05.2002	2:27	STB	1°54′
	♀	20	02.05.2002	3:51	STB	15°47′
	♄	21	03.05.2002	6:09	STB	29°42′
◑	☉	22	04.05.2002	9:16	WAS	13°39′
	☽	23	05.05.2002	13:01	WAS	27°38′
	♂	24	06.05.2002	17:11	FIS	11°38′
	☿	25	07.05.2002	21:31	FIS	25°38′
	♃	26	09.05.2002	1:47	WID	9°38′
	♀	27	10.05.2002	5:49	WID	23°37′
	♄	28	11.05.2002	9:30	STI	7°35′

Mondphase		Tag	Datum & Zeit		Tierkreiszeichen	
●	☉	1	12.05.2002	12:44	STI	21°32′
	☽	2	13.05.2002	15:31	ZWI	5°28′
	♂	3	14.05.2002	17:48	ZWI	19°23′
	☿	4	15.05.2002	19:35	KRE	3°17′
	♃	5	16.05.2002	20:52	KRE	17°09′
	♀	6	17.05.2002	21:38	LOW	1°00′
	♄	7	18.05.2002	21:54	LOW	14°50′
◐	☉	8	19.05.2002	21:42	LOW	28°39′
	☽	9	20.05.2002	21:03	JUN	12°26′
	♂	10	21.05.2002	20:02	JUN	26°13′
	☿	11	22.05.2002	18:46	WAA	9°59′
	♃	12	23.05.2002	17:22	WAA	23°45′
	♀	13	24.05.2002	15:59	SKO	7°31′
	♄	14	25.05.2002	14:45	SKO	21°17′
○	☉	15	26.05.2002	13:51	SCH	5°04′
	☽	16	27.05.2002	13:26	SCH	18°52′
	♂	17	28.05.2002	13:40	STB	2°41′
	☿	18	29.05.2002	14:37	STB	16°33′
	♃	19	30.05.2002	16:23	WAS	0°26′
	♀	20	31.05.2002	18:57	WAS	14°21′
	♄	21	01.06.2002	22:14	WAS	28°18′
◑	☉	22	03.06.2002	2:05	FIS	12°16′
	☽	23	04.06.2002	6:16	FIS	26°15′
	♂	24	05.06.2002	10:31	WID	10°14′
	☿	25	06.06.2002	14:34	WID	24°12′
	♃	26	07.06.2002	18:14	STI	8°10′
	♀	27	08.06.2002	21:22	STI	22°06′
	♄	28	09.06.2002	23:53	ZWI	6°01′

Mondphase		Tag	Datum & Zeit		Tierkreiszeichen	
●	☉	1	11.06.2002	1:46	ZWI	19°54′
	☽	2	12.06.2002	3:05	KRE	3°46′
	♂	3	13.06.2002	3:51	KRE	17°37′
	☿	4	14.06.2002	4:10	LOW	1°27′
	♃	5	15.06.2002	4:07	LOW	15°15′
	♀	6	16.06.2002	3:46	LOW	29°03′
	♄	7	17.06.2002	3:12	JUN	12°50′
◐	☉	8	18.06.2002	2:29	JUN	26°37′
	☽	9	19.06.2002	1:41	WAA	10°24′
	♂	10	20.06.2002	0:53	WAA	24°11′
	☿	11	21.06.2002	0:09	SKO	7°58′
	♃	12	21.06.2002	23:35	SKO	21°45′
	♀	13	22.06.2002	23:14	SCH	5°33′
	♄	14	23.06.2002	23:15	SCH	19°22′
○	☉	15	24.06.2002	23:41	STB	3°11′
	☽	16	26.06.2002	0:41	STB	17°02′
	♂	17	27.06.2002	2:18	WAS	0°55′
	☿	18	28.06.2002	4:35	WAS	14°49′
	♃	19	29.06.2002	7:32	WAS	28°45′
	♀	20	30.06.2002	11:05	FIS	12°42′
	♄	21	01.07.2002	15:05	FIS	26°40′
◑	☉	22	02.07.2002	19:19	WID	10°39′
	☽	23	03.07.2002	23:29	WID	24°37′
	♂	24	05.07.2002	3:20	STI	8°35′
	☿	25	06.07.2002	6:38	STI	22°32′
	♃	26	07.07.2002	9:13	ZWI	6°26′
	♀	27	08.07.2002	11:02	ZWI	20°19′
	♄	28	09.07.2002	12:05	KRE	4°11′

Mondphase		Tag	Datum & Zeit		Tierkreiszeichen	
●	☉	1	10.07.2002	12:26	KRE	18°00′
	☽	2	11.07.2002	12:12	LOW	1°48′
	♂	3	12.07.2002	11:33	LOW	15°35′
	☿	4	13.07.2002	10:36	LOW	29°22′
	♃	5	14.07.2002	9:32	JUN	13°08′
	♀	6	15.07.2002	8:28	JUN	26°54′
	♄	7	16.07.2002	7:31	WAA	10°40′
◐	☉	8	17.07.2002	6:47	WAA	24°27′
	☽	9	18.07.2002	6:18	SKO	8°15′
	♂	10	19.07.2002	6:09	SKO	22°03′
	☿	11	20.07.2002	6:21	SCH	5°52′
	♃	12	21.07.2002	6:54	SCH	19°42′
	♀	13	22.07.2002	7:51	STB	3°33′
	♄	14	23.07.2002	9:14	STB	17°25′
○	☉	15	24.07.2002	11:06	WAS	1°18′
	☽	16	25.07.2002	13:28	WAS	15°13′
	♂	17	26.07.2002	16:23	WAS	29°08′
	☿	18	27.07.2002	19:49	FIS	13°05′
	♃	19	28.07.2002	23:42	FIS	27°03′
	♀	20	30.07.2002	3:54	WID	11°02′
	♄	21	31.07.2002	8:13	WID	25°01′
◑	☉	22	01.08.2002	12:21	STI	9°00′
	☽	23	02.08.2002	16:02	STI	22°58′
	♂	24	03.08.2002	19:01	ZWI	6°54′
	☿	25	04.08.2002	21:10	ZWI	20°48′
	♃	26	05.08.2002	22:24	KRE	4°39′
	♀	27	06.08.2002	22:44	KRE	18°29′
	♄	28	07.08.2002	22:18	LOW	2°17′

Mondphase		Tag	Datum & Zeit		Tierkreiszeichen	
●	☉	1	08.08.2002	21:14	LOW	16°03′
	☽	2	09.08.2002	19:44	LOW	29°49′
	♂	3	10.08.2002	18:01	JUN	13°34′
	☿	4	11.08.2002	16:16	JUN	27°19′
	♃	5	12.08.2002	14:39	WAA	11°04′
	♀	6	13.08.2002	13:22	WAA	24°50′
	♄	7	14.08.2002	12:31	SKO	8°37′
◐	☉	8	15.08.2002	12:12	SKO	22°25′
	☽	9	16.08.2002	12:26	SCH	6°15′
	♂	10	17.08.2002	13:13	SCH	20°06′
	☿	11	18.08.2002	14:33	STB	3°58′
	♃	12	19.08.2002	16:22	STB	17°51′
	♀	13	20.08.2002	18:38	WAS	1°46′
	♄	14	21.08.2002	21:21	WAS	15°42′
○	☉	15	23.08.2002	0:29	WAS	29°39′
	☽	16	24.08.2002	4:01	FIS	13°36′
	♂	17	25.08.2002	7:56	FIS	27°35′
	☿	18	26.08.2002	12:09	WID	11°34′
	♃	19	27.08.2002	16:32	WID	25°34′
	♀	20	28.08.2002	20:53	STI	9°34′
	♄	21	30.08.2002	0:58	STI	23°33′
◑	☉	22	31.08.2002	4:30	ZWI	7°31′
	☽	23	01.09.2002	7:15	ZWI	21°28′
	♂	24	02.09.2002	9:04	KRE	5°21′
	☿	25	03.09.2002	9:54	KRE	19°13′
	♃	26	04.09.2002	9:46	LOW	3°02′
	♀	27	05.09.2002	8:49	LOW	16°50′
	♄	28	06.09.2002	7:12	JUN	0°35′

Mondphase		Tag	Datum & Zeit		Tierkreiszeichen	
●	☉	1	07.09.2002	5:09	JUN	14°20′
	☽	2	08.09.2002	2:53	JUN	28°04′
	♂	3	09.09.2002	0:38	WAA	11°48′
	☿	4	09.09.2002	22:36	WAA	25°33′
	♃	5	10.09.2002	21:00	SKO	9°19′
	♀	6	11.09.2002	19:59	SKO	23°06′
	♄	7	12.09.2002	19:40	SCH	6°55′
◐	☉	8	13.09.2002	20:07	SCH	20°46′
	☽	9	14.09.2002	21:18	STB	4°39′
	♂	10	15.09.2002	23:11	STB	18°34′
	☿	11	17.09.2002	1:40	WAS	2°30′
	♃	12	18.09.2002	4:41	WAS	16°27′
	♀	13	19.09.2002	8:07	FIS	0°25′
	♄	14	20.09.2002	11:54	FIS	14°25′
○	☉	15	21.09.2002	15:58	FIS	28°24′
	☽	16	22.09.2002	20:15	WID	12°25′
	♂	17	24.09.2002	0:40	WID	26°26′
	☿	18	25.09.2002	5:05	STI	10°27′
	♃	19	26.09.2002	9:21	STI	24°28′
	♀	20	27.09.2002	13:14	ZWI	8°27′
	♄	21	28.09.2002	16:32	ZWI	22°26′
◑	☉	22	29.09.2002	19:02	KRE	6°22′
	☽	23	30.09.2002	20:37	KRE	20°17′
	♂	24	01.10.2002	21:13	LOW	4°08′
	☿	25	02.10.2002	20:54	LOW	17°58′
	♃	26	03.10.2002	19:45	JUN	1°46′
	♀	27	04.10.2002	17:57	JUN	15°32′
	♄	28	05.10.2002	15:43	JUN	29°17′

Mondphase		Tag	Datum & Zeit		Tierkreiszeichen	
●	☉	1	06.10.2002	13:17	WAA	13°01′
	☽	2	07.10.2002	10:51	WAA	26°46′
	♂	3	08.10.2002	8:40	SKO	10°32′
	☿	4	09.10.2002	6:57	SKO	24°18′
	♃	5	10.10.2002	5:52	SCH	8°06′
	♀	6	11.10.2002	5:33	SCH	21°56′
	♄	7	12.10.2002	6:06	STB	5°48′
◐	☉	8	13.10.2002	7:32	STB	19°42′
	☽	9	14.10.2002	9:47	WAS	3°39′
	♂	10	15.10.2002	12:45	WAS	17°37′
	☿	11	16.10.2002	16:18	FIS	1°37′
	♃	12	17.10.2002	20:16	FIS	15°38′
	♀	13	19.10.2002	0:30	FIS	29°39′
	♄	14	20.10.2002	4:53	WID	13°41′
○	☉	15	21.10.2002	9:18	WID	27°43′
	☽	16	22.10.2002	13:39	STI	11°45′
	♂	17	23.10.2002	17:50	STI	25°46′
	☿	18	24.10.2002	21:42	ZWI	9°47′
	♃	19	26.10.2002	1:08	ZWI	23°47′
	♀	20	27.10.2002	2:59	KRE	7°45′
	♄	21	28.10.2002	5:07	KRE	21°42′
◑	☉	22	29.10.2002	6:27	LOW	5°37′
	☽	23	30.10.2002	6:56	LOW	19°29′
	♂	24	31.10.2002	6:37	JUN	3°20′
	☿	25	01.11.2002	5:35	JUN	17°09′
	♃	26	02.11.2002	3:58	WAA	0°56′
	♀	27	03.11.2002	1:58	WAA	14°43′
	♄	28	03.11.2002	23:46	WAA	28°29′

Mondphase		Tag	Datum & Zeit		Tierkreiszeichen	
●	☉	1	04.11.2002	21:34	SKO	12°15′
	☽	2	05.11.2002	19:36	SKO	26°01′
	♂	3	06.11.2002	18:03	SCH	9°49′
	☿	4	07.11.2002	17:08	SCH	23°38′
	♃	5	08.11.2002	16:58	STB	7°30′
	♀	6	09.11.2002	17:42	STB	21°23′
	♄	7	10.11.2002	19:20	WAS	5°19′
◐	☉	8	11.11.2002	21:51	WAS	19°17′
	☽	9	13.11.2002	1:09	FIS	3°17′
	♂	10	14.11.2002	5:04	FIS	17°19′
	☿	11	15.11.2002	9:22	WID	1°22′
	♃	12	16.11.2002	13:50	WID	15°25′
	♀	13	17.11.2002	18:18	WID	29°28′
	♄	14	18.11.2002	22:34	STI	13°31′
○	☉	15	20.11.2002	2:32	STI	27°33′
	☽	16	21.11.2002	6:07	ZWI	11°34′
	♂	17	22.11.2002	9:16	ZWI	25°33′
	☿	18	23.11.2002	11:54	KRE	9°32′
	♃	19	24.11.2002	14:00	KRE	23°30′
	♀	20	25.11.2002	15:31	LOW	7°25′
	♄	21	26.11.2002	16:26	LOW	21°20′
◑	☉	22	27.11.2002	16:45	JUN	5°13′
	☽	23	28.11.2002	16:30	JUN	19°04′
	♂	24	29.11.2002	15:45	WAA	2°55′
	☿	25	30.11.2002	14:35	WAA	16°44′
	♃	26	01.12.2002	13:08	SKO	0°33′
	♀	27	02.12.2002	11:32	SKO	14°21′
	♄	28	03.12.2002	9:57	SKO	28°09′

Mondphase		Tag	Datum & Zeit		Tierkreiszeichen	
●	☉	1	04.12.2002	8:34	SCH	11°58′
	☽	2	05.12.2002	7:33	SCH	25°48′
	♂	3	06.12.2002	7:06	STB	9°39′
	☿	4	07.12.2002	7:20	STB	23°32′
	♃	5	08.12.2002	8:25	WAS	7°27′
	♀	6	09.12.2002	10:22	WAS	21°24′
	♄	7	10.12.2002	13:12	FIS	5°24′
◐	☉	8	11.12.2002	16:48	FIS	19°25′
	☽	9	12.12.2002	20:58	WID	3°28′
	♂	10	14.12.2002	1:27	WID	17°32′
	☿	11	15.12.2002	5:58	STI	1°36′
	♃	12	16.12.2002	10:15	STI	15°40′
	♀	13	17.12.2002	14:07	STI	29°42′
	♄	14	18.12.2002	17:26	ZWI	13°43′
○	☉	15	19.12.2002	20:10	ZWI	27°42′
	☽	16	20.12.2002	22:17	KRE	11°40′
	♂	17	21.12.2002	23:51	KRE	25°37′
	☿	18	23.12.2002	0:55	LOW	9°32′
	♃	19	24.12.2002	1:33	LOW	23°26′
	♀	20	25.12.2002	1:50	JUN	7°19′
	♄	21	26.12.2002	1:48	JUN	21°12′
◑	☉	22	27.12.2002	1:30	WAA	5°04′
	☽	23	28.12.2002	0:59	WAA	18°55′
	♂	24	29.12.2002	0:19	SKO	2°46′
	☿	25	29.12.2002	23:33	SKO	16°36′
	♃	26	30.12.2002	22:45	SCH	0°27′
	♀	27	31.12.2002	22:03	SCH	14°18′
	♄	28	01.01.2003	21:32	SCH	28°09′

Mondphase		Tag	Datum & Zeit		Tierkreiszeichen	
●	☉	1	02.01.2003	21:22	STB	12°01′
	☽	2	03.01.2003	21:40	STB	25°54′
	♂	3	04.01.2003	22:35	WAS	9°49′
	☿	4	06.01.2003	0:14	WAS	23°46′
	♃	5	07.01.2003	2:42	FIS	7°45′
	♀	6	08.01.2003	5:56	FIS	21°46′
	♄	7	09.01.2003	9:51	WID	5°48′
◐	☉	8	10.01.2003	14:14	WID	19°52′
	☽	9	11.01.2003	18:47	STI	3°56′
	♂	10	12.01.2003	23:12	STI	18°00′
	☿	11	14.01.2003	3:10	ZWI	2°03′
	♃	12	15.01.2003	6:29	ZWI	16°04′
	♀	13	16.01.2003	9:01	KRE	0°03′
	♄	14	17.01.2003	10:46	KRE	14°00′
○	☉	15	18.01.2003	11:47	KRE	27°55′
	☽	16	19.01.2003	12:12	LOW	11°48′
	♂	17	20.01.2003	12:08	LOW	25°41′
	☿	18	21.01.2003	11:46	JUN	9°32′
	♃	19	22.01.2003	11:13	JUN	23°23′
	♀	20	23.01.2003	10:36	WAA	7°14′
	♄	21	24.01.2003	10:01	WAA	21°05′
◑	☉	22	25.01.2003	9:33	SKO	4°56′
	☽	23	26.01.2003	9:12	SKO	18°48′
	♂	24	27.01.2003	9:01	SCH	2°40′
	☿	25	28.01.2003	9:01	SCH	16°32′
	♃	26	29.01.2003	9:14	STB	0°25′
	♀	27	30.01.2003	9:43	STB	14°19′
	♄	28	31.01.2003	10:32	STB	28°13′

Mondphase		Tag	Datum & Zeit		Tierkreiszeichen	
●	☉	1	01.02.2003	11:47	WAS	12°09′
	☽	2	02.02.2003	13:35	WAS	26°06′
	♂	3	03.02.2003	16:00	FIS	10°04′
	☿	4	04.02.2003	19:05	FIS	24°04′
	♃	5	05.02.2003	22:48	WID	8°06′
	♀	6	07.02.2003	3:03	WID	22°09′
	♄	7	08.02.2003	7:37	STI	6°13′
◐	☉	8	09.02.2003	12:10	STI	20°17′
	☽	9	10.02.2003	16:22	ZWI	4°19′
	♂	10	11.02.2003	19:57	ZWI	18°21′
	☿	11	12.02.2003	22:42	KRE	2°20′
	♃	12	14.02.2003	0:30	KRE	16°16′
	♀	13	15.02.2003	1:22	LOW	0°11′
	♄	14	16.02.2003	1:26	LOW	14°03′
○	☉	15	17.02.2003	0:50	LOW	27°53′
	☽	16	17.02.2003	23:46	JUN	11°42′
	♂	17	18.02.2003	22:27	JUN	25°31′
	☿	18	19.02.2003	21:04	WAA	9°20′
	♃	19	20.02.2003	19:47	WAA	23° 8′
	♀	20	21.02.2003	18:45	SKO	6°57′
	♄	21	22.02.2003	18:03	SKO	20°48′
◑	☉	22	23.02.2003	17:45	SCH	4°39′
	☽	23	24.02.2003	17:53	SCH	18°31′
	♂	24	25.02.2003	18:27	STB	2°24′
	☿	25	26.02.2003	19:26	STB	16°18′
	♃	26	27.02.2003	20:49	WAS	0°13′
	♀	27	28.02.2003	22:37	WAS	14°10′
	♄	28	02.03.2003	0:51	WAS	28°07′

Mondphase		Tag	Datum & Zeit		Tierkreiszeichen	
●	☉	1	03.03.2003	3:34	FIS	12°06′
	☽	2	04.03.2003	6:48	FIS	26°05′
	♂	3	05.03.2003	10:32	WID	10°06′
	☿	4	06.03.2003	14:43	WID	24°08′
	♃	5	07.03.2003	19:14	STI	8°11′
	♀	6	08.03.2003	23:51	STI	22°14′
	♄	7	10.03.2003	4:17	ZWI	6°16′
◐	☉	8	11.03.2003	8:14	ZWI	20°18′
	☽	9	12.03.2003	11:25	KRE	4°17′
	♂	10	13.03.2003	13:40	KRE	18°14′
	☿	11	14.03.2003	14:55	LOW	02°08′
	♃	12	15.03.2003	15:11	LOW	16°00′
	♀	13	16.03.2003	14:35	LOW	29°50′
	♄	14	17.03.2003	13:18	JUN	13°38′
○	☉	15	18.03.2003	11:33	JUN	27°25′
	☽	16	19.03.2003	9:33	WAA	11°11′
	♂	17	20.03.2003	7:31	WAA	24°57′
	☿	18	21.03.2003	5:39	SKO	8°43′
	♃	19	22.03.2003	4:08	SKO	22°30′
	♀	20	23.03.2003	3:06	SCH	6°19′
	♄	21	24.03.2003	2:39	SCH	20°09′
◑	☉	22	25.03.2003	2:50	STB	4°00′
	☽	23	26.03.2003	3:40	STB	17°53′
	♂	24	27.03.2003	5:09	WAS	1°47′
	☿	25	28.03.2003	7:12	WAS	15°43′
	♃	26	29.03.2003	9:48	WAS	29°41′
	♀	27	30.03.2003	13:52	FIS	13°39′
	♄	28	31.03.2003	17:23	FIS	27°38′

Mondphase		Tag	Datum & Zeit		Tierkreiszeichen	
●	☉	1	01.04.2003	21:18	WID	11°39′
	☽	2	03.04.2003	1:32	WID	25°40′
	♂	3	04.04.2003	6:02	STI	9°41′
	☿	4	05.04.2003	10:37	STI	23°43′
	♃	5	06.04.2003	15:06	ZWI	7°45′
	♀	6	07.04.2003	19:16	ZWI	21°45′
	♄	7	08.04.2003	22:51	KRE	5°45′
◐	☉	8	10.04.2003	1:39	KRE	19°42′
	☽	9	11.04.2003	3:32	LOW	3°37′
	♂	10	12.04.2003	4:25	LOW	17°29′
	☿	11	13.04.2003	4:22	JUN	1°20′
	♃	12	14.04.2003	3:29	JUN	15°08′
	♀	13	15.04.2003	1:55	JUN	28°54′
	♄	14	15.04.2003	23:53	WAA	12°39′
○	☉	15	16.04.2003	21:35	WAA	26°24′
	☽	16	17.04.2003	19:14	SKO	10°08′
	♂	17	18.04.2003	17:02	SKO	23°53′
	☿	18	19.04.2003	15:12	SCH	7°38′
	♃	19	20.04.2003	13:53	SCH	21°25′
	♀	20	21.04.2003	13:15	STB	5°13′
	♄	21	22.04.2003	13:22	STB	19°04′
◑	☉	22	23.04.2003	14:17	WAS	2°56′
	☽	23	24.04.2003	16:01	WAS	16°50′
	♂	24	25.04.2003	18:30	FIS	0°46′
	☿	25	26.04.2003	21:38	FIS	14°43′
	♃	26	28.04.2003	1:18	FIS	28°42′
	♀	27	29.04.2003	5:23	WID	12°42′
	♄	28	30.04.2003	9:43	WID	26°42′

Mondphase		Tag	Datum & Zeit		Tierkreiszeichen	
●	☉	1	01.05.2003	14:13	STI	10°43′
	☽	2	02.05.2003	18:43	STI	24°43′
	♂	3	03.05.2003	23:06	ZWI	08°44′
	☿	4	05.05.2003	3:13	ZWI	22°43′
	♃	5	06.05.2003	6:53	KRE	06°42′
	♀	6	07.05.2003	9:58	KRE	20°39′
	♄	7	08.05.2003	12:20	LOW	04°34′
◐	☉	8	09.05.2003	13:52	LOW	18°27′
	☽	9	10.05.2003	14:34	JUN	2°18′
	♂	10	11.05.2003	14:26	JUN	16°07′
	☿	11	12.05.2003	13:33	JUN	29°55′
	♃	12	13.05.2003	12:03	WAA	13°40′
	♀	13	14.05.2003	10:06	WAA	27°25′
	♄	14	15.05.2003	7:53	SKO	11°09′
○	☉	15	16.05.2003	5:35	SKO	24°53′
	☽	16	17.05.2003	3:25	SCH	8°37′
	♂	17	18.05.2003	1:33	SCH	22°21′
	☿	18	19.05.2003	0:11	STB	6°07′
	♃	19	19.05.2003	23:30	STB	19°55′
	♀	20	20.05.2003	23:36	WAS	3°44′
	♄	21	22.05.2003	0:36	WAS	17°36′
◑	☉	22	23.05.2003	2:30	FIS	1°29′
	☽	23	24.05.2003	5:15	FIS	15°25′
	♂	24	25.05.2003	8:44	FIS	29°23′
	☿	25	26.05.2003	12:46	WID	13°21′
	♃	26	27.05.2003	17:08	WID	27°21′
	♀	27	28.05.2003	21:38	STI	11°21′
	♄	28	30.05.2003	2:05	STI	25°20′

Mondphase		Tag	Datum & Zeit		Tierkreiszeichen	
●	☉	1	31.05.2003	6:18	ZWI	9°20′
	☽	2	01.06.2003	10:12	ZWI	23°18′
	♂	3	02.06.2003	13:39	KRE	7°15′
	☿	4	03.06.2003	16:37	KRE	21°11′
	♃	5	04.06.2003	19:00	LOW	5°06′
	♀	6	05.06.2003	20:47	LOW	18°59′
	♄	7	06.06.2003	21:56	JUN	2°50′
◐	☉	8	07.06.2003	22:26	JUN	16°41′
	☽	9	08.06.2003	22:19	WAA	0°29′
	♂	10	09.06.2003	21:37	WAA	14°16′
	☿	11	10.06.2003	20:25	WAA	28°02′
	♃	12	11.06.2003	18:50	SKO	11°47′
	♀	13	12.06.2003	17:00	SKO	25°31′
	♄	14	13.06.2003	15:05	SCH	9°16′
○	☉	15	14.06.2003	13:15	SCH	23°00′
	☽	16	15.06.2003	11:41	STB	6°45′
	♂	17	16.06.2003	10:35	STB	20°31′
	☿	18	17.06.2003	10:07	WAS	4°19′
	♃	19	18.06.2003	10:25	WAS	18°08′
	♀	20	19.06.2003	11:37	FIS	2°00′
	♄	21	20.06.2003	13:44	FIS	15°53′
◑	☉	22	21.06.2003	16:44	FIS	29°49′
	☽	23	22.06.2003	20:28	WID	13°47′
	♂	24	24.06.2003	0:42	WID	27°46′
	☿	25	25.06.2003	5:10	STI	11°45′
	♃	26	26.06.2003	9:35	STI	25°44′
	♀	27	27.06.2003	13:44	ZWI	9°43′
	♄	28	28.06.2003	17:27	ZWI	23°40′

Mondphase		Tag	Datum & Zeit		Tierkreiszeichen	
●	☉	1	29.06.2003	20:38	KRE	7°36′
	☽	2	30.06.2003	23:15	KRE	21°31′
	♂	3	02.07.2003	1:19	LOW	5°25′
	☿	4	03.07.2003	2:51	LOW	19°17′
	♃	5	04.07.2003	3:54	JUN	3°08′
	♀	6	05.07.2003	4:31	JUN	16°58′
	♄	7	06.07.2003	4:42	WAA	0°48′
◐	☉	8	07.07.2003	4:31	WAA	14°36′
	☽	9	08.07.2003	3:59	WAA	28°23′
	♂	10	09.07.2003	3:08	SKO	12°10′
	☿	11	10.07.2003	2:03	SKO	25°56′
	♃	12	11.07.2003	0:48	SCH	9°41′
	♀	13	11.07.2003	23:30	SCH	23°27′
	♄	14	12.07.2003	22:18	STB	7°13′
○	☉	15	13.07.2003	21:20	STB	20°59′
	☽	16	14.07.2003	20:47	WAS	4°46′
	♂	17	15.07.2003	20:50	WAS	18°35′
	☿	18	16.07.2003	21:36	FIS	2°26′
	♃	19	17.07.2003	23:14	FIS	16°18′
	♀	20	19.07.2003	1:43	WID	0°13′
	♄	21	20.07.2003	5:02	WID	14°09′
◑	☉	22	21.07.2003	9:00	WID	28°07′
	☽	23	22.07.2003	13:21	STI	12°07′
	♂	24	23.07.2003	17:47	STI	26°06′
	☿	25	24.07.2003	22:00	ZWI	10°05′
	♃	26	26.07.2003	1:43	ZWI	24°02′
	♀	27	27.07.2003	4:48	KRE	7°58′
	♄	28	28.07.2003	7:10	KRE	21°53′

Mondphase		Tag	Datum & Zeit		Tierkreiszeichen	
●	☉	1	29.07.2003	8:52	LOW	5°46′
	☽	2	30.07.2003	9:58	LOW	19°37′
	♂	3	31.07.2003	10:33	JUN	3°27′
	☿	4	01.08.2003	10:45	JUN	17°17′
	♃	5	02.08.2003	10:40	WAA	1°05′
	♀	6	03.08.2003	10:24	WAA	14°54′
	♄	7	04.08.2003	9:58	WAA	28°41′
◐	☉	8	05.08.2003	9:27	SKO	12°29′
	☽	9	06.08.2003	8:52	SKO	26°17′
	♂	10	07.08.2003	8:14	SCH	10°04′
	☿	11	08.08.2003	7:36	SCH	23°51′
	♃	12	09.08.2003	7:03	STB	7°39′
	♀	13	10.08.2003	6:39	STB	21°27′
	♄	14	11.08.2003	6:31	WAS	5°16′
○	☉	15	12.08.2003	6:47	WAS	19°05′
	☽	16	13.08.2003	7:37	FIS	2°56′
	♂	17	14.08.2003	9:07	FIS	16°49′
	☿	18	15.08.2003	11:22	WID	0°43′
	♃	19	16.08.2003	14:23	WID	14°40′
	♀	20	17.08.2003	18:06	WID	28°38′
	♄	21	18.08.2003	22:19	STI	12°37′
◑	☉	22	20.08.2003	2:47	STI	26°37′
	☽	23	21.08.2003	7:08	ZWI	10°36′
	♂	24	22.08.2003	11:03	ZWI	24°35′
	☿	25	23.08.2003	14:19	KRE	8°32′
	♃	26	24.08.2003	16:47	KRE	22°27′
	♀	27	25.08.2003	18:24	LOW	6°21′
	♄	28	26.08.2003	19:14	LOW	20°12′

Mondphase		Tag	Datum & Zeit		Tierkreiszeichen	
●	☉	1	27.08.2003	19:25	JUN	4°02′
	☽	2	28.08.2003	19:06	JUN	17°50′
	♂	3	29.08.2003	18:26	WAA	1°38′
	☿	4	30.08.2003	17:35	WAA	15°25′
	♃	5	31.08.2003	16:40	WAA	29°13′
	♀	6	01.09.2003	15:49	SKO	13°00′
	♄	7	02.09.2003	15:06	SKO	26°48′
◐	☉	8	03.09.2003	14:34	SCH	10°36′
	☽	9	04.09.2003	14:13	SCH	24°25′
	♂	10	05.09.2003	14:07	STB	8°14′
	☿	11	06.09.2003	14:16	STB	22°04′
	♃	12	07.09.2003	14:44	WAS	5°55′
	♀	13	08.09.2003	15:33	WAS	19°47′
	♄	14	09.09.2003	16:49	FIS	3°39′
○	☉	15	10.09.2003	18:36	FIS	17°33′
	☽	16	11.09.2003	20:59	WID	1°29′
	♂	17	13.09.2003	0:01	WID	15°26′
	☿	18	14.09.2003	3:39	WID	29°25′
	♃	19	15.09.2003	7:49	STI	13°25′
	♀	20	16.09.2003	12:17	STI	27°25′
	♄	21	17.09.2003	16:48	ZWI	11°26′
◑	☉	22	18.09.2003	21:02	ZWI	25°27′
	☽	23	20.09.2003	0:42	KRE	9°26′
	♂	24	21.09.2003	3:34	KRE	23°23′
	☿	25	22.09.2003	5:32	LOW	7°18′
	♃	26	23.09.2003	6:33	LOW	21°10′
	♀	27	24.09.2003	6:44	JUN	5°01′
	♄	28	25.09.2003	6:12	JUN	18°50′

Mondphase		Tag	Datum & Zeit		Tierkreiszeichen	
●	☉	1	26.09.2003	5:08	WAA	2°37′
	☽	2	27.09.2003	3:43	WAA	16°24′
	♂	3	28.09.2003	2:08	SKO	0°11′
	☿	4	29.09.2003	0:35	SKO	13°57′
	♃	5	29.09.2003	23:12	SKO	27°44′
	♀	6	30.09.2003	22:06	SCH	11°32′
	♄	7	01.10.2003	21:24	SCH	25°21′
◐	☉	8	02.10.2003	21:08	STB	9°10′
	☽	9	03.10.2003	21:22	STB	23°01′
	♂	10	04.10.2003	22:06	WAS	6°54′
	☿	11	05.10.2003	23:20	WAS	20°47′
	♃	12	07.10.2003	1:05	FIS	4°42′
	♀	13	08.10.2003	3:21	FIS	18°38′
	♄	14	09.10.2003	6:08	WID	2°36′
○	☉	15	10.10.2003	9:27	WID	16°35′
	☽	16	11.10.2003	13:14	STI	0°35′
	♂	17	12.10.2003	17:27	STI	14°36′
	☿	18	13.10.2003	21:57	STI	28°38′
	♃	19	15.10.2003	2:34	ZWI	12°40′
	♀	20	16.10.2003	7:02	ZWI	26°42′
	♄	21	17.10.2003	11:06	KRE	10°43′
◑	☉	22	18.10.2003	14:31	KRE	24°42′
	☽	23	19.10.2003	17:06	LOW	8°40′
	♂	24	20.10.2003	18:44	LOW	22°35′
	☿	25	21.10.2003	19:25	JUN	6°28′
	♃	26	22.10.2003	19:13	JUN	20°19′
	♀	27	23.10.2003	18:16	WAA	4°07′
	♄	28	24.10.2003	16:44	WAA	17°55′

Mondphase		Tag	Datum & Zeit		Tierkreiszeichen	
●	☉	1	25.10.2003	14:50	SKO	1°41′
	☽	2	26.10.2003	11:44	SKO	15°27′
	♂	3	27.10.2003	9:40	SKO	29°13′
	☿	4	28.10.2003	7:48	SCH	13°00′
	♃	5	29.10.2003	6:18	SCH	26°48′
	♀	6	30.10.2003	5:20	STB	10°37′
	♄	7	31.10.2003	5:01	STB	24°27′
◐	☉	8	01.11.2003	5:24	WAS	8°20′
	☽	9	02.11.2003	6:31	WAS	22°14′
	♂	10	03.11.2003	8:23	FIS	6°10′
	☿	11	04.11.2003	10:56	FIS	20°08′
	♃	12	05.11.2003	14:05	WID	4°07′
	♀	13	06.11.2003	17:45	WID	18°08′
	♄	14	07.11.2003	21:49	STI	2°10′
○	☉	15	09.11.2003	2:12	STI	16°13′
	☽	16	10.11.2003	6:45	ZWI	0°16′
	♂	17	11.11.2003	11:22	ZWI	14°19′
	☿	18	12.11.2003	15:51	ZWI	28°22′
	♃	19	13.11.2003	20:04	KRE	12°24′
	♀	20	14.11.2003	23:49	KRE	26°26′
	♄	21	16.11.2003	2:55	LOW	10°25′
◑	☉	22	17.11.2003	5:14	LOW	24°23′
	☽	23	18.11.2003	6:41	JUN	8°19′
	♂	24	19.11.2003	7:15	JUN	22°12′
	☿	25	20.11.2003	6:58	WAA	6°03′
	♃	26	21.11.2003	5:56	WAA	19°53′
	♀	27	22.11.2003	4:18	SKO	3°41′
	♄	28	23.11.2003	2:15	SKO	17°27′

Mondphase		Tag	Datum & Zeit		Tierkreiszeichen	
●	☉	1	23.11.2003	23:59	SCH	1°14′
	☽	2	24.11.2003	21:41	SCH	15°00′
	♂	3	25.11.2003	19:35	SCH	28°47′
	☿	4	26.11.2003	17:52	STB	12°35′
	♃	5	27.11.2003	16:44	STB	26°24′
	♀	6	28.11.2003	16:21	WAS	10°15′
	♄	7	29.11.2003	16:51	WAS	24°09′
◐	☉	8	30.11.2003	18:16	FIS	8°05′
	☽	9	01.12.2003	20:35	FIS	22°03′
	♂	10	02.12.2003	23:44	WID	6°03′
	☿	11	04.12.2003	3:33	WID	20°05′
	♃	12	05.12.2003	7:51	STI	4°08′
	♀	13	06.12.2003	12:24	STI	18°12′
	♄	14	07.12.2003	17:02	ZWI	2°16′
○	☉	15	08.12.2003	21:36	ZWI	16°20′
	☽	16	10.12.2003	1:57	KRE	0°23′
	♂	17	11.12.2003	6:00	KRE	14°26′
	☿	18	12.12.2003	9:39	KRE	28°28′
	♃	19	13.12.2003	12:50	LOW	12°28′
	♀	20	14.12.2003	15:26	LOW	26°27′
	♄	21	15.12.2003	17:25	JUN	10°25′
◑	☉	22	16.12.2003	18:41	JUN	24°20′
	☽	23	17.12.2003	19:13	WAA	8°14′
	♂	24	18.12.2003	19:02	WAA	22°06′
	☿	25	19.12.2003	18:11	SKO	5°57′
	♃	26	20.12.2003	16:47	SKO	19°46′
	♀	27	21.12.2003	14:56	SCH	3°33′
	♄	28	22.12.2003	12:51	SCH	17°21′

Mondphase		Tag	Datum & Zeit		Tierkreiszeichen	
●	☉	1	23.12.2003	10:42	STB	1°08′
	☽	2	24.12.2003	8:44	STB	14°55′
	♂	3	25.12.2003	7:08	STB	28°44′
	☿	4	26.12.2003	6:07	WAS	12°34′
	♃	5	27.12.2003	5:54	WAS	26°26′
	♀	6	28.12.2003	6:37	FIS	10°20′
	♄	7	29.12.2003	8:20	FIS	24°17′
◐	☉	8	30.12.2003	11:03	WID	8°17′
	☽	9	31.12.2003	14:38	WID	22°18′
	♂	10	01.01.2004	18:52	STI	6°22′
	☿	11	02.01.2004	23:28	STI	20°26′
	♃	12	04.01.2004	4:10	ZWI	4°31′
	♀	13	05.01.2004	8:42	ZWI	18°35′
	♄	14	06.01.2004	12:54	KRE	2°38′
○	☉	15	07.01.2004	16:40	KRE	16°40′
	☽	16	08.01.2004	19:57	LOW	0°41′
	♂	17	09.01.2004	22:46	LOW	14°41′
	☿	18	11.01.2004	1:06	LOW	28°39′
	♃	19	12.01.2004	2:59	JUN	12°37′
	♀	20	13.01.2004	4:24	JUN	26°33′
	♄	21	14.01.2004	5:19	WAA	10°28′
◑	☉	22	15.01.2004	5:45	WAA	24°21′
	☽	23	16.01.2004	5:40	SKO	8°14′
	♂	24	17.01.2004	5:05	SKO	22°05′
	☿	25	18.01.2004	4:04	SCH	5°55′
	♃	26	19.01.2004	2:42	SCH	19°44′
	♀	27	20.01.2004	1:08	STB	3°32′
	♄	28	20.01.2004	23:31	STB	17°21′

Mondphase		Tag	Datum & Zeit		Tierkreiszeichen	
●	☉	1	21.01.2004	22:04	WAS	1°10′
	☽	2	22.01.2004	20:59	WAS	14°59′
	♂	3	23.01.2004	20:28	WAS	28°50′
	☿	4	24.01.2004	20:44	FIS	12°44′
	♃	5	25.01.2004	21:54	FIS	26°39′
	♀	6	27.01.2004	0:03	WID	10°37′
	♄	7	28.01.2004	3:08	WID	24°37′
◐	☉	8	29.01.2004	7:02	STI	8°40′
	☽	9	30.01.2004	11:28	STI	22°43′
	♂	10	31.01.2004	16:07	ZWI	6°47′
	☿	11	01.02.2004	20:40	ZWI	20°51′
	♃	12	03.02.2004	0:49	KRE	4°54′
	♀	13	04.02.2004	4:26	KRE	18°55′
	♄	14	05.02.2004	7:25	LOW	2°55′
○	☉	15	06.02.2004	9:47	LOW	16°53′
	☽	16	07.02.2004	11:35	JUN	0°50′
	♂	17	08.02.2004	12:55	JUN	14°46′
	☿	18	09.02.2004	13:51	JUN	28°40′
	♃	19	10.02.2004	14:27	WAA	12°34′
	♀	20	11.02.2004	14:47	WAA	26°27′
	♄	21	12.02.2004	14:51	SKO	10°19′
◑	☉	22	13.02.2004	14:39	SKO	24°11′
	☽	23	14.02.2004	14:14	SCH	8°02′
	♂	24	15.02.2004	13:35	SCH	21°52′
	☿	25	16.02.2004	12:47	STB	5°42′
	♃	26	17.02.2004	11:55	STB	19°32′
	♀	27	18.02.2004	11:07	WAS	3°22′
	♄	28	19.02.2004	10:31	WAS	17°13′

Mondphase		Tag	Datum & Zeit		Tierkreiszeichen	
●	☉	1	20.02.2004	10:17	FIS	1°04′
	☽	2	21.02.2004	10:37	FIS	14°57′
	♂	3	22.02.2004	11:39	FIS	28°51′
	☿	4	23.02.2004	13:30	WID	12°48′
	♃	5	24.02.2004	16:13	WID	26°46′
	♀	6	25.02.2004	19:44	STI	10°47′
	♄	7	26.02.2004	23:53	STI	24°49′
◐	☉	8	28.02.2004	4:23	ZWI	8°52′
	☽	9	29.02.2004	8:54	ZWI	22°55′
	♂	10	01.03.2004	13:08	KRE	6°58′
	☿	11	02.03.2004	16:48	KRE	20°58′
	♃	12	03.03.2004	19:46	LOW	4°57′
	♀	13	04.03.2004	21:57	LOW	18°54′
	♄	14	05.03.2004	23:24	JUN	2°50′
○	☉	15	07.03.2004	0:13	JUN	16°43′
	☽	16	08.03.2004	0:31	WAA	0°35′
	♂	17	09.03.2004	0:27	WAA	14°26′
	☿	18	10.03.2004	0:07	WAA	28°17′
	♃	19	10.03.2004	23:38	SKO	12°07′
	♀	20	11.03.2004	23:05	SKO	25°57′
	♄	21	12.03.2004	22:32	SCH	9°47′
◑	☉	22	13.03.2004	22:00	SCH	23°37′
	☽	23	14.03.2004	21:33	STB	7°27′
	♂	24	15.03.2004	21:12	STB	21°17′
	☿	25	16.03.2004	21:02	WAS	5°08′
	♃	26	17.03.2004	21:06	WAS	18°59′
	♀	27	18.03.2004	21:30	FIS	2°52′
	♄	28	19.03.2004	22:19	FIS	16°45′

Mondphase		Tag	Datum & Zeit		Tierkreiszeichen	
●	☉	1	20.03.2004	23:41	WID	0°39′
	☽	2	22.03.2004	1:40	WID	14°35′
	♂	3	23.03.2004	4:21	WID	28°33′
	☿	4	24.03.2004	7:41	STI	12°32′
	♃	5	25.03.2004	11:37	STI	26°33′
	♀	6	26.03.2004	15:57	ZWI	10°34′
	♄	7	27.03.2004	20:27	ZWI	24°36′
◐	☉	8	29.03.2004	1:47	KRE	8°38′
	☽	9	30.03.2004	5:41	KRE	22°38′
	♂	10	31.03.2004	8:54	LOW	6°37′
	☿	11	01.04.2004	11:18	LOW	20°33′
	♃	12	02.04.2004	12:51	JUN	4°28′
	♀	13	03.04.2004	13:35	JUN	18°20′
	♄	14	04.04.2004	13:35	WAA	2°10′
○	☉	15	05.04.2004	13:02	WAA	16°00′
	☽	16	06.04.2004	12:03	WAA	29°48′
	♂	17	07.04.2004	10:49	SKO	13°35′
	☿	18	08.04.2004	9:30	SKO	27°22′
	♃	19	09.04.2004	8:13	SCH	11°09′
	♀	20	10.04.2004	7:06	SCH	24°57′
	♄	21	11.04.2004	6:15	STB	8°45′
◑	☉	22	12.04.2004	5:45	STB	22°34′
	☽	23	13.04.2004	5:39	WAS	6°24′
	♂	24	14.04.2004	6:00	WAS	20°15′
	☿	25	15.04.2004	6:49	FIS	4°08′
	♃	26	16.04.2004	8:09	FIS	18°01′
	♀	27	17.04.2004	10:01	WID	1°56′
	♄	28	18.04.2004	12:24	WID	15°52′

Mondphase		Tag	Datum & Zeit		Tierkreiszeichen	
●	☉	1	19.04.2004	15:20	WID	29°49′
	☽	2	20.04.2004	18:47	STI	13°47′
	♂	3	21.04.2004	22:42	STI	27°47′
	☿	4	23.04.2004	2:57	ZWI	11°47′
	♃	5	24.04.2004	7:24	ZWI	25°48′
	♀	6	25.04.2004	11:48	KRE	9°48′
	♄	7	26.04.2004	15:56	KRE	23°48′
◐	☉	8	27.04.2004	19:32	LOW	7°47′
	☽	9	28.04.2004	22:25	LOW	21°44′
	♂	10	30.04.2004	0:27	JUN	5°38′
	☿	11	01.05.2004	1:35	JUN	19°31′
	♃	12	02.05.2004	1:51	WAA	3°21′
	♀	13	03.05.2004	1:20	WAA	17°09′
	♄	14	04.05.2004	0:10	SKO	0°56′
○	☉	15	04.05.2004	22:33	SKO	14°42′
	☽	16	05.05.2004	20:38	SKO	28°27′
	♂	17	06.05.2004	18:37	SCH	12°11′
	☿	18	07.05.2004	16:42	SCH	25°56′
	♃	19	08.05.2004	15:02	STB	9°41′
	♀	20	09.05.2004	13:48	STB	23°28′
	♄	21	10.05.2004	13:06	WAS	7°16′
◑	☉	22	11.05.2004	13:03	WAS	21°05′
	☽	23	12.05.2004	13:43	FIS	4°56′
	♂	24	13.05.2004	15:06	FIS	18°49′
	☿	25	14.05.2004	17:10	WID	2°43′
	♃	26	15.05.2004	19:52	WID	16°39′
	♀	27	16.05.2004	23:06	STI	0°36′
	♄	28	18.05.2004	2:48	STI	14°34′

Mondphase		Tag	Datum & Zeit		Tierkreiszeichen	
●	☉	1	19.05.2004	6:51	STI	28°33′
	☽	2	20.05.2004	11:08	ZWI	12°32′
	♂	3	21.05.2004	15:32	ZWI	26°32′
	☿	4	22.05.2004	19:55	KRE	10°32′
	♃	5	24.05.2004	0:08	KRE	24°31′
	♀	6	25.05.2004	4:00	LOW	8°29′
	♄	7	26.05.2004	7:19	LOW	22°26′
◐	☉	8	27.05.2004	9:56	JUN	6°22′
	☽	9	28.05.2004	11:45	JUN	20°15′
	♂	10	29.05.2004	12:40	WAA	4°06′
	☿	11	30.05.2004	12:44	WAA	17°55′
	♃	12	31.05.2004	11:59	SKO	1°43′
	♀	13	01.06.2004	10:33	SKO	15°28′
	♄	14	02.06.2004	8:36	SKO	29°12′
○	☉	15	03.06.2004	6:19	SCH	12°56′
	☽	16	04.06.2004	3:55	SCH	26°39′
	♂	17	05.06.2004	1:36	STB	10°22′
	☿	18	05.06.2004	23:35	STB	24°06′
	♃	19	06.06.2004	22:04	WAS	7°51′
	♀	20	07.06.2004	21:13	WAS	21°38′
	♄	21	08.06.2004	21:11	FIS	5°27′
◑	☉	22	09.06.2004	22:02	FIS	19°18′
	☽	23	10.06.2004	23:47	WID	3°11′
	♂	24	12.06.2004	2:22	WID	17°06′
	☿	25	13.06.2004	5:39	STI	1°02′
	♃	26	14.06.2004	9:29	STI	15°00′
	♀	27	15.06.2004	13:40	STI	28°59′
	♄	28	16.06.2004	18:02	ZWI	12°58′

Mondphase		Tag	Datum & Zeit		Tierkreiszeichen	
●	☉	1	17.06.2004	22:26	ZWI	26°57′
	☽	2	19.06.2004	2:45	KRE	10°56′
	♂	3	20.06.2004	6:53	KRE	24°55′
	☿	4	21.06.2004	10:45	LOW	8°53′
	♃	5	22.06.2004	14:12	LOW	22°50′
	♀	6	23.06.2004	17:10	JUN	6°45′
	♄	7	24.06.2004	19:30	JUN	20°40′
◐	☉	8	25.06.2004	21:07	WAA	4°32′
	☽	9	26.06.2004	21:57	WAA	18°23′
	♂	10	27.06.2004	21:58	SKO	2°12′
	☿	11	28.06.2004	21:13	SKO	15°58′
	♃	12	29.06.2004	19:48	SKO	29°44′
	♀	13	30.06.2004	17:52	SCH	13°28′
	♄	14	01.07.2004	15:34	SCH	27°11′
○	☉	15	02.07.2004	13:08	STB	10°54′
	☽	16	03.07.2004	10:47	STB	24°37′
	♂	17	04.07.2004	8:44	WAS	8°20′
	☿	18	05.07.2004	7:12	WAS	22°05′
	♃	19	06.07.2004	6:24	FIS	5°52′
	♀	20	07.07.2004	6:29	FIS	19°41′
	♄	21	08.07.2004	7:32	WID	03°32′
◑	☉	22	09.07.2004	9:34	WID	17°25′
	☽	23	10.07.2004	12:29	STI	01°21′
	♂	24	11.07.2004	16:09	STI	15°18′
	☿	25	12.07.2004	20:18	STI	29°17′
	♃	26	14.07.2004	0:42	ZWI	13°16′
	♀	27	15.07.2004	5:07	ZWI	27°15′
	♄	28	16.07.2004	9:23	KRE	11°14′

Mondphase		Tag	Datum & Zeit		Tierkreiszeichen	
●	☉	1	17.07.2004	13:24	KRE	25°12′
	☽	2	18.07.2004	17:04	LOW	9°10′
	♂	3	19.07.2004	20:23	LOW	23°07′
	☿	4	20.07.2004	23:16	JUN	7°02′
	♃	5	22.07.2004	1:41	JUN	20°57′
	♀	6	23.07.2004	3:36	WAA	4°50′
	♄	7	24.07.2004	4:55	WAA	18°42′
◐	☉	8	25.07.2004	5:37	SKO	2°32′
	☽	9	26.07.2004	5:38	SKO	16°21′
	♂	10	27.07.2004	5:01	SCH	0°08′
	☿	11	28.07.2004	3:50	SCH	13°54′
	♃	12	29.07.2004	2:10	SCH	27°39′
	♀	13	30.07.2004	0:11	STB	11°23′
	♄	14	30.07.2004	22:05	STB	25°07′
○	☉	15	31.07.2004	20:04	WAS	8°51′
	☽	16	01.08.2004	18:22	WAS	22°36′
	♂	17	02.08.2004	17:10	FIS	6°21′
	☿	18	03.08.2004	16:42	FIS	20°9′
	♃	19	04.08.2004	17:06	WID	3°59′
	♀	20	05.08.2004	18:28	WID	17°51′
	♄	21	06.08.2004	20:48	STI	1°46′
◑	☉	22	08.08.2004	0:00	STI	15°42′
	☽	23	09.08.2004	3:53	STI	29°41′
	♂	24	10.08.2004	8:10	ZWI	13°40′
	☿	25	11.08.2004	12:35	ZWI	27°39′
	♃	26	12.08.2004	16:51	KRE	11°39′
	♀	27	13.08.2004	20:49	KRE	25°37′
	♄	28	15.08.2004	0:20	LOW	9°35′

Mondphase		Tag	Datum & Zeit		Tierkreiszeichen	
●	☉	1	16.08.2004	3:24	LOW	23°31′
	☽	2	17.08.2004	5:59	JUN	7°27′
	♂	3	18.08.2004	8:06	JUN	21°21′
	☿	4	19.08.2004	9:48	WAA	5°14′
	♃	5	20.08.2004	11:03	WAA	19°06′
	♀	6	21.08.2004	11:53	SKO	2°58′
	♄	7	22.08.2004	12:16	SKO	16°48′
◐	☉	8	23.08.2004	12:12	SCH	0°37′
	☽	9	24.08.2004	11:41	SCH	14°25′
	♂	10	25.08.2004	10:47	SCH	28°12′
	☿	11	26.08.2004	9:34	STB	11°58′
	♃	12	27.08.2004	8:09	STB	25°44′
	♀	13	28.08.2004	6:42	WAS	9°30′
	♄	14	29.08.2004	5:22	WAS	23°16′
○	☉	15	30.08.2004	4:22	FIS	7°03′
	☽	16	31.08.2004	3:52	FIS	20°51′
	♂	17	01.09.2004	4:02	WID	04°41′
	☿	18	02.09.2004	5:01	WID	18°33′
	♃	19	03.09.2004	6:53	STI	02°27′
	♀	20	04.09.2004	9:37	STI	16°23′
	♄	21	05.09.2004	13:06	ZWI	00°21′
◑	☉	22	06.09.2004	17:09	ZWI	14°21′
	☽	23	07.09.2004	21:29	ZWI	28°21′
	♂	24	09.09.2004	1:48	KRE	12°21′
	☿	25	10.09.2004	5:50	KRE	26°21′
	♃	26	11.09.2004	9:23	LOW	10°19′
	♀	27	12.09.2004	12:21	LOW	24°16′
	♄	28	13.09.2004	14:42	JUN	8°12′

Mondphase		Tag	Datum & Zeit		Tierkreiszeichen	
●	☉	1	14.09.2004	16:28	JUN	22°06′
	☽	2	15.09.2004	17:42	WAA	5°59′
	♂	3	16.09.2004	18:29	WAA	19°51′
	☿	4	17.09.2004	18:54	SKO	3°42′
	♃	5	18.09.2004	19:00	SKO	17°32′
	♀	6	19.09.2004	18:50	SCH	1°22′
	♄	7	20.09.2004	18:27	SCH	15°11′
◐	☉	8	21.09.2004	17:53	SCH	29°00′
	☽	9	22.09.2004	17:12	STB	12°48′
	♂	10	23.09.2004	16:27	STB	26°36′
	☿	11	24.09.2004	15:43	WAS	10°25′
	♃	12	25.09.2004	15:06	WAS	24°13′
	♀	13	26.09.2004	14:42	FIS	8°03′
	♄	14	27.09.2004	14:41	FIS	21°53′
○	☉	15	28.09.2004	15:09	WID	5°44′
	☽	16	29.09.2004	16:14	WID	19°37′
	♂	17	30.09.2004	18:01	STI	3°32′
	☿	18	01.10.2004	20:32	STI	17°29′
	♃	19	02.10.2004	23:46	ZWI	1°27′
	♀	20	04.10.2004	3:36	ZWI	15°27′
	♄	21	05.10.2004	7:49	ZWI	29°28′
◑	☉	22	06.10.2004	12:11	KRE	13°29′
	☽	23	07.10.2004	16:24	KRE	27°30′
	♂	24	08.10.2004	20:11	LOW	11°30′
	☿	25	09.10.2004	23:21	LOW	25°29′
	♃	26	11.10.2004	1:48	JUN	9°26′
	♀	27	12.10.2004	3:29	JUN	23°21′
	♄	28	13.10.2004	4:27	WAA	7°14′

Mondphase		Tag	Datum & Zeit		Tierkreiszeichen	
●	⊙	1	14.10.2004	4:47	WAA	21°06′
	☽	2	15.10.2004	4:36	SKO	4°56′
	♂	3	16.10.2004	4:04	SKO	18°46′
	☿	4	17.10.2004	3:16	SCH	2°35′
	♃	5	18.10.2004	2:22	SCH	16°23′
	♀	6	19.10.2004	1:27	STB	0°12′
	♄	7	20.10.2004	0:37	STB	14°01′
◐	⊙	8	20.10.2004	23:57	STB	27°51′
	☽	9	21.10.2004	23:33	WAS	11°41′
	♂	10	22.10.2004	23:26	WAS	25°32′
	☿	11	23.10.2004	23:40	FIS	9°23′
	♃	12	25.10.2004	0:18	FIS	23°16′
	♀	13	26.10.2004	1:24	WID	7°10′
	♄	14	27.10.2004	2:59	WID	21°05′
○	⊙	15	28.10.2004	5:06	STI	5°02′
	☽	16	29.10.2004	7:48	STI	19°00′
	♂	17	30.10.2004	11:03	ZWI	2°59′
	☿	18	31.10.2004	13:49	ZWI	17°00′
	♃	19	01.11.2004	17:58	KRE	1°02′
	♀	20	02.11.2004	22:22	KRE	15°05′
	♄	21	04.11.2004	2:45	KRE	29°07′
◑	⊙	22	05.11.2004	6:53	LOW	13°09′
	☽	23	06.11.2004	10:29	LOW	27°10′
	♂	24	07.11.2004	13:22	JUN	11°09′
	☿	25	08.11.2004	15:24	JUN	25°05′
	♃	26	09.11.2004	16:34	WAA	9°00′
	♀	27	10.11.2004	16:52	WAA	22°53′
	♄	28	11.11.2004	16:27	SKO	6°43′

Mondphase		Tag	Datum & Zeit		Tierkreiszeichen	
●	⊙	1	12.11.2004	15:26	SKO	20°32′
	☽	2	13.11.2004	14:01	SCH	4°21′
	♂	3	14.11.2004	12:22	SCH	18°08′
	☿	4	15.11.2004	10:41	STB	1°56′
	♃	5	16.11.2004	9:08	STB	15°44′
	♀	6	17.11.2004	7:53	STB	29°33′
	♄	7	18.11.2004	7:05	WAS	13°23′
◐	⊙	8	19.11.2004	6:49	WAS	27°14′
	☽	9	20.11.2004	7:09	FIS	11°07′
	♂	10	21.11.2004	8:06	FIS	25°01′
	☿	11	22.11.2004	9:40	WID	8°57′
	♃	12	23.11.2004	11:48	WID	22°55′
	♀	13	24.11.2004	14:27	STI	6°54′
	♄	14	25.11.2004	17:33	STI	20°54′
○	⊙	15	26.11.2004	21:05	ZWI	4°55′
	☽	16	28.11.2004	0:59	ZWI	18°57′
	♂	17	29.11.2004	5:11	KRE	2°59′
	☿	18	30.11.2004	9:35	KRE	17°03′
	♃	19	01.12.2004	14:03	LOW	1°06′
	♀	20	02.12.2004	18:24	LOW	15°10′
	♄	21	03.12.2004	22:25	LOW	29°12′
◑	⊙	22	05.12.2004	1:51	JUN	13°13′
	☽	23	06.12.2004	4:32	JUN	27°12′
	♂	24	07.12.2004	6:18	WAA	11°09′
	☿	25	08.12.2004	7:07	WAA	25°03′
	♃	26	09.12.2004	7:01	SKO	8°56′
	♀	27	10.12.2004	6:05	SKO	22°46′
	♄	28	11.12.2004	4:30	SCH	6°34′

Mondphase		Tag	Datum & Zeit		Tierkreiszeichen	
●	☉	1	12.12.2004	2:28	SCH	20°21′
	☽	2	13.12.2004	0:13	STB	4°08′
	♂	3	13.12.2004	21:57	STB	17°55′
	☿	4	14.12.2004	19:54	WAS	1°42′
	♃	5	15.12.2004	18:17	WAS	15°30′
	♀	6	16.12.2004	17:17	WAS	29°20′
	♄	7	17.12.2004	17:03	FIS	13°12′
◐	☉	8	18.12.2004	17:39	FIS	27°06′
	☽	9	19.12.2004	19:06	WID	11°03′
	♂	10	20.12.2004	21:20	WID	25°01′
	☿	11	22.12.2004	0:16	STI	9°01′
	♃	12	23.12.2004	3:44	STI	23°02′
	♀	13	24.12.2004	7:37	ZWI	7°05′
	♄	14	25.12.2004	11:46	ZWI	21°08′
○	☉	15	26.12.2004	16:05	KRE	5°11′
	☽	16	27.12.2004	20:30	KRE	19°15′
	♂	17	29.12.2004	0:55	LOW	3°19′
	☿	18	30.12.2004	5:15	LOW	17°22′
	♃	19	31.12.2004	9:23	JUN	1°25′
	♀	20	01.01.2005	13:07	JUN	15°28′
	♄	21	02.01.2005	16:18	JUN	29°28′
◑	☉	22	03.01.2005	18:44	WAA	13°27′
	☽	23	04.01.2005	20:18	WAA	27°24′
	♂	24	05.01.2005	20:56	SKO	11°18′
	☿	25	06.01.2005	20:38	SKO	25°10′
	♃	26	07.01.2005	19:32	SCH	8°59′
	♀	27	08.01.2005	17:45	SCH	22°47′
	♄	28	09.01.2005	15:30	STB	6°34′

Mondphase		Tag	Datum & Zeit		Tierkreiszeichen	
●	☉	1	10.01.2005	13:02	STB	20°21′
	☽	2	11.01.2005	10:34	WAS	4°07′
	♂	3	12.01.2005	8:21	WAS	17°54′
	☿	4	13.01.2005	6:37	FIS	1°42′
	♃	5	14.01.2005	5:34	FIS	15°32′
	♀	6	15.01.2005	5:24	FIS	29°24′
	♄	7	16.01.2005	6:11	WID	13°19′
◐	☉	8	17.01.2005	7:57	WID	27°16′
	☽	9	18.01.2005	10:37	STI	11°15′
	♂	10	19.01.2005	14:02	STI	25°16′
	☿	11	20.01.2005	18:00	ZWI	9°19′
	♃	12	21.01.2005	22:18	ZWI	23°22′
	♀	13	23.01.2005	2:45	KRE	7°26′
	♄	14	24.01.2005	7:11	KRE	21°30′
○	☉	15	25.01.2005	11:32	LOW	5°33′
	☽	16	26.01.2005	15:41	LOW	19°36′
	♂	17	27.01.2005	19:37	JUN	3°38′
	☿	18	28.01.2005	23:14	JUN	17°40′
	♃	19	30.01.2005	2:26	WAA	1°40′
	♀	20	31.01.2005	5:07	WAA	15°40′
	♄	21	01.02.2005	7:09	WAA	29°37′
◑	☉	22	02.02.2005	8:26	SKO	13°33′
	☽	23	03.02.2005	8:55	SKO	27°26′
	♂	24	04.02.2005	8:36	SCH	11°18′
	☿	25	05.02.2005	7:34	SCH	25°07′
	♃	26	06.02.2005	5:56	STB	8°55′
	♀	27	07.02.2005	3:54	STB	22°43′
	♄	28	08.02.2005	1:39	WAS	6°29′

Mondphase		Tag	Datum & Zeit		Tierkreiszeichen	
●	☉	1	08.02.2005	23:27	WAS	20°16′
	☽	2	09.02.2005	21:29	FIS	4°03′
	♂	3	10.02.2005	20:01	FIS	17°51′
	☿	4	11.02.2005	19:13	WID	1°42′
	♃	5	12.02.2005	19:18	WID	15°34′
	♀	6	13.02.2005	20:19	WID	29°28′
	♄	7	14.02.2005	22:20	STI	13°26′
◐	☉	8	16.02.2005	1:15	STI	27°25′
	☽	9	17.02.2005	4:54	ZWI	11°26′
	♂	10	18.02.2005	9:04	ZWI	25°29′
	☿	11	19.02.2005	13:30	KRE	9°32′
	♃	12	20.02.2005	17:57	KRE	23°35′
	♀	13	21.02.2005	22:14	LOW	7°38′
	♄	14	23.02.2005	2:14	LOW	21°39′
○	☉	15	24.02.2005	5:53	JUN	5°40′
	☽	16	25.02.2005	9:08	JUN	19°40′
	♂	17	26.02.2005	11:57	WAA	3°39′
	☿	18	27.02.2005	14:19	WAA	17°37′
	♃	19	28.02.2005	16:12	SKO	1°33′
	♀	20	01.03.2005	17:34	SKO	15°28′
	♄	21	02.03.2005	18:22	SKO	29°22′
◑	☉	22	03.03.2005	18:36	SCH	13°14′
	☽	23	04.03.2005	18:16	SCH	27°05′
	♂	24	05.03.2005	17:26	STB	10°54′
	☿	25	06.03.2005	16:11	STB	24°43′
	♃	26	07.03.2005	14:39	WAS	8°30′
	♀	27	08.03.2005	13:01	WAS	22°18′
	♄	28	09.03.2005	11:28	FIS	6°05′

Mondphase		Tag	Datum & Zeit		Tierkreiszeichen	
●	☉	1	10.03.2005	10:10	FIS	19°53′
	☽	2	11.03.2005	9:19	WID	3°43′
	♂	3	12.03.2005	9:06	WID	17°33′
	☿	4	13.03.2005	9:40	STI	1°26′
	♃	5	14.03.2005	11:05	STI	15°21′
	♀	6	15.03.2005	13:23	STI	29°18′
	♄	7	16.03.2005	16:31	ZWI	13°17′
◐	☉	8	17.03.2005	20:18	ZWI	27°18′
	☽	9	19.03.2005	0:30	KRE	11°19′
	♂	10	20.03.2005	4:53	KRE	25°21′
	☿	11	21.03.2005	9:09	LOW	9°23′
	♃	12	22.03.2005	13:07	LOW	23°23′
	♀	13	23.03.2005	16:37	JUN	7°23′
	♄	14	24.03.2005	19:34	JUN	21°21′
○	☉	15	25.03.2005	21:57	WAA	5°18′
	☽	16	26.03.2005	23:48	WAA	19°13′
	♂	17	28.03.2005	2:08	SKO	3°08′
	☿	18	29.03.2005	3:00	SKO	17°00′
	♃	19	30.03.2005	3:28	SCH	0°52′
	♀	20	31.03.2005	3:33	SCH	14°43′
	♄	21	01.04.2005	3:20	SCH	28°33′
◑	☉	22	02.04.2005	2:50	STB	12°23′
	☽	23	03.04.2005	2:07	STB	26°12′
	♂	24	04.04.2005	1:17	WAS	10°00′
	☿	25	05.04.2005	0:23	WAS	23°48′
	♃	26	05.04.2005	23:32	FIS	7°37′
	♀	27	06.04.2005	22:52	FIS	21°26′
	♄	28	07.04.2005	22:29	WID	5°15′

Mondphase		Tag	Datum & Zeit		Tierkreiszeichen	
●	☉	1	08.04.2005	22:32	WID	19°06′
	☽	2	09.04.2005	23:08	STI	2°58′
	♂	3	11.04.2005	0:23	STI	16°51′
	☿	4	12.04.2005	2:22	ZWI	0°46′
	♃	5	13.04.2005	5:05	ZWI	14°43′
	♀	6	14.04.2005	8:28	ZWI	28°42′
	♄	7	15.04.2005	12:23	KRE	12°41′
◐	☉	8	16.04.2005	16:37	KRE	26°42′
	☽	9	17.04.2005	20:54	LOW	10°42′
	♂	10	19.04.2005	0:56	LOW	24°42′
	☿	11	20.04.2005	4:31	JUN	8°41′
	♃	12	21.04.2005	7:29	JUN	22°38′
	♀	13	22.04.2005	9:44	WAA	6°34′
	♄	14	23.04.2005	11:15	WAA	20°27′
○	☉	15	24.04.2005	12:06	SKO	4°19′
	☽	16	25.04.2005	12:21	SKO	18°10′
	♂	17	26.04.2005	12:09	SCH	1°59′
	☿	18	27.04.2005	11:36	SCH	15°48′
	♃	19	28.04.2005	10:51	SCH	29°36′
	♀	20	29.04.2005	9:59	STB	13°23′
	♄	21	30.04.2005	9:09	STB	27°11′
◑	☉	22	01.05.2005	8:23	WAS	10°59′
	☽	23	02.05.2005	7:48	WAS	24°47′
	♂	24	03.05.2005	7:26	FIS	8°36′
	☿	25	04.05.2005	7:21	FIS	22°25′
	♃	26	05.05.2005	7:35	WID	6°15′
	♀	27	06.05.2005	8:11	WID	20°06′
	♄	28	07.05.2005	9:14	STI	3°58′

Mondphase		Tag	Datum & Zeit		Tierkreiszeichen	
●	☉	1	08.05.2005	10:45	STI	17°51′
	☽	2	09.05.2005	12:49	ZWI	1°46′
	♂	3	10.05.2005	15:27	ZWI	15°42′
	☿	4	11.05.2005	18:39	ZWI	29°39′
	♃	5	12.05.2005	22:22	KRE	13°37′
	♀	6	14.05.2005	2:28	KRE	27°36′
	♄	7	15.05.2005	6:44	LOW	11°36′
◐	☉	8	16.05.2005	10:57	LOW	25°36′
	☽	9	17.05.2005	14:48	JUN	9°34′
	♂	10	18.05.2005	18:04	JUN	23°31′
	☿	11	19.05.2005	20:34	WAA	7°26′
	♃	12	20.05.2005	22:12	WAA	21°19′
	♀	13	21.05.2005	22:59	SKO	5°10′
	♄	14	22.05.2005	22:58	SKO	18°59′
○	☉	15	23.05.2005	22:18	SCH	2°47′
	☽	16	24.05.2005	21:09	SCH	16°33′
	♂	17	25.05.2005	19:41	STB	0°19′
	☿	18	26.05.2005	18:06	STB	14°04′
	♃	19	27.05.2005	16:35	STB	27°49′
	♀	20	28.05.2005	15:17	WAS	11°35′
	♄	21	29.05.2005	14:19	WAS	25°22′
◑	☉	22	30.05.2005	13:47	FIS	9°10′
	☽	23	31.05.2005	13:45	FIS	22°58′
	♂	24	01.06.2005	14:14	WID	6°49′
	☿	25	02.06.2005	15:13	WID	20°40′
	♃	26	03.06.2005	16:42	STI	4°32′
	♀	27	04.06.2005	18:39	STI	18°26′
	♄	28	05.06.2005	21:03	ZWI	2°21′

Mondphase		Tag	Datum & Zeit		Tierkreiszeichen	
●	☉	1	06.06.2005	23:54	ZWI	16°16′
	☽	2	08.06.2005	3:11	KRE	0°13′
	♂	3	09.06.2005	6:53	KRE	14°11′
	☿	4	10.06.2005	10:55	KRE	28°09′
	♃	5	11.06.2005	15:12	LOW	12°08′
	♀	6	12.06.2005	19:31	LOW	26°07′
	♄	7	13.06.2005	23:40	JUN	10°06′
◐	☉	8	15.06.2005	3:22	JUN	24°03′
	☽	9	16.06.2005	6:23	WAA	7°59′
	♂	10	17.06.2005	8:32	WAA	21°53′
	☿	11	18.06.2005	9:44	SKO	5°45′
	♃	12	19.06.2005	9:59	SKO	19°34′
	♀	13	20.06.2005	9:23	SCH	3°21′
	♄	14	21.06.2005	8:04	SCH	17°07′
○	☉	15	22.06.2005	6:14	STB	0°51′
	☽	16	23.06.2005	4:06	STB	14°35′
	♂	17	24.06.2005	1:54	STB	28°18′
	☿	18	24.06.2005	23:51	WAS	12°02′
	♃	19	25.06.2005	22:07	WAS	25°46′
	♀	20	26.06.2005	20:53	FIS	9°32′
	♄	21	27.06.2005	20:17	FIS	23°19′
◑	☉	22	28.06.2005	20:24	WID	7°08′
	☽	23	29.06.2005	21:13	WID	20°59′
	♂	24	30.06.2005	22:45	STI	4°51′
	☿	25	02.07.2005	0:53	STI	18°45′
	♃	26	03.07.2005	3:34	ZWI	2°40′
	♀	27	04.07.2005	6:42	ZWI	16°36′
	♄	28	05.07.2005	10:13	KRE	0°33′

Mondphase		Tag	Datum & Zeit		Tierkreiszeichen	
●	☉	1	06.07.2005	14:02	KRE	14°31′
	☽	2	07.07.2005	18:07	KRE	28°29′
	♂	3	08.07.2005	22:24	LOW	12°28′
	☿	4	10.07.2005	2:45	LOW	26°27′
	♃	5	11.07.2005	7:02	JUN	10°26′
	♀	6	12.07.2005	11:02	JUN	24°24′
	♄	7	13.07.2005	14:32	WAA	8°21′
◐	☉	8	14.07.2005	17:19	WAA	22°16′
	☽	9	15.07.2005	19:13	SKO	6°10′
	♂	10	16.07.2005	20:09	SKO	20°00′
	☿	11	17.07.2005	20:07	SCH	3°49′
	♃	12	18.07.2005	19:12	SCH	17°36′
	♀	13	19.07.2005	17:35	STB	1°20′
	♄	14	20.07.2005	15:26	STB	15°04′
○	☉	15	21.07.2005	13:00	STB	28°47′
	☽	16	22.07.2005	10:30	WAS	12°29′
	♂	17	23.07.2005	8:09	WAS	26°13′
	☿	18	24.07.2005	6:12	FIS	9°57′
	♃	19	25.07.2005	4:48	FIS	23°42′
	♀	20	26.07.2005	4:08	WID	7°29′
	♄	21	27.07.2005	4:18	WID	21°18′
◑	☉	22	28.07.2005	5:19	STI	5°10′
	☽	23	29.07.2005	7:10	STI	19°03′
	♂	24	30.07.2005	9:45	ZWI	2°58′
	☿	25	31.07.2005	12:56	ZWI	16°54′
	♃	26	01.08.2005	16:36	KRE	0°52′
	♀	27	02.08.2005	20:35	KRE	14°50′
	♄	28	04.08.2005	0:47	KRE	28°49′

Mondphase		Tag	Datum & Zeit		Tierkreiszeichen	
●	☉	1	05.08.2005	5:05	LOW	12°48′
	☽	2	06.08.2005	9:24	LOW	26°47′
	♂	3	07.08.2005	13:39	JUN	10°47′
	☿	4	08.08.2005	17:42	JUN	24°45′
	♃	5	09.08.2005	21:23	WAA	8°43′
	♀	6	11.08.2005	0:32	WAA	22°40′
	♄	7	12.08.2005	2:59	SKO	6°35′
◐	☉	8	13.08.2005	4:38	SKO	20°28′
	☽	9	14.08.2005	5:24	SCH	4°18′
	♂	10	15.08.2005	5:16	SCH	18°07′
	☿	11	16.08.2005	4:21	STB	1°54′
	♃	12	17.08.2005	2:45	STB	15°39′
	♀	13	18.08.2005	0:40	STB	29°23′
	♄	14	18.08.2005	22:18	WAS	13°07′
○	☉	15	19.08.2005	19:53	WAS	26°50′
	☽	16	20.08.2005	17:36	FIS	10°34′
	♂	17	21.08.2005	15:42	FIS	24°18′
	☿	18	22.08.2005	14:23	WID	8°04′
	♃	19	23.08.2005	13:48	WID	21°52′
	♀	20	24.08.2005	14:03	STI	5°42′
	♄	21	25.08.2005	15:14	STI	19°34′
◑	☉	22	26.08.2005	17:18	ZWI	3°29′
	☽	23	27.08.2005	20:10	ZWI	17°25′
	♂	24	28.08.2005	23:41	KRE	1°23′
	☿	25	30.08.2005	3:40	KRE	15°22′
	♃	26	31.08.2005	7:56	KRE	29°22′
	♀	27	01.09.2005	12:18	LOW	13°22′
	♄	28	02.09.2005	16:37	LOW	27°22′

Mondphase		Tag	Datum & Zeit		Tierkreiszeichen	
●	☉	1	03.09.2005	20:45	JUN	11°21′
	☽	2	05.09.2005	0:38	JUN	25°20′
	♂	3	06.09.2005	4:10	WAA	9°18′
	☿	4	07.09.2005	7:15	WAA	23°15′
	♃	5	08.09.2005	9:49	SKO	7°11′
	♀	6	09.09.2005	11:46	SKO	21°06′
	♄	7	10.09.2005	13:02	SCH	4°59′
◐	☉	8	11.09.2005	13:37	SCH	18°50′
	☽	9	12.09.2005	13:29	STB	2°39′
	♂	10	13.09.2005	12:43	STB	16°27′
	☿	11	14.09.2005	11:25	WAS	0°14′
	♃	12	15.09.2005	9:44	WAS	14°00′
	♀	13	16.09.2005	7:48	WAS	27°45′
	♄	14	17.09.2005	5:50	FIS	11°30′
○	☉	15	18.09.2005	4:01	FIS	25°16′
	☽	16	19.09.2005	2:31	WID	9°02′
	♂	17	20.09.2005	1:34	WID	22°50′
	☿	18	21.09.2005	1:17	STI	6°39′
	♃	19	22.09.2005	1:50	STI	20°30′
	♀	20	23.09.2005	3:15	ZWI	4°24′
	♄	21	24.09.2005	5:33	ZWI	18°20′
◑	☉	22	25.09.2005	8:40	KRE	2°18′
	☽	23	26.09.2005	12:26	KRE	16°17′
	♂	24	27.09.2005	16:38	LOW	0°18′
	☿	25	28.09.2005	21:01	LOW	14°19′
	♃	26	30.09.2005	1:22	LOW	28°20′
	♀	27	01.10.2005	5:28	JUN	12°20′
	♄	28	02.10.2005	9:12	JUN	26°20′

Mondphase		Tag	Datum & Zeit		Tierkreiszeichen	
●	☉	1	03.10.2005	12:27	WAA	10°18′
	☽	2	04.10.2005	15:12	WAA	24°16′
	♂	3	05.10.2005	17:25	SKO	8°12′
	☿	4	06.10.2005	19:06	SKO	22°07′
	♃	5	07.10.2005	20:17	SCH	6°00′
	♀	6	08.10.2005	20:59	SCH	19°53′
	♄	7	09.10.2005	21:12	STB	3°44′
◐	☉	8	10.10.2005	21:00	STB	17°34′
	☽	9	11.10.2005	20:26	WAS	1°23′
	♂	10	12.10.2005	19:33	WAS	15°12′
	☿	11	13.10.2005	18:26	WAS	29°00′
	♃	12	14.10.2005	17:13	FIS	12°48′
	♀	13	15.10.2005	16:01	FIS	26°36′
	♄	14	16.10.2005	14:58	WID	10°24′
○	☉	15	17.10.2005	14:13	WID	24°13′
	☽	16	18.10.2005	13:56	STI	8°03′
	♂	17	19.10.2005	14:16	STI	21°55′
	☿	18	20.10.2005	15:19	ZWI	5°49′
	♃	19	21.10.2005	17:10	ZWI	19°45′
	♀	20	22.10.2005	19:50	KRE	3°42′
	♄	21	23.10.2005	23:15	KRE	17°42′
◑	☉	22	25.10.2005	3:16	LOW	1°43′
	☽	23	26.10.2005	7:38	LOW	15°45′
	♂	24	27.10.2005	12:03	LOW	29°48′
	☿	25	28.10.2005	16:15	JUN	13°49′
	♃	26	29.10.2005	20:01	JUN	27°50′
	♀	27	30.10.2005	22:09	WAA	11°50′
	♄	28	01.11.2005	0:37	WAA	25°47′

Mondphase		Tag	Datum & Zeit		Tierkreiszeichen	
●	☉	1	02.11.2005	2:23	SKO	9°43′
	☽	2	03.11.2005	3:33	SKO	23°37′
	♂	3	04.11.2005	4:10	SCH	7°31′
	☿	4	05.11.2005	4:23	SCH	21°23′
	♃	5	06.11.2005	4:16	STB	5°14′
	♀	6	07.11.2005	3:56	STB	19°05′
	♄	7	08.11.2005	3:28	WAS	2°55′
◐	☉	8	09.11.2005	2:56	WAS	16°46′
	☽	9	10.11.2005	2:23	FIS	0°36′
	♂	10	11.11.2005	1:52	FIS	14°26′
	☿	11	12.11.2005	1:26	FIS	28°17′
	♃	12	13.11.2005	1:09	WID	12°08′
	♀	13	14.11.2005	1:05	WID	26°00′
	♄	14	15.11.2005	1:18	STI	9°52′
○	☉	15	16.11.2005	1:57	STI	23°46′
	☽	16	17.11.2005	3:06	ZWI	7°40′
	♂	17	18.11.2005	4:53	ZWI	21°37′
	☿	18	19.11.2005	7:22	KRE	5°35′
	♃	19	20.11.2005	10:33	KRE	19°35′
	♀	20	21.11.2005	14:23	LOW	3°37′
	♄	21	22.11.2005	18:40	LOW	17°40′
◑	☉	22	23.11.2005	23:11	JUN	1°43′
	☽	23	25.11.2005	3:35	JUN	15°46′
	♂	24	26.11.2005	7:35	JUN	29°49′
	☿	25	27.11.2005	10:55	WAA	13°49′
	♃	26	28.11.2005	13:26	WAA	27°48′
	♀	27	29.11.2005	15:05	SKO	11°44′
	♄	28	30.11.2005	15:54	SKO	25°38′

Mondphase		Tag	Datum & Zeit		Tierkreiszeichen	
●	☉	1	01.12.2005	16:00	SCH	9°31′
	☽	2	02.12.2005	15:33	SCH	23°22′
	♂	3	03.12.2005	14:44	STB	7°12′
	☿	4	04.12.2005	13:43	STB	21°02′
	♃	5	05.12.2005	12:41	WAS	4°52′
	♀	6	06.12.2005	11:44	WAS	18°42′
	♄	7	07.12.2005	11:01	FIS	2°32′
◐	☉	8	08.12.2005	10:35	FIS	16°23′
	☽	9	09.12.2005	10:29	WID	0°16′
	♂	10	10.12.2005	10:42	WID	14°09′
	☿	11	11.12.2005	11:16	WID	28°02′
	♃	12	12.12.2005	12:10	STI	11°57′
	♀	13	13.12.2005	13:26	STI	25°53′
	♄	14	14.12.2005	15:06	ZWI	9°49′
○	☉	15	15.12.2005	17:14	ZWI	23°47′
	☽	16	16.12.2005	19:53	KRE	7°46′
	♂	17	17.12.2005	23:06	KRE	21°47′
	☿	18	19.12.2005	2:52	LOW	5°49′
	♃	19	20.12.2005	7:06	LOW	19°52′
	♀	20	21.12.2005	11:39	JUN	3°57′
	♄	21	22.12.2005	16:15	JUN	18°01′
◑	☉	22	23.12.2005	20:35	WAA	2°04′
	☽	23	25.12.2005	0:20	WAA	16°06′
	♂	24	26.12.2005	3:16	SKO	0°06′
	☿	25	27.12.2005	5:13	SKO	14°04′
	♃	26	28.12.2005	6:11	SKO	27°59′
	♀	27	29.12.2005	6:14	SCH	11°52′
	♄	28	30.12.2005	5:30	SCH	25°43′

Mondphase		Tag	Datum & Zeit		Tierkreiszeichen	
●	☉	1	31.12.2005	4:11	STB	9°32′
	☽	2	01.01.2006	2:31	STB	23°20′
	♂	3	02.01.2006	0:43	WAS	7°08′
	☿	4	02.01.2006	23:00	WAS	20°56′
	♃	5	03.01.2006	21:31	FIS	4°45′
	♀	6	04.01.2006	20:27	FIS	18°35′
	♄	7	05.01.2006	19:54	WID	2°26′
◐	☉	8	06.01.2006	19:56	WID	16°19′
	☽	9	07.01.2006	20:33	STI	0°13′
	♂	10	08.01.2006	21:43	STI	14°09′
	☿	11	09.01.2006	23:26	STI	28°06′
	♃	12	11.01.2006	1:36	ZWI	12°04′
	♀	13	12.01.2006	4:14	ZWI	26°03′
	♄	14	13.01.2006	7:18	KRE	10°03′
○	☉	15	14.01.2006	10:47	KRE	24°05′
	☽	16	15.01.2006	14:41	LOW	8°07′
	♂	17	16.01.2006	18:57	LOW	22°11′
	☿	18	17.01.2006	23:30	JUN	6°15′
	♃	19	19.01.2006	4:09	JUN	20°19′
	♀	20	20.01.2006	8:40	WAA	4°23′
	♄	21	21.01.2006	12:46	WAA	18°26′
◑	☉	22	22.01.2006	16:12	SKO	2°27′
	☽	23	23.01.2006	18:45	SKO	16°26′
	♂	24	24.01.2006	20:17	SCH	0°22′
	☿	25	25.01.2006	20:48	SCH	14°16′
	♃	26	26.01.2006	20:23	SCH	28°08′
	♀	27	27.01.2006	19:10	STB	11°57′
	♄	28	28.01.2006	17:23	STB	25°45′

Anmerkungen

1 Gen 1;3-4

2 Die Eigenschaften von Yin und Yang werden in dem Buch »Die Organuhr«, Michael Gienger/Wolfgang Maier, Neue Erde Verlag, Saarbrücken 2002, näher erläutert.

3 Für alle, die sich mit dieser Form des Verständnisses der Welt intensiver beschäftigen möchten, empfehlen wir das Buch »Der Mensch und die Welt sind Eins« von Rüdiger Dahlke, in welchem die Polarität auf allen Ebenen unserer Welt detailliert erläutert wird.

4 siehe hierzu das Buch von Arnold L. Lieber »Guter Mond, böser Mond«, Econ-Verlag 1997, in welchem er ausführlich den Zusammenhang zwischen der Häufung von Gewalttaten und dem Mondrhythmus beschreibt.

5 Michael Roscher, »Das Astrologie-Buch«, Droemer Knaur, 1989, S.130

6 Roscher, S.132

7 nach Walter F. Otto, Theophania, Hamburg 1959, S.96; zietiert aus Ellynor Barz, »Götter und Planeten«, Kreuz Verlag 1988, S.78

8 Ellynor Barz, »Götter und Planeten«, Kreuz Verlag 1988, S.80f

9 Barz, S.81

10 Dane Rudhyar / Leyla Rael-Rudhyar »Der Sonne/Mond-Zyklus«, Edition Astrodata 1988

11 Gardein / Mala, S.63

12 Lieber, S.65

13 Lieber, S.65f

14 Lieber, S.146

15 Lieber, S.142

16 Lieber, S.90

17 Argumentation entnommen aus Terry Pratchet, Ian Stewart & Jack Cohen; »Die Gelehrten der Scheibenwelt«, Heyne- Verlag, 2000.

18 Zitiert aus Arnold L. Lieber »Guter Mond, böser Mond«.

19 Lieber, S.85

20 Lieber, S.85

21 Lieber, S.85f

22 Lieber, S88f

23 Lieber, S.76

24 Lieber, S.107f

25 Lieber, S.75

26 Lieber, S.163

27 Gardein / Mala, S.35

28 Margit und Rüdiger Dahlke / Volker Zahn, Frauen-Heilkunde, Bertelsmann-Verlag 1999

29 Alle grundlegenden Informationen zu den Mond-, Venus- und Plutoarchtypen sind dem obigen Buch von Dahlke / Zahn entnommen.

30 Dahlke / Zahn, S.66

31 Die hier beschriebene Darstellung trifft das Wesen einer großen Mutter nur am Rande. Eine solche hat ihre Verpflichtungen gegenüber ihren Kindern erfüllt und ist daher von ihren Mutterpflichten befreit. Sie genießt eine gewisse Form von »Narrenfreiheit« und ist in ihren Taten nur noch dem Wohlergehen aller, des gesamten Stammes oder Volkes verantwortlich. Dennoch ist das hier beschriebene Bild der »italienischen Mamma« dasjenige allgemein bekannte Frauenbild, das diesem Archetypus am nächsten kommt.

32 Dahlke / Zahn, S.66

33 Dahlke / Zahn, S.66f

34 Herbert Hunger: Lexikon der griechischen und römischen Mythologie. Hamburg 1983

35 Dahlke / Zahn, S.67f

36 An dieser an dieser Stelle wollen wir allen interessierten Lesern das Buch »Frauen-Heil-Kunde« von Margit und Rüdiger Dahlke und Volker Zahn, Bertelsmann-Verlag 1999, empfehlen. In diesem Buch werden nicht nur die weiblichen Kankheitsbilder besprochen, sondern auch die drei weiblichen Archetypen noch in weitere Urprinzipien aufgeteilt.

37 Gardein / Mala, S.31f

38 Gardein / Mala, S.218f

39 Dies gilt allerdings nicht nur für christliche Kulturen.

Auch bei den meisten patriachalisch orientierten Naturvölkern galten Frauen während der Menstruation als unrein. Dies war in diesem Kuturen allerdings nicht in allen Fällen abwertend gemeint. Der Ursprung der Absonderung von Frauen während ihrer Menstruation dürfte vor allem hygienische Gründe haben: Zum einen besaßen die Naturvölker weder Binden noch Tampons in der Qualität die uns heute zur Verfügung steht. Zum anderen war (und ist auch heute noch) für eine Frau das Risiko einer Infektion beim Geschlechtsverkehr während ihrer Menstruation deutlich höher als sonst.

40 Dahlke / Zahn, »Frauen-Heil-Kunde«

41 Gardein / Mala, S.20

42 Gardein / Mala, S.85

43 Das ursprüngliche Christentum war zunächst einmal eine Religion für die einfachen Menschen, das vor allem von Frauen verbreitet wurde. Im gewissen Sinne könnte man es als eine weibliche Erneuerung des Judentums bezeichnen, da es versuchte die achetypisch weiblichen Belange wieder in das völlig erstarrte äußerst patriachalische Judentum zu integrieren. Die Abkehr von diesem Vorhaben begann mit Paulus, der öffentlich die Askese und die Verdammung der Sexualität predigte. Ca. 395 n. Chr. wurde dann von Augustinus in seiner Zeit als Bischof zu Hipporegius die Lehre von der Erbsünde entwickelt, die 418 n. Chr. von der Kirche übernommen wurde. Mit dem Zeitalter Konstantins des Großen (an 313 n. Chr.) Zeit begann die Etablierung der Kirche als Institution. Eine Gruppierung innerhalb des Christentums erhob den Anspruch auf den »heiligen Stuhl des Petrus«, der später zum Papststuhl wurde. Während viele Christen unbekümmert in ihrem Glauben vor sich hin lebten, begann diese »Machtclique« damit die Herrschaft über die »Institution Kirche« zu übernehmen und alle Andersdenkenden auszurotten. Die daraufhin folgende »Säuberung« der Kirche übertraf in ihren Ausmaßen die römische Christenverfolgung bei weitem. Die daraus hervorgehende Machtstruktur übernahm zwar den Namen des Christentums, hatte aber mit seinen Inhalten als »Religion der kleinen Leute« fast nichts mehr gemein. Dieses »Neue Christentum« ist gemeint, wenn in diesem Buch vom Christentum oder der christlichen Kirche gesprochen wird.

44 Gardein / Mala, S.84f

45 Gardein / Mala, S.79f

46 Gardein / Mala, S.87

47 Gardein / Mala, S126

48 Gardein / Mala, S.126f

49 Christian Thomasius: Vom Laster der Zauberei, Weimar 1702

50 Gardein / Mala, S.170f

51 Gardein / Mala, S.84

52 Gardein / Mala, S.200

53 Gerdein / Mala, S.154

54 Gardein / Mala, S.154f

55 Gardein / Mala, S.131

56 Gardein / Mala, S.160

57 Gardein / Mala, S.196

58 Gardein / Mala, S. 196f

59 Gardein / Mala, S.175

60 In dem obigen Kapitel wurde die Kirche sehr negativ dargestellt. Wir wollen hier ausdrücklich zu verstehen geben, daß wir eine hohe Achtung vor den Inhalten und Werten des christlichen Glaubens haben, daß wir nicht die Institution der christlichen Kirchen mit den Inhalten des christlichen Glaubens gleichsetzen, und daß wir den heutigen Kirchenmitgliedern und -funktionären nicht die Fehler ihrer Vorgänger vorwerfen. Uns ist bewußt, daß die christlichen Kirchen vielen Menschen den Glauben an einem Sinn im Leben, Kraft, Mut und Hoffnung gegeben haben.

61 Iso Karrer, »Tierkreis und Jahreslauf«, Kailash 1997, S.142

62 Karrer, S.140

63 Karrer, S.142

64 Mariä Empfängnis liegt zwar auf dem 8. Dezember, dennoch dürften für dieses Datum mehr Kirchenpolitische Gründe eine Rolle gespielt haben. Schließlich wurde Jesu Geburt auch erst im Jahre 345 n. Chr. auf den 24. Dezember verlegt, um dem weitverbreiteten Mithraskult die Gläubigen streitig zu machen. Dieser hatte – wie es für den Kult eines Sonnengottes naheliegt - am 24. Dez. sein wichtigstes Fest, eben das Geburtsfest der Sonne.

65 Karrer, S.49

66 Karrer, S.99

67 vergleiche die Bücher von Michael Harner, der diesen Begriff geprägt hat.

Cairn Elen

»Nachdem Elen ihre Wanderung durch die Welt vollendet hatte, setzte sie einen Cairn ans Ende des Sarn Elen. Dann wandte sich ihr Weg zur,ck ins Land zwischen Abend und Morgen. Aus diesem Cairn stammen alle Steine, die bis heute an den Kreuzungen der Wege die Richtung weisen.« * (aus einer keltischen Sage)

»Cairn Elen« – so werden im gälischen Sprachraum die alten Steinsetzungen am Wegesrand genannt. Der Überlieferung nach wurden sie von Elen, der Göttin der Wege, als Wegweiser dorthin gesetzt. Sie markieren die alten Pfade, sowohl die alten Pfade der Erde als auch die alten Pfade des Wissens.

Edition Cairn Elen

Die Edition Cairn Elen im Neue Erde Verlag wird von Michael Gienger herausgegeben. Ziel der Edition ist es, die alten und neuen »Pfade des Wissens« zu verbinden. Schwerpunkte sind die Naturheilkunde – insbesondere die Steinheilkunde –, das Wissen um die Natur- und Lebensrhythmen sowie der spirituelle Schatz der alten Völker und Kulturen.

Neben aktueller Fachliteratur werden im Rahmen der Edition Cairn Elen auch Erzählungen, Märchen, Romane, Lyrik und künstlerische Veröffentlichungen publiziert. Das vermittelte Wissen wendet sich nicht nur an den Kopf, sondern auch an das Herz der Menschen.

Die Edition Cairn Elen erhält ihre Impulse durch die Erfahrungen und Forschungen der Cairn Elen Lebensschulen und des Cairn Elen Steinheilkunde-Netzwerks. Zugleich vermitteln die Publikationen allen Interessierten die Grundlagen der dort stattfindenden Seminare und Ausbildungen.

Cairn Elen Lebensschulen & Netzwerk

Die Cairn Elen Lebensschulen und das Steinheilkunde-Netzwerk veranstalten Seminare und Ausbildungen in Steinheilkunde, Geomantie sowie weiteren naturkundlich-spirituellen Gebieten. Durch die Vermittlung wertvollen Wissens zu einer sinnvollen, glücklichen Existenz und zur geistigen Freiheit aller Wesen beizutragen, ist dabei das zentrale Anliegen aller Angebote von Cairn Elen.

Auf dem Weg dorthin möchte die Edition Cairn Elen Wegsteine setzen, und sie wird sich über jeden Menschen freuen, der so zu seinem persönlichen Ziel findet.

Kontakt: Edition Cairn Elen, Michael Gienger, Weinbergstr. 11, D-72127 Kusterdingen, Tel: 070 71 - 364 719, Fax: 070 71 - 388 68, e-mail: michael@cairn-elen.de, homepage: www.cairn-elen.de

---

* kelt. »cairn [sprich: kärn]« = »Stein«, »sarn« = »Weg«, »Elen, Helen« = »Göttin der Wege«

Weitere Bücher zum Thema

Michael Gienger
Die Steinheilkunde
Ein Handbuch
416 Seiten, kartoniert, Fadenheftung, durchgehend farbig bebildert
ISBN 3-89060-015-8
Auch im Festeinband lieferbar:
ISBN 3-89060-016-6

Michael Gienger
Lexikon der Heilsteine
Festeinband, Fadenheftung, 528 Seiten, mehr als 200 Fartafeln.
ISBN 3-89060-032-8

Michael Gienger
Die Heilsteine Hausapotheke
Kartoniert, 224 Seiten, davon 32 Farbtafeln.
ISBN 3-89060-027-1

Michael Gienger, L. S. Miesala-Sellin
Stein und Blüte
Hilfe und Heilung mit Bach-Blüten und Edelsteinen
224 S., Hardcover, 14,6 x 20,8 cm
ISBN 3-89060-030-1

Michael Gienger
Die Edelsteinuhr
Kraft und Gesundheit im Einklang mit dem Tagesrhythmus
Broschur, 128 S., 14 x 21 cm, mit vielen farbigen Abbildungen
ISBN 3-89060-029-8

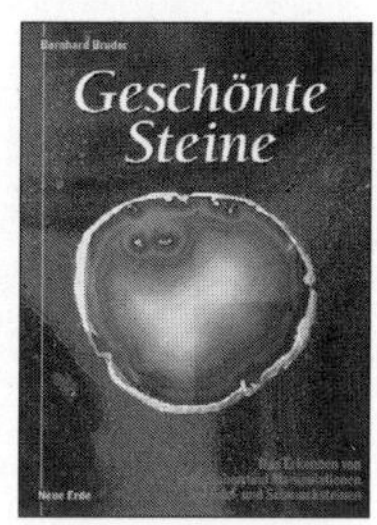

Bernhard Bruder
Geschönte Steine
Pb.,128 Seiten, durchgeh. farbig illustriert
ISBN 3-89060-025-5

Barbara Newerla
Sterne und Steine
Der Tierkreis und die Heilwirkung edler Steine im Jahreslauf
172 S., Festeinband, durchgehend farbig bebildert.
ISBN 3-89060-037-9

Katrina Raphaell
Botschaft der Kristalle
Die Transmission des Lichts
Pb., 256 Seiten, 12 Farbtafeln, 14 x 21 cm
ISBN 3-89060-413-7

Auf Wunsch senden wir Ihnen gerne unser aktuelles Verlagsverzeichnis kostenlos zu. Schreiben Sie an: